感谢国家社会科学基金重大项目（新一代人工智能对中国经济高质量发展的影响、趋向及应对战略研究，项目编号20&ZD068）、中国博士后科学基金面上资助项目（资助编号2018M640602）、江西省博士后科研项目择优资助项目（"互联网+"驱动传统制造业创新发展的实现路径研究，项目编号2020KY27）对本书出版的资助。

"INTERNET +"AND HIGH-QUALITY DEVELOPMENT OF
MANUFACTURING INDUSTRY:
THEORETICAL AND EMPIRICAL RESEARCH

"互联网+"与
制造业高质量发展
——理论与实证——

罗序斌◎著

经济管理出版社
ECONOMY & MANAGEMENT PUBLISHING HOUSE

图书在版编目（CIP）数据

"互联网＋"与制造业高质量发展：理论与实证/罗序斌著．—北京：经济管理出版社，2023.12

ISBN 978－7－5096－9536－4

Ⅰ.①互…　Ⅱ.①罗…　Ⅲ.①互联网络—应用—制造工业—工业发展—研究—中国

Ⅳ.①F426.4－39

中国国家版本馆 CIP 数据核字（2024）第 010200 号

组稿编辑：丁慧敏

责任编辑：丁慧敏

责任印制：许　艳

出版发行：经济管理出版社

　　　　　（北京市海淀区北蜂窝 8 号中雅大厦 A 座 11 层　100038）

网　　址：www.E－mp.com.cn

电　　话：（010）51915602

印　　刷：北京晨旭印刷厂

经　　销：新华书店

开　　本：710mm×1000mm/16

印　　张：16.75

字　　数：275 千字

版　　次：2023 年 12 月第 1 版　　2023 年 12 月第 1 次印刷

书　　号：ISBN 978－7－5096－9536－4

定　　价：98.00 元

前　言

　　制造业是实体经济的核心，更是科技创新及新一代人工智能技术应用的主战场。经验表明，一国真正的竞争力在于制造业。纵观世界发展史，英国、美国、日本、德国等国家的崛起，尽管路径不同、实践有先有后、崛起的模式也各具特色，但归根结底还是因为它们曾经拥有强大的制造业。改革开放以来，中国制造业发展极为迅猛，短短 40 多年就已成为世界第一制造大国，无论是规模体量、结构体系，还是技术水平、对外合作等方面均取得了显著成就，在全球产业链、价值链、供应链中的综合实力持续攀升。但与当今世界先进制造水平相比，中国制造业"大而不强、快而不优"等问题仍然严重，部分领域"卡脖子"现象尤为突出，近年来更是面临制造业回流、产业迁移、人口红利变窄、生产成本居高不下等多重因素叠加的严峻挑战，亟待转型升级，实现高质量发展。那么中国制造业如何谋求高质量转型升级呢？事实上，中国制造业在何种层面转型升级，将在很大程度上反映经济高质量发展的成效。然而，值得一提的是，中国经济已由高速增长阶段进入高质量发展阶段。那么，经历了长期高速增长的中国制造业如何换轨变道，从以往的粗放型增长模式转向集约型发展？如何从注重规模速度的提升转向质量效益的竞争？对此，以互联网、移动互联网、物联网、云计算、大数据、人工智能等为代表的新一代互联网信息技术的迭代创新及其在经济社会领域中的深入渗透和广泛应用，为中国制造业的转型以及高质量发展的实现提供了前所未有的契机。就中国而言，2015 年可以说是中国制造业变迁史上的一个重要拐点，因为在这一年"互联网 +"被首次提出，并正式上升到国家战略层面。随后颁布实施的诸如《国务院关于积极推进"互联网 +"行动的指导意见》《国务院关于深化"互联网 + 先进制造业"发展工业互联网的指导意见》《关于促

1

进人工智能和实体经济深度融合的指导意见》等重磅"国字号"文件对"互联网＋"在经济社会发展中的作用进行了阐释，并对如何纵深推进这一战略进行了战略部署，提出了明确要求，标志着"互联网＋"已经成为推动中国制造业高质量发展的新引擎、新动能。鉴于此，深入探究"互联网＋"在制造业高质量发展中的作用机制、影响因素、驱动路径等基础性、关键性问题具有十分重要的理论和现实意义。

本书以"互联网＋"为分析视角，以制造业为研究对象，遵循"理论—实证—政策"的逻辑思路，围绕以下几个核心问题展开：一是为什么要从"互联网＋"这个独特的视角研究制造业转型升级以及高质量发展这个问题？与之相关的研究现状如何？相关的理论基础有哪些？二是百年未有之大变局下"互联网＋"与制造业两者的发展现状如何？在具体发展过程中面临哪些新机遇与新挑战？"互联网＋"影响制造业高质量发展的内在机制和具体的路径、模式又是怎么样的？是否具有可资借鉴的经验？三是如何科学测量"互联网＋"在制造业高质量发展中的驱动效应，以及不同行业、不同地区是否存在显著的差异性？影响"互联网＋"驱动制造业高质量发展的关键性因素有哪些？四是应从哪些维度设计更具长效性和可操作性的政策体系？基于这些问题，本书从以下四个部分内容展开了深入研究。

第一部分是研究基础部分，涵盖绪论、理论基础和现状分析等内容。首先，阐释本书的研究缘由与推进思路，包括研究背景与研究意义、关键性概念的界定与辨析、"互联网＋"与制造业高质量发展的相关文献综述、研究思路与研究内容、研究的重点难点以及本书的创新和不足之处。其次，将技术创新理论作为本书的基础性理论，对熊彼特创新组合说、索洛的创新增长方程以及马克思的科技进步论进行梳理。从产业转型升级的基本规律和实现路径两个方面对产业转型升级与制造业高质量发展的关联理论进行分析，对网络效应理论、信息效应理论与零边际成本理论互联网经济三大效应理论，以及互联网环境下交易成本理论的创新进行梳理。最后，将互联网经济和制造业放在全球技术和产业变革的宏大背景下，从世界和中国两个维度对中国互联网与制造业发展的现状进行全方位的比较、审视和考量。

第二部分是理论部分，包括"互联网＋"对制造业高质量发展的作用机理、驱动路径等内容。首先，本部分从"互联网＋"供给侧和需求侧协同推进视角，构建理论分析框架，对"互联网＋"驱动制造业高质量发展的深层机制进行研究。其中，"互联网＋"供给侧是以供给侧的生产活动为"互联网＋"应用场景，主要表现在微观企业生产层面、中观产业链层面、宏观产业集群层面；而"互联网＋"需求侧对应的是"互联网＋"消费场景，包括消费偏好、消费模式和消费结构。之后从供需两侧协同视角对"互联网＋"驱动制造业高质量发展的"三螺旋"促进机制进行探讨。其次，实现路径是内在机制的外在表现形式。本部分拟结合近年来世界工业大国制造业与互联网深入融合的政策和实践，尤其是中国制造业数字化、网络化、智能化转型升级中的一些典型案例，挖掘内在规律，归纳总结出"互联网＋"驱动制造业高质量发展的路径模型，并对模型的内容作进一步的阐释。

第三部分是实证部分，包括"互联网＋"与制造业高质量发展的综合评价、传导效应、影响机制等内容。首先，随着移动互联网、物联网、区块链、大数据、人工智能等新一代互联网信息技术在制造业中的渗透和应用，不同省份的制造业转型升级水平表现不一，测度"互联网＋"情景下各省份制造业高质量发展水平，有助于推进制造业转型升级的"换轨变道"，以及制造业国际竞争力、影响力的整体提升。本部分从数字化、网络化、智能化、绿色化"四化"并进的维度构建评价指标体系，对"互联网＋"背景下制造业高质量发展的水平及其省际差异进行比较分析。其次，"互联网＋"是否能够影响以及能够在多大程度上影响制造业生产率提高和转型升级，不仅是一个解决"索洛悖论"国际之争的重大学术问题，同时也是一个阐释中国"互联网＋"战略的重大现实问题。从行业和区域两个维度对互联网发展影响制造业生产率提高的效应进行全面考察和比较分析，并探究市场化进程的传导效应，为国际上的"索洛悖论"之争提供中国样本。最后，通过探索性因子分析方法，遴选"互联网＋"影响制造业高质量发展的核心因子，并对其如何影响"互联网＋"驱动制造业高质量发展的内在机理作进一步分析。

第四部分是对策部分，包括"互联网＋"驱动制造业高质量发展的政策体系设计。要成功实施制造业与互联网融合升级，还需构建相应的政策保障体系。本部分构建"供给、需求、环境"政策分析框架，将各类相关政策措施"一揽子"纳入这一框架进行分析，进而系统性地提出"互联网＋"驱动制造业高质量发展的政策体系。

本书的创新之处主要体现在以下三个方面：第一，勾勒"互联网＋"作用制造业高质量发展的内在机制和耦合路径，形成理论研究新范式。对"互联网＋"供给侧的"三个层面"以及需求侧的"三个维度"影响制造业高质量发展的内在机理进行分析，并从两侧协同演化视角对"互联网＋"驱使制造业高质量发展的螺旋促进机制进行动态研究，从而实现静态分析和动态分析的有机结合。从制造业与互联网融合发展的国内外典型事实中，提炼"互联网＋"赋能制造业高质量发展的耦合路径，从而实现感性认识到理性认识的升华。第二，实证分析"互联网＋"驱动制造业高质量发展的影响效应。基于数字化、网络化、智能化、绿色化"四化"并进的视角，构建"互联网＋"下制造业高质量发展的评价指标体系，并以此为基础进行综合评价和省域层面的比较分析。之后，从行业和区域维度对"互联网＋"影响制造业高质量发展的多元效应进行异质性分析，并深入探究市场化进程的传导作用；对影响"互联网＋"驱动制造业高质量发展的关键因素进行探索性因子分析，并对其作用机理进行深入研究。第三，搭建"供给、需求、环境"政策分析框架，形成制造业与互联网深度融合的政策研究新工具；进行理论迁移，从政策供给、政策需求、政策环境三个维度搭建"互联网＋"驱动制造业高质量发展的政策分析框架，形成政策研究新范式，并以此分析框架为基础，设计具有一定前瞻性和操作性的政策体系和推进方案。

本书在撰写过程中，除已列举的主要参考文献外，作者还吸收了专家学者、媒体网站、论文著作的一些观点和数据资料，限于篇幅，就不一一列举了，在此表示诚挚谢意。由于作者水平有限，书中不妥之处在所难免，敬请学界同仁批评指正。

罗序斌

2023 年 7 月 30 日

目 录

第一章 绪论

第一节 研究缘起

制造业是"立国之本、强国之基、财富之源",更是科技创新及应用的主战场。从国际经验看,英国、美国、日本、德国等国家尽管崛起路径不同、时间有先有后、崛起模式也各具特色,但归根结底还是因为它们都曾拥有实力雄厚的制造业。改革开放 40 多年来,作为发展中的大国,中国成为"世界第一"制造大国。有数据表明,1990 年中国制造业仅占全球制造业的 2.7%,位列世界第九位;2010 年升至 19.8%,跃居世界第一;2016 年制造业增加值达 22.35 万亿元,GDP 占比为 30%,同比增长 6.80%,增速连续 5 年维持在 7% 左右[1];2021 年增加值达到了 31.4 亿元,GDP 占比攀升到 27.4%,全球占比接近 30%,增长规模连续 12 年进入全球前列。如今中国大约有 1 亿人从事制造业,全球 1/4 的商品是中国制造,其中就包括全球 80% 的空调、71% 的移动电话、60% 的鞋品。在众多细分制造业领域,"中国制造"也是遥遥领先,比如,化学工业、食品加工制造、机械制造、汽车制造等七大类行业的实际增加值位居全球第一;是世界唯一拥有联合国产业分类中所列全部工业门类的国家,有 220 多种工业品产量位居世界第一[2];工业制成品出口约占全球出口总量的 1/7,是全球最大的工业制成品出口国[3]。截至 2021 年,中国有 143 家企业进入世界 500 强榜单,其中,工业企业 73 家。高铁、核电、4G/

---

[1] 王春艳. 中国制造业的转型升级 [M]. 北京:人民出版社,2019.

[2] https://new.qq.com/rain/a/20210914A01Z2900.

[3] https://www.sohu.com/a/155471434_781358.

5G 等在全球的影响力也在持续攀升①。但与世界先进制造业水平相比，中国制造业"大而不强"，产业链整体水平仍然处于中低端，尤其是在核心基础零部件与基础制造工艺、基础电子元器件、关键基础材料、关键软件等领域还存在瓶颈，部分领域"卡脖子"问题还很严重。特别是美国、德国等发达经济体的"再工业化"战略引起的制造业回流，以及较多发展中经济体依靠低廉的劳动力和丰富的资源，"仿效"中国经济增长模式，抢占制造业国际低端产品市场，加之国内人口红利收窄、低成本优势减弱、劳动力价格上升、环境管制严格等多方面因素的影响，当下的中国制造业面临产业链转移、生产成本居高不下等严峻挑战，亟须转型升级，完成"中国制造"向"中国创造、中国智造"的转变。

在过去 20 多年里，互联网"破土而出"，改变了中国经济发展的轨道，重塑了产业版图。移动互联网、物联网、云计算、大数据、人工智能等新一代信息技术的创新发展及其在各产业领域中的深入渗透和广泛应用，对中国传统产业"旧貌换新颜"、新兴产业体系的形成和发展产生了极为重大且深刻的影响。"传统的广告、集市、百货卖场、银行、安保服务加上互联网成就了现在的百度、淘宝、京东、支付宝和 360，而传统的红娘加上互联网则成就了世纪佳缘……"② 互联网是一个无处不在的效率提升器。正是基于世界大势的准确预判以及中国产业互联网走势的深刻洞见，2012 年 12 月习近平总书记在考察腾讯公司时明确指出："现在人类已经进入互联网这样一个历史阶段，这是一个世界潮流，而且这个互联网时代对人类的生活、生产、生产力的发展都具有很大的进步推动作用。""互联网＋"这一全新的理念"应时"而生，并被写入 2015 年的《政府工作报告》。2015 年 7 月，国务院发布《国务院关于积极推进"互联网＋"行动的指导意见》（国发〔2015〕40 号），认为"互联网＋"是把当前互联网的创新成果与经济社会各领域深入融合，推动技术进步、效率提升和组织变革，提升实体经济创新力和生产力，形成更广泛的以互联网为基础设施和创新要素的经济社会发展新形态；并对"互联网＋"

---

① https://www.gov.cn/xinwen/2022 - 03/21/content_5680150.htm.
② 马化腾.《"互联网＋"国家战略行动路线图》[M].北京：中信出版集团，2015.

在经济增长和产业结构调整中的作用进行了初步阐述。之后，中共中央、国务院先后颁布了一系列推进制造业增长动能转换的政策文件，多举措、多层面、多途径推进"互联网＋"战略落地。中国制造业领域"互联网＋"的发展趋势主要是以信息化与工业化深入融合为主线，提高工艺水平和产品质量，大力发展智能制造、绿色制造，着力提升制造业的层次和核心竞争力。2016年5月，国务院印发《关于深化制造业与互联网融合发展的指导意见》，该《意见》指出，"我国是制造业大国，也是互联网大国，推动制造业与互联网融合，有利于形成叠加效应、聚合效应、倍增效应，加快新旧发展动能和生产体系转换"。同年，中共中央、国务院颁布的《国家创新驱动发展战略纲要》也提到，"创新驱动就是创新成为引领发展的第一动力……加快工业化和信息化深度融合，把数字化、网络化、智能化、绿色化作为提升产业竞争力的技术基点"。2017年11月，国务院发布《国务院关于深化"互联网＋先进制造业"发展工业互联网的指导意见》，要求对网络、平台和安全等工业互联网具有的三大功能体系进行重塑和再造，构建人与机互联、机与物互联、人与物互联的新型网络基础设施，形成智能制造新业态和新模式，加速推进制造业上下游、跨领域的互联互通以及集成共享。2019年3月，中央全面深化改革委员会审议通过了《关于促进人工智能和实体经济深度融合的指导意见》，将制造业作为科技跨越发展、产业优化升级、供给侧结构性改革的重点应用场景。

当前，中国已全面步入互联网创新驱动的数字经济时代。联合国《2019年数字经济报告》显示，中国数字经济的发展规模约占世界 GDP 总量的4.5%～15.5%，近年来增长尤其快，对全球的贡献份额最大。比如，2019年中国数字经济规模占 GDP 比重为36.2%，数字经济的名义同比增速高于同期 GDP 名义增速约7.85个百分点，对 GDP 增长的贡献率达到了67.7%[1]。数字经济是以移动互联网、物联网、大数据、云计算、区块链、人工智能等新一代信息技术为核心推动力的经济增长范式，是驱动中国制造业转型升级及高

---

① 温军，张森. 数字经济创新：知识产权与技术标准协同推进的视角［J］. 现代经济探讨，2021（4）：1－7.

质量发展的重大战略安排。在 2021 年全国网络安全和信息化工作会议上，习近平总书记强调，要大力发展数字经济，加快推动数字产业化和产业数字化；《中华人民共和国国民经济和社会发展第十四个五年规划和 2035 年远景目标纲要》也提到，要把推进数字产业化和产业数字化作为数字经济发展的发力点，推动数字经济与实体经济深度融合，打造一批具有国际竞争力、具有强大产业带动力和辐射力的数字产业集群。面对全球百年未有之大变局，如何培育新动能，推动制造业转型升级、实现高质量发展，进而增强中国制造业国际竞争力，乃当务之急。事实上，中国制造业在何种层面上实现转型升级，将在很大程度上反映中国经济高质量发展的成效。毫无疑问，"互联网 +"战略的提出以及在此基础上延伸出的"大数据 +""人工智能 +"战略，进而形成的互联网经济、数字经济（智能经济）等新经济，为中国制造业的高质量发展奠定了坚实基础。正因如此，如何下好新一轮产业变革的先手棋，促进制造业与互联网深度融合，则成为时下国人极为关注的热点话题。那么，"互联网 +"背景下中国制造业发展如何？有哪些客观事实和典型特征？如何寻找结合点，高质量推进制造业与互联网融合创新？"互联网 +"对制造业高质量发展的作用机制与路径是什么？是否存在显著的异质性？制约制造业与互联网深度融合的影响因素又有哪些？应该从哪些方面制定制造业与互联网融合创新的政策体系？等等。这些问题构成了本书的基本命题。

鉴于此，本书以制造业为研究对象，从"互联网 +"这一新的视角，对"互联网 +"驱动制造业高质量发展的机制、路径、政策等重大问题进行深入的理论阐释和多维度的实证分析，极具研究价值。第一，对"互联网 +""产业转型升级""高质量发展"等核心概念进行界定，分析"互联网 +"影响制造业高质量发展的内在机理，构建制造业高质量发展的"互联网 +"驱动路径及模式，挖掘关键性影响因子。这不仅可以拓展互联网经济学的研究内容，而且能为搭建具有中国特色的制造业与互联网融合创新的理论框架贡献学术力量，为互联网和产业转型的跨学科研究提供概念层次支撑和新的解释视角。第二，新一代互联网信息技术正在改变企业的生产流程、技术和方法，大量优秀企业基于移动互联网、大数据、机器人等先进技术，实现了商业模式的变革升级。显然，需要给予这些企业的互联网实践关注、总结、提炼与升华，唯有系统总结、提炼、升华相关实践的经验，才能科学地指导更多的企业转型升级，才能有效推进经济高质量发展；同时，也唯有正视互联网的特定环境对制造业的冲击，才能适应新时代，推动中国互联网经济理论与实践的本土化创新，进而彰显"中国经验"的世界意义。本书遵循认识论的"实践—认识—实践"研究方法，梳理国内外制造业与互联网融合的经验做法，把握"互联网＋"驱动制造业高质量发展的内在规律，实现认识上的升华。第三，作为一种新的经济形态，"互联网＋"会改变要素组合，提升生产效率，为中国各级政府建设"制造强国"和"网络强国"提供决策依据，进而推动"互联网＋"在宏观、中观、微观等层面上的落地生效，增强互联网赋能赋智功能。第四，以"互联网＋制造业"为实践样本，推进"互联网＋"提升工程，有利于再造创新体系、激发创新活力、培育创新模式，打造"大众创业、万众创新"的"双引擎"。

第二节　概念界定与辨析

一、"互联网＋"概念的争议

当下，"互联网＋"已成为一场发现新生产要素、释放生产力新动能的集体实践，涉及多领域、深层次的重构与变革。就如同电能一样，"互联网＋"把"DNA"注入各行业，并使其在互联网环境中得到新生[①]。然而，自"互联网＋"提出以来，尽管其科学内涵和本质特征等从不同视角被轮番解读，但"互联网＋"到底是什么，尚未达成一致。纵览现有文献，对"互联网＋"概念的认识主要有以下三种代表性观点：

（一）"互联网＋"的官方提法

互联网的最初形态是 1969 年美国为将计算机连接起来而建设的一种信息处理网络——"阿帕"（ARPAnet）。20 世纪 80 年代中期，美国在"阿帕"网络的基础上，将通信技术与计算机技术结合起来，实现美国各个研发中心

---

① 阿里研究院.互联网＋：从 IT 到 DT［J］.北京：机械工业出版社，2016.

以及政府机构计算机的联结和互通。因此，从本质上看，互联网就是通过先进的信息技术手段，联通各计算机终端的一种网络。1986年，中国发出了第一封国际电子邮件，之后经过近40年的发展，中国跃居全球互联网大国。数据表明，截至2022年6月，中国互联网用户数达10.51亿，渗透率达74.4%①。对此，回溯2014年，时任总理李克强在第一次世界互联网大会上就指出，互联网是"大众创业、万众创新"的新工具和新基础设施，是经济升级的新动能、新引擎，是一个无处不在的连接工具。2015年，"互联网＋"开始从概念、愿景发展为国家战略。随后国务院印发《国务院关于积极推进"互联网＋"行动的指导意见》（国发〔2015〕40号），推动了互联网从消费领域向生产领域拓展，并对"互联网＋"创业创新、协同制造、现代农业、普惠金融、智慧能源、益民服务、高效物流、电子商务、便捷交通、绿色生态、人工智能11个重点应用方向进行了明确规定。在此基础上，2016年3月的《政府工作报告》再次把"互联网＋制造业"作为制造业转型升级的推进路径，认为"互联网＋"将变革、重构传统行业的生产管理模式和运营逻辑，给经济社会创造更大的价值。

关于"互联网＋"的内涵认识，官方曾以《2015〈政府工作报告〉缩略词注释》发布"互联网＋"的第一版定义："互联网＋"代表一种新的经济形态，即充分发挥互联网在生产要素配置中的优化和集成作用，将互联网的创新成果深度融合于经济社会各领域，提升实体经济的创新力和生产力，形成更广泛的以互联网为基础设施和实现工具的经济发展新形态。《关于积极推进"互联网＋"行动的指导意见》（简称40号文）对"互联网＋"的定义可以视为官方第二版："互联网＋"是把互联网创新成果与经济社会各个领域深度融合，推动技术进步、效率提升和组织变革，进而提升实体经济的创新力和生产力，形成以互联网为基础设施和创新要素的数字经济形态。比较官方两个版本，可以发现新定义中去掉了"充分发挥互联网在生产要素配置中的优化和集成作用"，增加了"推动技术进步、效率提升和组织变革"。此外，更重要的改动体现在两个方面：一是将"以互联网为基础设施和实现工具"改为"以互联网为基础设施和创新要素"；二是将"代表一种新的经济形态"

---

① https://baijiahao.baidu.com/s?id=1749106016953904499&wfr=spider&for=pc.

"经济发展新形态"改为"经济社会发展新形态"。应该说，相对于《政府工作报告》中的提法，40号文关于"互联网＋"的定义要更为宽泛，表明互联网不仅会对经济增长产生深远影响，同时会给社会发展带来难以估量的作用。"互联网＋"已是中国经济社会发展重大战略中不可或缺的部分，远超一般意义上的工具范畴，代表着全新的生产生活范式，会对产业的转型升级、企业的生产经营以及个人的消费行为带来翻天覆地的变化。

（二）"互联网＋"的行业解读

在"互联网＋"行业实践层面，阿里和腾讯是"互联网＋"的探索者和先行先试者。2015年3月，阿里研究院发布《"互联网＋"研究报告》，指出"互联网＋"是以互联网为主的一整套互联网信息技术（包括移动互联网、云计算、物联网、大数据技术等）在经济社会生活各部门的扩散和应用过程。与传统意义上的信息化不同，传统的信息化没有完全释放信息和数据的流动性，而互联网作为信息处理成本最低的基础设施，其开放、平等、透明等特性将信息和数据有效联动起来，并转化成巨大生产力，使之成为社会财富增长的新源泉。因此，"互联网＋"的本质就是传统产业经过互联网改造升级后的在线化、数据化，其首要前提是互联网作为一种基础设施在各领域、各行业、各层面的广泛安装。"互联网＋"对传统行业的影响不是颠覆而是彻底的升级换代。"互联网＋"赖以发展的新基础设施是云（云计算和大数据基础设施）、网（互联网和物联网）、端（直接服务个人的设备），这三个部分的协同推进将决定"互联网＋"行动计划改造传统产业的效率和深度。为此，"互联网＋"是对传统意义上"信息化"的再定义，即信息通信技术的普及，释放了信息和数据的流动性，在跨组织和跨地域情景下，信息和数据可以被分享和广泛使用，进而转化为强大生产力。因此，"互联网＋"的过程也是传统产业互联网化转型升级的过程。

马化腾在《"互联网＋"国家战略行动路线图》一书中提到，"互联网＋"是以互联网平台为基础，推进信息通信技术与传统产业之间的跨界融合，进而推动产业优化、增长和创新，反映的是企业利用外在资源和环境提升行业的能力。在此过程中，新产品、新业务与新模式层出不穷、彼此交融，呈现出"连接一切"的新生态。目前，"连接"已成为继土地、劳动力、资本、技术之后的新要素。到 2025 年，全球将产生 1000 亿终端的连接，其中，90% 以上将来自智能传感器①，表明所有的企业都会成为互联网企业，都能够借助网络连接的力量来缩短业务流程、降低成本、提升效率、释放产业潜能。具体而言，"互联网＋"的影响过程可以概括为"四个要素＋六个层次"的模型：技术基础、实现路径、表现形式和最终形态四个要素；终端互联、数据交换、动态优化、效率提升、产业变革、社会转型六个层次。其中，"互联网＋"的"六个层次"可以看作"四个要素"的具象化。第一层终端互联和第二层数据交换是技术基础；第三层动态优化和第四层效率提升是路径详解；第五层产业变革是"互联网＋"的外在表现；第六层社会转型是"互联网＋"的最终形态。综上，产业界对"互联网＋"的理解多为信息化的新解释，但在"互联网＋"的宏大背景下，更需将其带来的创新和变革视为新发展范式。

（三）"互联网＋"的学界厘定

追根溯源，"互联网＋"的概念源自消费互联网、产业互联网等相关概念。消费互联网的发展与互联网信息技术的迭代创新相伴相生，是互联网信息技术在消费领域商业化、产业化的结果。消费互联网时代，互联网彻底颠覆了商业逻辑，改变了商业环境，更加关注消费端，注重消费者满意度，而让消费者接入效率更高、消费支出成本更低、友好互动更频繁是此模式的共性特征。其中，消费前、消费中、消费后各个环节的各种消费者行为均在消费互联网框架之下完成。而产业互联网是为产业主体提供互联网服务的经济形态，是以生产者的互联互通为中心、以生产活动为关键内容、以提升产业交易效率和优化资源配置为核心的互联网应用和创新，重点关注的是互联网在产业链上下游及相关生产企业、产品系列之间的交互供需关系中创造新价值的能力。它不是一个短期的风口，而是一次长期、本质性的产业变革，是数字经济发展的高级阶段，同时也是传统产业转型升级的必然要求。消费互联网和产业互联网虽形影相随，但仍有差异，表现在以下方面②：一是用户不

① 马化腾．"互联网＋"国家战略行动路线图［M］．北京：中信出版集团，2015.
② 郑英隆，李新家．新型消费的经济理论问题研究：基于消费互联网与产业互联网对接视角［J］．广东财经大学学报，2022（2）：4－14.

同，即消费互联网终端用户都是 C（消费者），而产业互联网以 B（广义的 B，包括企业、学校、医院、政府等组织）为主。二是服务对象不同，即消费互联网更多的是直接为消费者服务，而产业互联网则更加强调互联网信息技术对组织机构变革、生产流程再造、企业和产品数字化转型的赋能。三是市场主角不同，即消费互联网时代的主角是互联网公司，重点是产品和服务的商业模式重塑；产业互联网时代的主角更多的是实现了数字化转型的传统企业，重点在产品研发、生产制造、销售服务等全环节、全链条的数字化和智能化变革。四是增长速度不同，即消费互联网往往呈指数增长，产业互联网多是线性增长。鉴于此，"互联网＋"是一种技术环境和战略人造资源，是人类社会进入 18 世纪以来工业领域连续技术变迁的最新进展，是消费互联网和产业互联网融合演化的新表现形态（罗序斌，2019）①。"＋"是一个符号，可以是工农业也可以是服务业，可以是传统产业也可以是新兴产业，其中，"互联网＋"对传统产业的影响要更为重要，通过信息通信技术在产业中的深层次应用，能够促进结构调整和发展质量提升。此外，"互联网＋"与"＋互联网"也有显著差异（刘淑萍，2021）②。"＋互联网"是将互联网信息技术作为链接工具，它的主体是企业，核心是生产，目标是以互联网信息技术的创新发展来提升生产效率、扩大产品销售。"互联网＋"的主体也是企业，但"互联网＋"不再以生产为中心，而是强调新的生产、组织和商业模式，鼓励消费者全程参与产品生产、分享消费体验。"互联网＋"的最终目标是打破人与物、物与物之间的简单关联，更加注重消费者个性化需求，是以互联网为物质基础和技术条件的连接人与人、创造人与人全新对话方式的社会化分工机制③。任何一个主体都是"互联网＋"连接的主体，同样也是其连接的对象。

综上，本书认为"互联网＋"是新一轮工业革命和技术革命的前进方向和必然产物，是经济社会跃迁到一定发展阶段之后为满足人们的高质量需求而形成的经济形态，是以移动互联网、5G、云计算、区块链、人工智能、大

① 罗序斌．"互联网＋"背景下中国传统制造业转型升级研究［J］．金融教育研究，2019（1）：18－29.
② 刘淑萍．"互联网＋"促进制造业升级机理与路径研究［M］．北京：经济科学出版社，2021.
③ 孔剑平，黄卫挺．互联网＋：政府与企业行动指南［M］．北京：中信出版社，2015.

数据技术等为代表的互联网信息技术在经济社会生活中的渗透、扩散、应用，以及其与各行各业深度融合的过程，包含消费互联网和产业互联网两个部分。可以从以下方面来解读：其一，注重经济社会生活方方面面的渗透，这个渗透、融合、辐射带动过程既包括生产领域，也包括消费领域；既包括传统产业，也包括新兴产业，更涉及互联网产业本身。其二，移动互联网、5G、云计算、大数据、物联网、区块链、人工智能等互联网信息技术的创新应用为"互联网＋"的深入渗透奠定了技术基础。其三，"互联网＋"是生产力进步的表征，将成为驱动经济社会发展提质增效的新机制，并对制造业的突破式、颠覆式创新和变革以及产业综合竞争力的增强产生深刻影响。其四，以"互联网＋"为代表的互联网创新是世界各国和地区增强科技竞争能力的战略高地。

根据上述定义，"互联网＋"的基本特征主要有：其一，质变升级。"互联网＋"是基于互联网尤其是移动互联网、物联网、5G网络的根本性升级，这种升级最基础的是网络连接的随时随地，最核心的是连接对象升级，即从人与人通过网络的互联，升级到万物互联（包括人，最主要的是人与物的互联），从而突破传统物理局限，带来技术、劳动力、资金、连接方式等要素的改变，以及经济结构、社会结构、关系结构的重塑。其二，跨界创新。"互联网＋"的应用过程既是一种开放与变革过程，也是一个跨界过程，方向之一就是去除制约创新的环节，把孤岛式创新连接起来。比如，"互联网＋"可以让客户直接参与企业研发与生产制造，实现价值共创。其三，生态融合。借助大数据、云计算等"互联网＋"相关技术、信息与平台，企业可以精确获得用户消费特征及其消费习惯等方面的数据，开展定制服务，满足不同用户的差异化需求。"互联网＋"可以推动企业优化生产经营环境，或嵌入或构建全新的产业生态体系，实现与外部环境交互融合。

二、先进制造业与传统制造业

何谓制造业？简而言之，制造是对原材料的一种加工和再加工行为，是通过物理变化或化学变化将采掘而来的自然资源或农产品原料转换成为有效用价值产品的过程。按照不同的分类标准，制造业可以分为不同类型。比如，按照产品物质形态不同，可以将制造业划分成生产资料生产部门和消费资料生产部门两大部类，并根据生产力发展水平，将物质生产分为农业、采掘业、加工工业、运输业以及建筑业。其中，三次产业分类方法最为常用，是一种主流的分类方法。第一产业即农业，包括农、林、牧、渔业；第二产业即对获取的自然资源进行加工、再加工工业和建筑业，包括采矿业，制造业，电力、热力、燃气及水的生产和供应业；第三产业即服务业，是除了第一产业、第二产业以外的其他非物质生产部门。在三次产业分类中，制造业属第二产业的工业部门。按照《国民经济行业分类》（GB/T 4754—2017），制造业属第二产业的 C 类，包括以钢铁行业为代表的资本密集型重工业，以纺织服装业、食品工业等为代表的劳动和资源密集型产业，以黑白色电器制造、交通运输设备制造、金属制品等为代表的资本和技术密集型产业，等等，如表 1－1 所示。此外，如果按照生产工艺标准对制造业进行分类，制造业还可分为流程型和离散型。流程型制造业是指通过混合、分离、成型或化学反应而使产品增值的行业，包括制药、食品、冶金、化工等；离散型制造业是通过改变原材料物理形状、组装手段等生产物质产品，并使产品增值的行业，包括汽车、计算机、日用器具等。按照产业经济活动中增长因素的密集程度，可将制造业分为劳动密集型、资本密集型和技术密集型三种生产要素密集型产业。劳动密集型制造业是指在生产过程中劳动要素的投入比资本、技术要素投入大的行业；资本密集型制造业是指生产过程中投资大，而劳动、技术投入相对较少的行业；技术密集型制造业是指以知识、技术为主要生产方式，需要更多高级复杂的劳动以及工程技术和管理人员综合运用先进工程技术和管理技术的行业。按照生产技术水平高低与否，制造业还可分为先进制造业和传统制造业。下面以先进制造业和传统制造业为例，对不同类型制造业的概念、特征等进行辨析。

表 1－1　制造业分类

门类	行　　　业	门类	行　　　业
C13	农副食品加工业	C17	纺织业
C14	食品制造业	C18	纺织服装、服饰业
C15	酒、饮料和精制茶制造业	C19	皮革、毛皮、羽毛及其制品和制鞋业
C16	烟草制品业	C20	木材加工和木、竹、藤、棕、草制品业

续表

门类	行　　业	门类	行　　业
C21	家具制造业	C33	金属制品业
C22	造纸和纸制品业	C34	通用设备制造业
C23	印刷和记录媒介复制业	C35	专用设备制造业
C24	文教、工美、体育和娱乐用品制造业	C36	汽车制造业
C25	石油、煤炭及其他燃料加工业	C37	铁路、船舶、航空航天和其他运输设备制造业
C26	化学原料和化学制品制造业	C38	电气机械和器材制造业
C27	医药制造业	C39	计算机、通信和其他电子设备制造业
C28	化学纤维制造业	C40	仪器仪表制造业
C29	橡胶和塑料制品业	C41	其他制造业
C30	非金属矿物制品业	C42	废弃资源综合利用业
C31	黑色金属冶炼和压延加工业	C43	金属制品、机械和设备修理业
C32	有色金属冶炼和压延加工业		

（一）先进制造业

到底什么是先进制造业？对此学术界并没有严格的界定标准，至今也没有达成共识。从概念的起源看，20世纪90年代，美国政府首次提出先进制造业的概念，认为先进制造业就是"先进制造技术＋制造业"。进入21世纪以来，大数据、物联网、区块链等新兴信息技术的发展及其与制造业的全过程融合，先进制造业被赋予了更为丰富的内涵，高技术含量、高管理效率和环境友好等方面的特征更为突出。近年来，为了提升制造业的国际综合实力，世界各国和地区纷纷出台支持先进制造业发展的政策，并在发展内容、推进方向上各有侧重。比如，2012年美国政府出台《先进制造业国家战略计划》；2018年在总结过去先进制造业发展实践的基础上，发布《美国先进制造业领导战略》，重点发展3D打印、智能机器人、微电子、先进材料制造等先进制造业，提出要通过发展新制造技术、培训匹配劳动力、延伸国内产业链供应链、建立国家制造业创新中心等多措并举来增强制造业创新能力。英国政府2013年提出《英国工业 2050 战略》，旨在通过高价值制造，应用前沿的制造技术和专业知识引领先进制造业发展。日本的先进制造业包括"旧""新"两个部分：一部分是传统制造业改造升级，另一部分是新兴数字信息技术的普及和应用。2016 年以来，日本通过人工智能和互联工业技术，对制造业生产服务和运营系统进行改造升级。

本书认为，先进制造业是将智能设备、数字技术和柔性管理等最新成果应用于生产制造全过程并取得良好经济社会和市场效益的现代制造业的总称，具有科技含量高、附加值高和产业辐射强的特点，是低碳高效、知识密集、技术先进的现代化产业。其"先进"体现在以下方面：第一，先进的技术水平。即运用大数据、人工智能、物联网等信息通信技术，采取新的生产工艺，推行柔性制造、精益生产、集成制造、虚拟制造、清洁生产等先进制造模式，是通过技术集成创新驱动制造业信息化、自动化、柔性化发展的制造业门类。先进制造业也包括传统制造业的智能化改造。第二，先进的管理水平。即通过建立与先进制造系统相配套的数字化管理系统，优化配置生产要素，降低生产成本，提高管理效率；精准把握市场需求变化，及时调整研发方向，使企业管理更加智能化。第三，先进的商业模式。即运用先进制造技术的最终目标是提高企业的市场适应能力，培育行业竞争优势。制造业先进与否取决于生产链、价值链、创新链所有环节的价值创造和增值。先进制造业更加注重市场、技术和管理的融合，能够更好地满足消费者多样化的需求。第四，绿色程度高。进入经济新常态，资源和环境约束趋紧，传统的粗放型发展模式难以为继，必须发力全要素生产率提升，走集约型、内涵型增长道路。正因时代之需，先进制造业应运而生。这种模式更加重视资源节约、环境保护、创新驱动，是一种绿色低碳型发展模式。第五，产业的先进性。即在世界生产体系中处于产业链高端，也就是高技术产业或新兴产业中具备高附加值和高技术含量的产业链部分。

（二）传统制造业

传统制造业是与先进制造业、高端制造业相对应的一个概念。"传统制造业"这一提法形成的历史背景具体可以归纳为以下两个方面：一是信息技术革命成果特别是互联网信息技术在制造业中的渗透和应用，推动了制造业集成创新，致使制造业内部有了质量层次变化。二是传统工业范式下的粗放型工业增长模式与现代产业高质量发展的要求格格不入。可以说，传统制造业是近 10 年来出现频率非常高的词汇，时常见诸微信、博客、报纸等新闻媒体。虽然如此，但何为传统制造业？众说纷纭，至今还没有严格的界定，其科学内涵和概念的边界也较模糊，更多的是作为一个参照系见于先进制造业、新型制造业、高端制造业等相关研究。比如，黄烨菁（2010）认为传统制造业是相对于先进制造业而言的，而先进制造业并不是在现有产业划分标准下新设的一个行业类别或按照新分类标准划分出来的一个新行业群体①。李廉水等（2015）也有关于传统制造业的精辟阐述，认为新型制造业是传统制造业的发展方向，而传统制造业是一种大规模、标准化、高效率的生产模式，是一种依靠大量的自然资源投入、劳动力投入，以牺牲环境为代价的粗放型发展道路②。黄鲁成等（2016）从价值链的角度对"传统制造业"与"高端制造业"这两个概念进行了明确区分，认为高端制造业是处于制造业价值链的高端环节，不断融合信息技术和高新技术等方面的成果，并将这些先进的制造技术应用于制造业产品全生命周期，实现信息化、智能化、生态化生产，并取得良好经济社会和环境效益的制造业活动总称③，据此推断传统制造业大多是处于价值链底端的产业。综上，就传统制造业而言，目前文献虽有论及，但较分散。本书认为传统制造业是与传统工业相对应的生产范式，与新型制造业、高端制造业等先进制造产业的区分主要体现在生产技术、生产组织和产业价值链等方面。

（1）从生产技术看，技术创新水平低是传统制造业的首要特征。生产技术有物化在机器设备、劳动工具上的技术，也有体现在人身上的技能和知识，即人力资本。2015 年 2 月，美国布鲁金斯学会发布的《美国的先进产业》报告从技术研发投入和技术工人数量维度，提出美国产业先进与否的判别标准：

---

① 黄烨菁. 何为"先进制造业"——一个模糊概念的学术梳理［J］. 学术月刊，2010（7）：87 – 93.

② 李廉水，程中华，刘军. 中国制造业"新型化"及其评价研究［J］. 中国工业经济，2015（2）：63 – 75.

③ 黄鲁成，张二涛，杨早立. 基于 MDM – SIM 模型的高端制造业创新指数构建与测度［J］. 中国软科学，2016（12）：144 – 153.

一是每个产业工人的技术研发支出应该超过 450 美元，或是位于产业前 20%。二是产业队伍中拥有理工科学位的高技能型人数占比必须高于全国平均水平，或在本产业中所占比重达到 21% 以上①。就此而论，中国大多数传统制造业没有达到这个标准，研发投入与国际水平差距较大，技术创新水平一直低位徘徊。但生产技术会随着时间的推移而不断演进、更替。因此，从这个意义上说，传统制造业也是一个相对和动态的概念。事实上，产业革命史料证明，生产技术是产业形态从"传统"演化到"先进"，是产业结构从低端转向高端的决定性因素。产业革命不是由于偶然出现的新技术大爆炸而自发发生的，从新生产技术出现到产业结构的根本性变化也不是一个水到渠成的过程，而是技术经济范式有序转换、"序贯创新"的过程，是产业从"传统"向"先进"跃升的动态演化。进入 18 世纪以来，人类社会历经多次重大技术经济范式变革并迈入不同的产业时代，如英国革命时代（1771 年阿克莱特工厂开工），蒸汽与铁路时代（1829 年"火箭号"蒸汽机组在利物浦 — 曼彻斯特铁路线上试车），钢、电与重型机械时代（1875 年匹兹堡卡耐基 — 贝西莫钢铁厂投产），石油、汽车和大规模生产时代（1908 年底特律第一台福特 T 型车下线），电信与信息时代（1971 年加州第一个英特尔微处理器问世）等；而且每一个历史时代中的每一次生产技术上的重大变化都会引起产业技术效率上的升级，以及"传统"和"先进"的更替。传统制造业是先进制造业形成发展的基础，先进制造业是传统制造业转型升级的方向。在国家统计局公布的《战略性新兴产业分类》中，战略性新兴产业包括节能环保产业、新一代信息技术产业、生物产业、高端装备制造产业、新能源产业、新材料产业、新能源汽车产业；《高技术产业（制造业）分类》中，高技术制造业包括医药制造，航空、航天器及设备制造，电子及通信设备制造，计算机及办公设备制造，医疗仪器设备及仪器仪表制造，信息化学品制造等；此外，《中国制造2025》部署的许多产业战略领域，其中很多是运用信息技术、生物技术、新材料技术、新能源技术等先进信息技术改造后的传统制造业，是先进技术化的传统制造业。这些先进制造业保留了传统制造的基本"躯干"、更换了技术

---

① 张富禄. 先进制造业基本特征与发展路径探析 [J]. 中州学刊，2018（5）：33 – 39.

"心脏"，但与传统制造业又紧密相连①。足见，通过技术改造升级，传统制造业同样能够跃迁为先进制造业。

（2）从生产组织看，传统制造业的生产组织活动边界清晰，多集中在企业内部，相对封闭，这是一种传统的生产组织模式。但随着"互联网＋"时代的到来，这种传统的生产组织模式亟待向先进生产组织方式转变。一些先进制造业之所以"先进"，最大特点就是生产要素的组织管理以及产品增值完成的全过程不再受单个企业有限资源的约束，而是能够突破企业边界，向外延伸，将设计、研发、生产、物流、营销等各个生产经营环节分离出来，不做"大而全"，而是专注核心环节、优势部分，做"小而精""优而特"。在这种开放的生产组织活动中，传统制造业企业不仅能够将优质的外部资源引入产品增值链，而且能利用外部力量将市场分工的边界推向尽可能广的范畴。目前有以下几种较为先进的生产组织方式：一是生产环节的协同生产。"互联网＋"背景下很多传统制造业企业都在谋求生产组织方式的变革，通过外包、众包或联盟等方式将"非核心生产环节"转移到外部，进行协同生产。这既改变了传统企业原有的生产架构，也引发了生产要素的重新配置和生产链条各个功能环节的重新调整，进而推进整个产业专业化分工，促使"生产分离"，大量中间产品生产独立于其他价值链环节。二是服务环节的外部化供应。以物流和技术服务为代表的各类生产服务活动从企业中独立出来，由外部的专业化企业完成，从而引致企业生产组织活动从过去注重内部协调转为强调企业与市场之间交易的组织与协调，这一方面提高了服务供应的专业性，另一方面也增加了工序之间连接的复杂性。而以互联网为代表的新一代信息技术为这种服务外部化供应提供了支撑。如今越来越多传统制造业企业的竞争焦点和利润来源已从生产制造转移到服务环节，开始逐步转为服务导向型企业。这既是传统制造业和先进制造业在生产组织模式的一个显著差异，也是"互联网＋"背景下传统制造业创新发展的必然趋势。三是地理空间上的产业集聚。新一轮科技革命和产业变革改变了制造业传统分散的生产组织形式，使产业发展呈现网络化集群发展态势。美国、德国、日本等为了推进传

---

① 于波，李平华．先进制造业的内涵分析 [J]．南京财经大学学报，2010 (11)：23－27．

统制造业集群层面的转型升级，还专门组建了一些以公司型为主的产业集群组织。作为连接政府和市场的纽带，这类组织是政府、市场、社会多元合作创新的促进机构，能够将政府、企业、高校、金融机构、中介组织等行为主体集聚在一个地理空间，并依据专业化分工和协作关系筑成高度集群网络化发展的命运共同体。

（3）从产业价值链上看，传统制造业多处于"微笑曲线"的底端，劳动生产率相对低下。"微笑曲线"上产业链包括研发与设计、生产与制造、营销与服务三个区间，不同区间拥有不同的附加值。"微笑曲线"的两端分别表示具有高附加值的研发和市场营销环节，中间底端部分代表低附加值的产品制造环节。一般认为，传统制造业企业只有从生产制造环节不断移向研发、营销等高附加值环节，才能够扩大利润空间，提升企业竞争力。"微笑曲线"理论问世之后，人们给予了高度关注，被众多学者应用于各个行业的研究分析和政策设计中，并成为指导传统制造业转型升级的基础性理论。但也有很多学者提出不同观点，认为"微笑曲线"并不具有普遍性，比如日本的制造业，特别是机械、汽车等传统制造产业，其价值链就是一个"倒微笑曲线"，生产制造和组装环节依然是企业利润主要来源，制造和组装能力仍是这些传统制造行业的竞争力所在[1]。从理论上说，传统制造业价值链曲线不只存在"U型"和"倒U型"两种类型，应该是不断变化的连续谱；而标准"微笑曲线"的"U型"和"倒U型"只是这个连续谱中的两个极端[2]。这就意味着并不必然存在研发、营销环节的获利水平比产品制造环节高，改变"微笑曲线"价值链上所处的位置还不足以实现传统制造业转型升级[3]。深入分析发现，"微笑曲线"不同端、不同区间之所以存在不同的产品附加值，表面上看是生产、研发、营销等具有不同获利水平，根源在于这些环节的劳动生产率不同。比如，传统制造业之所以被称为传统，并不在于这些行业的生产活动还主

① 王茜. 中国制造业是否应向"微笑曲线"两端攀爬——基于与制造业传统强国的比较分析 [J]. 财贸经济，2013（8）：98–104.

② 郑健壮，朱婷婷，郑雯好. 价值链曲线真的是"微笑曲线"吗？——基于7个制造业细分行业的实证研究 [J]. 经济与管理研究，2018（5）：61–68.

③ 潘文卿，李跟强. 中国制造业国家价值链存在"微笑曲线"吗？——基于供给与需求双重视角 [J]. 管理评论，2018（5）：19–28.

要停留在产品的加工制造层面，没有向前后端延伸，而在于生产制造环节的劳动生产率低下。因此，价值链的高端、低端也是一个相对的概念。在一定条件下，"微笑曲线"产业链中的生产制造环节也能成为价值链的高端环节①。

三、产业转型升级

产业转型与产业升级常常被统称为产业转型升级。目前，关于产业转型升级的内涵和类型，无论是学术界还是政府部门，因为视角不同，形成了不同的概念。然而，对于产业转型升级认识上的不一致，容易引发产业政策上的偏差。为了避免概念上的混淆、增强产业政策的有效性，应对产业转型升级的概念要有一个清晰认识，走出传统产业就是"夕阳产业"、产业转型就是"退二进三"、产业升级就是"资本换人、机器换人、技术换人"、传统产业与新兴产业"非此即彼"等误区。

（一）产业结构演化视角

产业转型升级本质上是产业结构不断变迁、逐步演化的动态过程。据此，学术界有四种代表性的观点②：① 从产业结构内部演进角度对产业转型升级的内涵进行辨析，认为产业转型升级就是产业结构的高度演进过程，故采用国民经济中三次产业占比、制造业与服务业增加值之比、战略性新兴产业与传统产业在国民经济中的占比等指标作为产业转型升级的评价标准。② 从产业要素密集度变化角度对产业转型升级的属性进行辨析，认为产业结构内生于要素禀赋，且随着要素禀赋结构的升级而升级。产业转型升级是资本和技术密集型产业逐步取代劳动密集型产业的过程，因此，可以将资本和技术密集型产业增加值占比的提高作为评价产业转型升级的标准。③ 从产业进出口贸易结构变化角度对产业转型升级的内涵进行辨析，认为产业转型升级就是贸易结构从加工贸易为主转变为一般贸易为主，从服务外包为主转变为逆向外包为主，从原材料和一般制成品出口为主转变为高新技术产业出口为主，

---

① 孙德升，刘峰，陈志. 中国制造业转型升级与新微笑曲线理论［J］. 科技进步与对策，2017（15）：49－54.

② 田学斌，柳天恩，周彬. 新形势下我国产业转型升级认识纠偏和政策调适［J］. 当代经济管理，2019（7）：1－7.

并把出口中一般商品贸易或高新技术产业占比等作为评价产业转型升级的标准。④ 从全球价值链角度对产业转型升级的内涵进行辨析，认为产业转型升级是从全球价值链中低端向中高端攀升、跃迁的过程，从代工贴牌为主转为研发自营品牌为主，据此增加产业附加值，从而将产业在价值链中的分工地位以及出口产品的技术含量等作为评价产业转型升级的标准。

（二）宏观、微观分析视角

这个视角有两种代表性的观点①。第一，宏观层面的产业转型升级。① 产业转型升级表现为产业结构的合理化和高级化。合理化是传统意义上的产业转型升级，即三次产业在国内生产总值中所占的比重从第一产业占比优势逐渐向第二产业、第三产业占比优势梯级演进。当前发达与比较发达的经济体大多以此梯级演进实现产业转型升级；涉及要素资源配置的高级化，即由劳动密集型产业逐步向资本密集型、技术密集型产业转变。② 产业转型升级包括了三次产业内部的转型升级。比如，第一产业以数字导向、绿色导向、市场导向为驱动力的转型升级，实现农业生产的数字化、集约化；第二产业表现为制造业服务化、高端化、品牌化、集群化、智能化等变动趋势。产业转型升级是在资本与利润等量的导向下，资源在产业间有序流动，并向高质量增长方向发展。③ 产业转型升级是产业空间转移与集聚，即全球价值链升级。产业转型升级通过产业部门的结构转换实现价值链的优化发展，逐步形成空间区域一体化的经济地理效应。从区域结构角度分析，第三产业主要分布在区域内的中心城市，第二产业向城市外围的县域和郊区扩散，由此实现区域内各地区的产业转型升级。从开放角度看，产业转型升级包括"引进来"与"走出去"两个层面，其主流方向是产业逐步迈向高端化、智能化、国际化，是企业在全球价值链中的升级，是产业从价值链中低端向中高端迈进的过程，同时也是产业竞争力的全面提升过程。④ 产业转型升级包含资源配置与产业增长模式的转型升级。前者为产业经营管理体制转型，即从计划资源配置方式转向市场决定，并使市场在资源配置中起决定性作用。该层面转型升级的

---

① 刘建江，易香园，王莹. 新时代的产业转型升级：内涵、困难及推进思路 [J]. 湖南社会科学，2021（5）：67－76.

难点在于政府如何做到不缺位、不越位，激发市场主体活力，提高市场配置资源效率。产业发展方式转型升级，包括产业发展方式由粗放型向集约型转型、投资驱动型与资源消耗型向自主创新驱动型转型、投资与外需依赖型向内需主导和消费驱动型转型、人工制造向智能制造转型、生产型向服务化转型。第二，微观层面的产业转型升级。这个层面的概念是指产业由低技术、低附加值状态向高技术、高附加值状态演进的过程，包含两种资源配置形态：一是在资本与利润等量导向下，不同资源在产业体系内的重新配置。二是在市场竞争导向下，不同要素资源由低效率向高效率企业配置。在此导向下，各产业内部由劳动密集型向资本、知识技术密集型转变，具体表现为工艺升级、产品升级、技术升级、市场升级、管理升级以及产业价值链升级。

综上，本书认为，产业转型和产业升级含义相近，但各有侧重，应该分开理解。产业转型是指产业结构或类型的转型，即随着比较优势和要素禀赋结构的动态转换，一个国家或地区的产业从一种类型转向另一种类型，"从一个峡谷迈向另一个峡谷"，包括行业结构转型、要素结构转型、贸易结构转型和发展方式转型四种类型。产业升级是指产业附加值、产业技术含量、产业质量效益以及产业国际分工等方面变化引致的价值提升，即产业沿着全球价值链从低附加值、低技术含量的生产加工环节向高附加值、高技术含量的研发设计、标准专利、品牌营销、售后服务等环节转变，具体包括产品升级、流程升级、功能升级、融合升级四种类型，如表1－2所示。

表1－2　产业转型升级的内涵与分类

类型	特点	内涵与分类
产业转型	类型转换	行业结构转型：三次产业结构转换；主导产业从制造业转变为服务业，从传统制造业转变为战略性新兴产业
		要素结构转型：从劳动密集型和资源密集型产业为主转变为资本密集型和技术密集型为主；从轻工业为主转变为重工业为主
		贸易结构转型：从加工贸易为主转变为一般贸易为主；从服务外包为主转变为逆向外包为主；从货物贸易为主转变为技术贸易、服务贸易为主
		发展方式转型：从数量规模扩张型转变为质量效益提升型；从要素投资驱动型转变为创新驱动型；从出口导向型转变为内需拉动型；从高投入、高污染、低效益的粗放型转变为低投入、低排放、高效益的绿色高效集约型

续表

类型	特点	内涵与分类
产业升级	价值提升	产品升级：包括引入先进的生产线，推进产品质量变革和定制生产，满足消费升级和产品差异化需求
		流程升级：包括对生产流程进行改造和重组，或引进先进的智能制造和柔性制造技术，提高投入产出转化效率
		功能升级：包括从加工制造环节转向研发、设计、品牌、营销等环节，以提高生产活动的总体技术含量和附加价值
		融合升级：包括利用新技术、新产业、新业态、新模式改造提升传统产业，实现产业深度融合，形成产业竞争新优势

四、经济高质量发展

如何定义经济高质量发展是极具基础意义、极具研究价值的关键问题，引起了社会各界广泛的关注。有学者从经济发展与经济增长的区别入手对经济高质量发展进行厘定，强调发展的多元化以及"增长量"向"增长质"的转变；有学者从新新理念着眼，对经济高质量的本质属性进行深入解读；有学者从具体的指标切入，对经济高质量发展的科学内涵及其评价指标体系进行分析；也有学者从新发展格局或数字经济发展的角度，对经济高质量发展的新内涵、新特点和新要求等进行阐释。宋洋和李先军（2021）认为，构建以"双循环"为显著标志的新发展格局赋予了经济高质量发展丰富的理论内涵；经济高质量发展应在新发展格局的逻辑框架内向前推进，并在理论要义和实践路径上与构建新发展格局保持内在的一致性，即经济高质量发展是国内需求侧管理和供给侧结构性改革的有机结合，既要畅通国内大循环，也要提升产业全球竞争力，是"内生动力"驱动"外在表现"机制中不断演化推进的一个动态过程①。袁艺和张文彬（2022）认为，经济高质量发展的最终落脚点和根本目标是居民生活水平的持续提升，并基于可行能

---

① 宋洋，李先军. 新发展格局下经济高质量发展的理论内涵与评价体系［J］. 贵州社会科学，2021（11）：120－129.

力理论与中国"五位一体"布局，构建符合中国国情的经济高质量发展测度指标体系①。

　　基于文献追踪、梳理，以及改革开放 40 多年的中国经济增长实践，本书认为经济高质量发展是基于中国特色社会主义进入"互联网＋"新时代、内外部发展环境发生新变化、人民生活出现新要求，全面体现创新、协调、绿色、开放、共享新发展理念，实现共同富裕和全面振兴的新发展模式，其科学内涵可以从宏观、中观和微观三个层面来进行阐释。第一，从宏观经济层面看，经济高质量发展要求从以往的规模增长转向效率提升，要求通过创新驱动，实现生产力持续增长。而实施创新驱动战略，进而提高全要素生产率的关键在于质量变革、效率变革和动力变革，在于数字经济的赋能增权②。2021 年 10 月 18 日，中共中央政治局就更高质量推动中国数字经济健康发展进行了第 34 次集体学习，此次会议上习近平总书记指出："数字经济发展速度之快、辐射范围之广、影响程度之深前所未有，正成为重组全球要素资源、重塑全球经济结构、改变全球竞争格局的关键力量"。第二，从中观产业层面看，经济高质量发展要求通过引领新一代信息技术革命的数字技术，加快数字产业化和产业数字化进程；要求将数据加速转化为新的生产要素以及通过数字化创新和产业深度融合，持续优化产业结构质量。第三，从微观企业层面看，经济高质量发展要求通过提高企业效率，实现单位生产成本最小化。其中，企业是微观经济构成的主体，其发展质量高低在很大程度上决定着中观产业结构的优化与宏观全要素生产率的提升。企业效率的构成包括管理效率、服务效率和生产效率三个层面。

　　需要强调的是，推进经济高质量发展，不仅要重视规模增长，更要重视结构优化和效率提升；不仅要重视经济增长，更要重视环境保护、社会文明提高以及社会治理完善，更加强调经济、政治、社会、文化、生态"五位一体"的全面进步。其实质在于提升经济发展的活力、动力、创新力和竞争力，

---

　　① 袁艺，张文彬. 共同富裕视角下中国经济高质量发展：指标测度、跨区比较与结构分解 [J]. 宏观质量研究，2022（4）：95－106.

　　② 任保平，李培伟. 数字经济培育我国经济高质量发展新动能的机制与路径 [J].陕西师范大学学报（哲学社会科学版），2022（1）：121－132.

在于提高投入产出效率。因此，要准确理解经济高质量发展的内涵，还需注意"两个统一"：一是经济高质量发展是绝对和相对的统一。一方面，产业的技术水平、产业数字化程度、生态数字化治理以及产业营商环境等能够用于衡量经济高质量发展的先行指标应该达到一定的门槛水平，应该有一定的基准，否则就谈不上经济高质量发展。另一方面，经济高质量发展的标准又是相对的，要与经济发展阶段相适应，超越发展阶段而提出"不合时宜"的目标，可能会起反向作用。如果罔顾客观条件追求过高的标准，即使能够达成目标，那么最终也会因为违背增长规律而产生负面影响。此外，经济高质量发展是发展的一种形态，本身就蕴含了相对动态的内涵。二是经济高质量发展也是质量与数量的统一。质量和数量从来都不是对立的，量变是质变的基础，质变是量变积累的结果。经济高质量发展是以一定的数量或规模为基础的，离开了数量或规模，质量就成了无源之水、无本之木。

第三节　文献追踪与评述

以制造业为研究对象，主要围绕"互联网＋"在制造业高质量发展中的作用机理、"互联网＋"对制造业高质量发展的影响效应、"互联网＋"驱动制造业高质量发展的模式路径等内容，对国内外已有研究成果进行追踪与梳理，并探究新的中国议题。

一、发展现状研究

识别"互联网＋"背景下中国制造业发展中面临的主要问题，是研究制造业高质量发展的逻辑起点。就中国制造业发展的阶段性而言，"互联网＋"的提出是一个重要的拐点，可以大致将中国制造业发展划分为两个发展阶段。第一个阶段是改革开放以来至 2015 年"互联网＋"战略的提出。在此阶段，制造业是中国经济增长的发动机，但"大而不强""质量不高""污染严重""效率低下"等问题突出。第二阶段是 2015 年"互联网＋"战略提出之后，即中国经济处于从过去的高速增长转向中高速增长阶段。在此阶段，以往支撑中国制造业高速增长的比较优势在弱化，且随着产业结构调整的深化以及现代服务业的快速发展，中国制造业面临着前所未有的挑战，一些传统制造业更甚。那么这些失去传统优势来源的制造业会急剧衰退吗？这些产业的命运将会如何？传统制造业是否就此退出市场，让位于现代服务业或新的优势制造业？毫无疑问，判断"互联网＋"背景下制造业在现代经济增长中的地位，指明制造业向何处转型升级，是亟待回答的时代之问。

（一）"互联网＋"下制造业在经济增长中的作用

进入"互联网＋"时代，制造业在整个国民经济中的比重逐步降低，服务业已经成为主导产业。从三次产业贡献率指标来看，2018 年第二产业对 GDP 的贡献率达到了 36.1%，第三产业贡献率为 59.7%。基于此，有学者认为应该"去工业化"，其主要依据的是库兹涅茨和后工业化的经验事实（王文和孙早，2017）[①]。库兹涅茨事实描述了农业和非农部门之间的经济关系，即农业部门的比重随着经济增长水平的提高逐步下降，非农部门（工业和服务业）的比重持续上升；后工业化描述了工业和服务业之间的消长关系，即当经济增长到一定水平时，工业比重逐步下降，服务业将成为主导产业。纵观中国改革开放以来的产业结构演进轨迹，其与库兹涅茨事实的描述高度一致（林毅夫等，2014）[②]。随着中国现代服务业在国民生产总值中的增加值占比超过第二产业，以及近年来工业产值的占比不断下降，有部分学者认为中国应将现代服务业作为国民经济的主导产业，加速推进产业结构高级化，甚至有了"产业结构幻觉"，主张"去工业化"或"弱工业化"。对此，也有学者基于美国、德国等发达经济体"去工业化"的事实，特别是结合当前中国经济整体增速放缓的现实，提出了不同看法，认为与发达工业国家在工业生产效率大幅提升和人均收入显著增长前提下开始的"去工业化"不同，中国人均收入水平还很低，工业化使命尚未完成（黄群慧，2014）[③]，如果服务业过早成为主导性产业，则会出现"产业早熟"现象，不利于规避

---

① 王文，孙早. 产业结构转型升级意味着去工业化吗 [J]. 经济学家，2017（3）：55 - 62.

② 林毅夫，蔡昉，李周. 中国的奇迹：发展战略与经济改革（增订版）[M]. 上海：格致出版社，2014.

③ 黄群慧. "新常态"、工业化后期与工业增长新动力 [J]. 中国工业经济，2014（10）：5 - 19.

"中等收入陷阱"（史丹和白骏骄，2019）[①]。就当前而论，制造业仍是经济增长的发动机（王展祥和李擎，2018）[②]。其问题在于制造业如何顺应互联网与产业融合的大势，实现制造业数字化、智能化转型升级。在条件没有完全成熟的情况下，过早追求产业结构服务化不仅与近年来发达经济体"再工业"的实践相悖，也与当前中国经济增长的基本面不吻合。此外，从工业先行国纺织工业发展的实践看，创新能够延长产业生命周期。

（二）"互联网＋"下制造业创新发展的实现路径

制造业转型升级的方向是价值链攀升还是升级，尚存分歧。价值链攀升主要是通过技术、要素、分工等多方面的变化，实现产业价值链从低端的生产制造向中高端的研发和营销环节攀升；价值链升级是通过自身市场势力增强以及技术能力提高来增加各个环节的附加值，从而完成工艺流程升级、产品升级、功能升级和链条升级的演化，实现低端产业的高端化发展的。有学者认为当前中国制造业大多处于"微笑曲线"的生产制造环节，产品附加值不高、环境污染严重，存在严重的"低端锁定"，需从全球价值链低端的"生产车间""制造工厂"向中高端攀升，由数量型向价值型转变。对此，孙德升等（2017）[③] 提出了不同看法，认为制造业的问题不在于生产活动是否停留在"微笑曲线"的加工制造和装备环节，而在于这些环节的劳动生产率不高，为此，需推进技术创新、产业组织创新和管理创新，对低端生产环节进行高端化改造。针对日本企业的一项调查发现，44.4%的企业在生产制造环节可获得较高利润，特别是机械、汽车等传统制造行业，这个环节更是利润的主要来源（王茜，2013）[④]。可见，生产制造仍然可以是价值增值的重要环节。因此，现阶段把价值链的生产制造向前后端的营销、研发"抬高"作为制造业

---

① 史丹，白骏骄. 产业结构早熟对经济增长的影响及其内生性解释——基于互联网式创新力视角 [J]. 中央财经大学学报，2019（6）：105 – 118.

② 王展祥，李擎. 美国"再工业化"对中国经济结构转型升级的影响及对策研究 [J]. 江西师范大学学报（哲学社会科学版），2018（2）：84 – 91.

③ 孙德升，刘峰，陈志. 中国制造业转型升级与新微笑曲线理论 [J]. 科技进步与对策，2017（15）：49 – 54.

④ 王茜. 中国制造业是否应向"微笑曲线"两端攀爬——基于与制造业传统强国的比较分析 [J]. 财贸经济，2013（8）：98 – 104.

转型升级的唯一方向，不符合中国国情与产业发展的实际（丁雪和张骁，2017）①。制造业的转型升级还应兼顾劳动力结构及其就业的现实需求。因此，价值链环节的全面升级是"互联网＋"下推进中国制造业高质量发展的应有之义。

二、内在机理研究

"互联网＋"主要从微观和宏观方面对制造业高质量发展产生重要影响（童有好，2015；刘春芝和毕翼，2016）②③，进而引领整个工业发展水平向更高层次跃进。

（一）微观层面的作用机理

从微观层面看，互联网已渗入生产制造各环节和产品生产周期全过程，并带来企业生产经营管理方式和存在形态的变化。① 互联网与产品设计。互联网将推动企业研发设计的网络化变革。时下众多的诸如东科创星、烽火创新谷、种子社区、东湖创客汇、小样青年社区等众创空间或协同创新平台正是互联网与产品设计融合的代表（陈武和李燕萍，2018）④。② 互联网与生产制造。互联网能让企业具备更强的柔性生产能力，推动大规模个性化定制，促使企业数字化、网络化、智能化协同发展，进而满足消费者日益增多的多样化、个性化需求（杜传忠等，2016）⑤，引发生产组织方式创新，使之向扁平化、专业化、分散化、协同化"四化"并进方向发展（陶永等，2016）⑥。③ 互联网与供应链协同。任何一家制造业企业都不是孤立存在的，而是处于

① 丁雪，张骁."互联网＋"背景下我国传统制造业转型的微观策略及路径：价值链视角［J］.学海，2017（3）：86－90.

② 童有好.论"互联网＋"对制造业的影响［J］.现代经济探讨，2015（9）：25－29.

③ 刘春芝，毕翼."互联网＋"时代辽宁装备制造业转型升级对策研究［J］.沈阳师范大学学报（社会科学版），2016（3）：114－117.

④ 陈武，李燕萍.嵌入性视角下的平台组织竞争力培育——基于众创空间的多案例研究［J］.经济管理，2018（3）：74－92.

⑤ 杜传忠，杨志坤，宁朝山.互联网推动我国制造业转型升级的路径分析［J］.地方财政研究，2016（6）：19－24＋31.

⑥ 陶永，王田苗，李秋实，等.基于"互联网＋"的制造业全生命周期设计、制造、服务一体化［J］.科技导报，2016（4）：45－49.

包括供应商、消费者、零售商等在内的供应链之中，需就存货、采购、物流、消费者服务、生产计划、供应商运营等相关信息进行沟通。而互联网的诞生以及近年来的高速发展有利于提高沟通效率，降低沟通成本，增强信息分享意愿，促进企业合作，因而被认为是推动制造业企业进行高效信息交换、分享以及提高供应链协同水平的有效手段（王可和李海燕，2018）[①]。④ 互联网与企业管理变革。作为颠覆信息传递特征的革命性技术新发明，互联网在很大程度上消除了信息传递之间的时空障碍，增加了知识和技术的传播范围和转化概率，产生了知识和技术溢出效应，使人们从已有知识和技术当中获得好处的可能性更大，推动了企业管理变革和创新（Paunov 和 Rollo，2016）[②]。具体表现在以下三个方面：一是互联网接收信息的便利性和广泛性增加了企业的知识存量，为企业管理变革提供了知识积累。二是互联网有利于加速新知识和新技术的扩散，能够在一定程度上克服"知识负担"的增加[③]，使企业内部的知识和技术更容易转化为高质量的创新成果。三是互联网带来的信息传递方式变革，有助于完善信息化管理系统，使企业组织形态向小微化、扁平化方向变革。⑤ 互联网与产品销售。马克思把商品的销售环节称作为商品的"惊险一跃"，是因为一旦商品在销售过程中出现困难，则可能意味着亏损巨大。而互联网的发展催生了新兴线上网络营销模式，打破了广告宣传的时空界限，并作为一种直接商品销售渠道，简化了销售环节和流程，能够为消费者带来更加高效迅捷的交货过程和交货体验。线上线下的营销有利于促进制造业企业的服务化转型（邢纪红和王翔，2017）[④]。

（二）宏观层面的作用机理

从宏观层面看，"互联网＋"能够改造制造业，诱发内部结构变化和新旧

① 王可，李海燕.“互联网＋”对中国制造业发展影响的实证研究［J］.数量经济技术经济研究，2018（6）：3－20.

② Paunov C.，Rollo V..Has the internet Forseted Inclusive Innovation in the Developmenting World?［J］.World Development，2016（78）：587－609.

③ 阿贾伊·阿格拉瓦尔，乔舒亚·甘斯，阿维·戈德法布. 人工智能经济学［M］.王义中，曾涛，译. 北京：中国财政出版社，2021.

④ 邢纪红，王翔. 传统制造企业“互联网＋”商业模式创新的结构特征及其实现路径研究［J］.世界经济与政治论坛，2017（2）：70－90.

产业的更替，带动整个区域产业发展。国外学者霍夫曼南多（Hofmannandor，2005）对通过互联网通信技术提升制造业的技术效率，进而推动制造业结构调整的机制进行了研究。安杰利斯（Angeles，2009）通过改变制造业劳动生产率的路径对互联网技术，特别是对其在推动制造业结构调整以及促进制造业技术创新中的作用进行了研究。国内对这方面的研究起步较晚，表现在以下两个方面：①"互联网＋"与产业分工专业化。"互联网＋"营造的外部"场域"有利于提升企业获取内外部资源的能力，加大创新开放度，激发创新活力，促进分工专业化，而分工的细化则会直接推动制造业结构调整，促进一些中小微制造业企业的产生和发展（石喜爱等，2018）[①]。这将加大市场竞争强度，倒逼企业创新。除此之外，"互联网"与制造业融合，还会催生新兴产业，促使"新旧"产业更替，带动整个制造业内部结构的优化。②"互联网＋"与产业外溢。区域产业耦合对制造业结构优化升级具有显著的空间相关性。一个地区制造业的创新发展不仅受本地区"互联网＋"水平的影响，同时还受周边的影响。"互联网＋"的外溢效应并不会随地理距离的增大而减弱，相反一直保持强有力的辐射带动作用。根据产业关联理论，一个地区制造业的互联网化转型升级水平会直接影响邻近地区的产业升级。因为，地理位置相对毗邻的地区更有利于发挥比较优势，获取稀缺资源、输出富余要素，促进企业跨区制造，形成区域性制造业发展的协同效应与规模效应。

综上，现有文献从微观和宏观层面考察了"互联网＋"在制造业发展中的作用机理，取得了较为丰富的研究成果，但总的来说此方面的研究比较碎片化，尚不系统，尤其是研究视角方面的创新还存在明显不足，为此，需要从一个全新视角，将"互联网＋"与制造业发展纳入同一分析框架，探究"互联网＋"的作用机理。

三、影响效应研究

"互联网＋"对制造业的影响效应研究可追溯到技术进步与经济增长、产

---

① 石喜爱，李廉水，刘军．"互联网＋"对制造业就业的转移效应［J］.统计与信息论坛，2018（9）：66-73.

业发展的相关理论。关于技术进步在经济增长中的地位，诺贝尔经济学奖得主保罗·罗默早在1986年提出的内生增长理论模型中就给予了深入阐释。之后，众多学者将关注点从宏观经济增长领域转向产业创新层面，探究技术进步与产业创新发展之间的关系，产生了诸如熊彼特的"创造性破坏"、A–U创新过程模型等理论。目前，较多的研究集中在产业演化的技术进步机制、产业创新效率、影响因素等方面。但作为技术进步的一种重要表现形式，互联网技术创新影响制造业转型升级与创新发展的文献并不多（徐伟呈和范爱军，2018）①，在认识上甚至截然相反。

（一）消极影响

互联网对经济社会发展产生了重大影响。比较有代表性的观点主要有以下几个：① 索洛悖论。20世纪80年代末，美国学者Strassman调查了292家企业，其中大多数是制造业企业，结果发现这些企业在互联网信息技术方面的投入和产出之间并没有明显的关联。对此，1987年获得诺贝尔奖的经济学家罗伯特·索洛进行了深入研究，得出"生产率悖论"（Productivity Paradox）的结论，后人也将其称为"索洛悖论"，即"IT产业在社会中无处不在，随处可见，但它对生产率的推动作用却似乎微乎其微"。20世纪90年代中期，美国出现"新经济"繁荣之后，互联网相关投资对全要素生产率的积极作用逐渐得到了学术界和行业认可，Solow也在2000年表示这一悖论已经解决。之后随着互联网的普及应用，各国学者纷纷对"生产率悖论"在不同经济体、产业、发展阶段的适用情况进行了实证检验和系统研究。有学者认为，对于国家而言，计算机设备的使用、网络普及率的提高能够促进经济增长，并在区域之间产生技术溢出效应，提高生产力；对于产业而言，互联网应用有助于推进产业转型升级，具体包括提升劳动生产率、推动产业结构升级、优化要素资源配置效率、增强产品创新能力等方面。但同时也有学者发现，互联网信息技术对制造业企业运行绩效提升的影响并不大。② Gordon质疑。著名经济学家Gordon认为，企业对计算机和互联网等信息技术的大量投资并没有带来劳动生产率的加速提高和质的变化，恰恰相反，19 世纪末 20 世纪初以电力发明和汽车革新为代表的技术创新却带来了美国劳动生产率和全要素生产率的高速增长。③麦肯锡公司的报告。麦肯锡公司于 2001 年 10 月 18 日发表了一份题为《美国经济的未来》的报告，指出互联网信息技术进步只是美国劳动生产率增长的诸多影响因素之一，且对不同行业的影响效应存在较为显著的差距。相对而言，产品与服务创新、市场竞争和周期性需求则更为重要。这个报告还研究了银行、酒店、电信等行业的长途数据业务，发现这些服务行业都有互联网信息技术方面的投资，但进一步的跟踪研究表明，其劳动生产率的增长反而在一定程度上有所减缓。对此，有学者认为，互联网对劳动生产率提升的影响会随着时间的推移、外部环境的优化而不断加强。但近年来以中国为样本的实证分析并没有显示互联网信息技术进步能够显著提升行业生产率（胡俊，2019）①。因此，人们是否在一定程度上高估了互联网技术进步对劳动生产率提升的正面作用？（肖利平，2018）② 真实情况是否如此？这些问题有待研究。

（二）积极影响

大多数学者认为，互联网能够有效提高制造业企业的劳动生产率。诸多研究发现，当互联网的使用范围较为广泛或者制造业企业使用互联网的程度较为频繁的时候，企业的劳动生产率和产出增长率能够获得明显提高，且这种促进效应在规模较小的企业当中要更为明显（Clarke et al.，2015）③。王娟（2016）基于世界银行的调查数据，对互联网影响制造业企业劳动生产率的综合效应进行测算，发现互联网虽然对劳动密集型产业的劳动生产率影响较小，且受地区经济发展水平影响较大，但总体上企业的互联网化水平能够提高企业劳动生产率④。更为重要的是，企业互联网发展水平的提升有助

① 胡俊.地区互联网发展水平对制造业升级的影响研究 [J].软科学，2019（5）：6－10＋40.

② 肖利平."互联网＋"提升了我国装备制造业的全要素生产率吗 [J].经济学家，2018（12）：38－46.

③ Clark G. R. G.，Qiang C. Z.，Xu L. C. The Internet as a General-purpose Technology: Firm-Level Evidence from around the World [J]. Economics Letters，2015（135）：24－27.

④ 王娟."互联网＋"与劳动生产率：基于中国制造业的实证研究 [J].财经科学，2016（11）：91－98.

于推动制造业企业全球价值链位置的向上移动（卢福财和金环，2019）①，对企业高级化转型升级具有明显的正向促进作用（郭朝晖和靳小越，2017）②。徐伟呈和范爱军（2018）利用 2003～2016 年中国 24 个地区的制造业面板数据，实证考察了互联网信息技术进步率在中国制造业企业结构调整中的影响，认为互联网信息技术是促进企业结构优化升级的内生动力。吴沁沁（2022）③研究认为，使用互联网对于企业尤其是中小企业的创新投入及创新产出具有积极影响，与产业链上下游供应商和用户之间的信息连通发挥了"连接红利"的中介作用。互联网创新具有异质性，对企业进化和产值增长起推动作用。

综上，已有研究关于互联网对企业劳动生产率的影响尚有争议，因此，"互联网＋"到底能否提高以及能在多大程度上提高制造业劳动生产率还有待进一步验证，且更为重要的是由于度量互联网信息技术的数据、指标不尽相同，从而使得互联网在不同国家或地区制造业以及不同制造业行业中的影响效应有明显异质性。

四、发展模式研究

当前，一些学者对"互联网＋"推进制造业高质量发展的模式进行了有益的探索，并总结归纳出"互联网＋大规模定制"（周文辉等，2016）④、网络协同制造（张伯旭和李辉，2017）⑤、服务型制造（简兆权等，2017）⑥、数字平台化运营（李君等，2019）⑦、"互联网＋价值链升级"、智能制造（吕文

① 卢福财，金环. 互联网对制造业价值链升级的影响研究——基于出口复杂度的分析 [J]. 现代经济探讨，2019（2）：89 - 97.

② 郭朝晖，靳小越. "互联网＋"行动驱动产业结构变迁的实证研究——基于 2005 - 2014 年长江经济带面板数据 [J]. 产经评论，2017（4）：14 - 22.

③ 吴沁沁. 互联网应用、信息连通与制造业企业创新 [J]. 系统管理学报，2022（3）：486 - 499.

④ 周文辉，王鹏程，陈晓红. 价值共创视角下的互联网＋大规模定制演化——基于尚品宅配的纵向案例研究 [J]. 管理案例研究与评论，2016（8）：313 - 329.

⑤ 张伯旭，李辉. 推动互联网与制造业深度融合——基于"互联网＋"创新的机制和路径 [J]. 经济与管理研究，2017（2）：87 - 96.

⑥ 简兆权，刘晓彦，李雷. 基于海尔的服务型制造企业"平台＋小微企业"型组织结构案例研究 [J]. 管理学报，2017（11）：1594 - 1602.

⑦ 李君，成雨，窦克勤，等. 互联网时代制造业转型升级的新模式现状与制约因素 [J]. 中国科技论坛，2019（4）：68 - 77.

晶等，2019）① 等模式。这些模式虽然凸显了"互联网＋"驱动制造业互联网化转型升级中的具体表现形态和发展方向，但与互联网化升级的深入揭示还相去甚远，有的模式还停留在理论概念层面，有待深入。除此之外，还有学者从不同角度对制造业与互联网融合的路径进行了研究。比如，有学者从案例分析角度探究产业互联网背景下中国制造业企业生态转型路径；从产业链重构的视角指出制造业与互联网融合发展能够培育新兴业态和创新服务模式，但不可避免地会导致产业链重构；从产业改造模式角度探索"互联网＋"改造制造业的结合点和发展路径；从互联网制造业基础能力建设角度，发现"互联网＋"与产业融合的关键路径是改善两者的融合基础，但传感设备、智能设备以及数据服务等"互联网＋"核心要素不足，对制造业与互联网的深度融合构成了约束；等等。

需要提及的是，这些融合模式的发展还受一些影响因素的制约（孟凡生和赵刚，2018；罗序斌，2019）②③。一是从内部影响因素看，有能力论、资源论和观念论之说。一些企业在大数据、区块链等方面的技术创新以及应用能力方面还比较薄弱，尚未将"互联网红利"应用到企业生产经营决策的行为选择中来；以产品为中心，而非以客户、服务为中心的传统工业化思维在一些制造业企业中仍然存在；在企业的数字化转型升级中，有些制造业企业盲目从众、照搬照抄，没有把互联网与企业的行业特性结合起来；"＋"号两端是"两张皮"，部分制造业企业还有认知偏差，认为"触网"就灵，没有认识到互联网化升级也是企业全部业务数据化、网络化、智能化再造；等等。二是从外部影响因素看，有需求决定论、供给决定论、配套决定论。比如，互联网信息技术标准化建设比较滞后，互联网基础设施还难以满足"互联网＋"的技术需求；知识产权保护力度不够，市场垄断、不正当竞争的存在，使得互联网新创企业的权益难以获得保障，阻碍了制造业与互联网的融合。

---

① 吕文晶，陈劲，刘进. 工业互联网的智能制造模式与企业平台建设——基于海尔集团的案例研究 [J]. 中国软科学，2019（7）：1－13.

② 孟凡生，赵刚. 传统制造向智能制造发展影响因素研究 [J]. 科技进步与对策，2018（1）：66－72.

③ 罗序斌. "互联网＋"驱动传统制造业创新发展的影响机理及提升路径 [J]. 现代经济探讨，2019（9）：78－83.

上述因素制约了企业互联网化升级。那么在众多影响因素中，哪些因素更为关键，还需使用科学方法进行筛选，并对其影响"互联网＋"驱动制造业高质量发展的过程进行诊断。

综上，已有关于制造业与互联网融合模式的相关研究大多关注工业发达国家模式，缺少对中国模式的论证与阐释，而且尽管已有研究从不同角度对制造业与互联网融合的路径进行了初步探究，但更多的是以理论分析为主，缺乏从一般案例和路径中抽丝剥茧出一般规律，更是缺乏从特殊到一般的理论升华以及实践路径的总结提炼。

五、已有研究评述

"互联网＋"在制造业高质量发展中起着重要作用。一是"互联网＋"正在主导新一轮产业更替，是制造业从"传统"向"先进"跃迁的决定性因素。制造业的高质量发展就是要将"互联网＋"时代的新技术、新业态、新组织和新思维融入制造业生产经营全过程，促使其从 1.0 版转型升级为 2.0版、3.0 版、4.0 版……从而实现制造业企业的数字化、网络化、智能化发展。二是作为一种新的生产要素，互联网具有强大的赋能性，能够提升全要素生产率。将互联网资源引入生产函数，将催生数据这一新的生产要素，赋能资本、劳动等传统的生产要素，进而改变并优化生产要素组合，提升全要素生产率。综观现有文献，国内外学者在制造业与互联网融合发展的相关领域均有研究，且国外研究相对深入，国内起步较晚，特别是关于"互联网＋"与制造业高质量发展的关系研究开始不久，无论是理论还是实证分析，总体处于起步探索阶段，甚至部分结论还有较大争议，亟待构建制造业与互联网融合的理论体系。在此过程中，一些重点领域需深入研究，一些关键问题需重点突破。

（一）重点关注的几个领域

目前，学者重点关注的领域主要包括以下三个方面：一是制造业互联网化升级的国际比较研究。关于制造业互联网化转型升级的实践，发达工业国家已有先行一步的经验。例如，美国主要利用软件和互联网技术优势，通过"优势的互联网＋优势的制造业"来推动整个制造业国际竞争力的提升；德国依托其在制造技术和制造装备上的传统优势，将制造业和互联网信息技术进行融合，形成工业互联网，以保持德国制造的世界领先地位；日本制造业的转型升级比较注重智能硬件的研发和应用。因此，需要对各国和地区制造业转型升级的战略与实践进行深入的比较分析，从中总结异同，提炼可资借鉴的经验。二是不同行业"互联网＋"的驱动路径及其模式研究。中国制造业门类众多，各个行业的发展特点不同且所处阶段也存在较大差异，尤其是钢铁、机械、石化、船舶、汽车、纺织、食品、电子等传统制造行业互联网化的发展程度有高有低，这就必然意味着"互联网＋制造业"驱动路径与模式的选择不能千篇一律。不同制造行业互联网化转型升级的路径及其模式也必然是一般性与特殊性相结合的产物。因此，在研究"互联网＋"驱动制造业转型升级和高质量发展一般性路径的基础上，还需以细分行业为对象，探索其互联网化升级的特殊性。三是"互联网＋"与制造业高质量发展的政策研究。从本质上看，制造业与互联网融合是一个新产业生态系统建构的过程。"互联网＋"推动制造业高质量发展不仅需要大数据、区块链、人工智能等信息技术的集成创新，还要发展配套产业，在知识产权保护、互联网安全技术、平台经济反垄断立法等方面给予政策支持。

（二）亟待突破的几个难点

亟待突破的难点主要表现在以下几个方面：一是西方主流的产业创新理论在阐释中国制造业互联网化转型升级中的适用性问题。这是需要率先突破的理论难点。制造业企业的互联网化转型升级是近年来随着中国产业互联网实践才出现的新生事物。虽然目前西方已有一些成熟的主流理论，但是这些理论放在中国制造业互联网化实践当中是否具有适用性尚需探索，还需将"互联网＋"与中国制造业高质量发展纳入一个全新的理论框架进行阐释，以此构建具有中国本土特色的产业互联网化创新理论体系。从这种意义上说，对"互联网＋"与制造业高质量发展进行解构和阐释就尤为重要。二是实证分析中，具体行业"互联网＋"的衡量指标选取及其度量问题。目前有关"互联网＋"的统计指标较少，统计数据较难获得。因此，有学者采用企业在信息处理设备方面的投资额或互联网普及率指标表示"互联网＋"，也有一些学者用互联网普及率与光缆线路长度的乘积交互来表示，但这些指标大多反映的是整个社会互联网利用的程度和基础设施建设水平，较难反映制造业及细分行业真实的互联网化水平。在此情况下，采用科学方法，构建测度指标体系，挖掘关联数据的价值，解决制造业不同行业"互联网＋"的度量问题是亟待突破的技术难点。三是"互联网＋"驱动制造业高质量发展的路径及其模式。制造业互联网化转型升级的路径及模式有很多，那么众多路径及模式中哪种最具代表性、最符合中国实际，需要专门研究。为此，应该遵循认识论的范式，从制造业企业转型升级的实践中，如海尔的互联工厂、青岛红领的个人定制、九江石化的智能工厂等鲜活的案例中挖掘规律，提炼路径及模式，并将其运用到具体行业中进行检验和优化。

第四节 研究思路与研究内容

一、研究思路

本书以制造业为研究对象，以问题为导向，遵循理论——实证——政策的逻辑思路，对"互联网＋"与制造业高质量发展的内在关系，特别是"互联网＋"的影响机理、效应、路径等内容进行深入研究。具体的研究思路和技术路线如图1－1所示。

二、研究内容

本书拟解决以下三个关键性问题：一是"互联网＋"与制造业高质量发展的相关理论基础有哪些？"互联网＋"与中国制造业高质量发展的现状如何？发展过程中面临哪些问题和挑战？二是"互联网＋"驱动制造业高质量发展的机制和实现路径是怎么样的？三是如何度量"互联网＋"对制造业高质量发展的影响？不同行业、不同地区是否存在显著差异？市场化进程在互联网发展与制造业生产率增长中的作用机制是怎么样的？影响"互联网＋"在制造业高质量发展中的主要因素有哪些？应该从哪些方面设计更具长效性和可操作的政策建议？等等。基于这些问题，本书展开了系统研究，研究内容主要包括九个部分，具体如下。

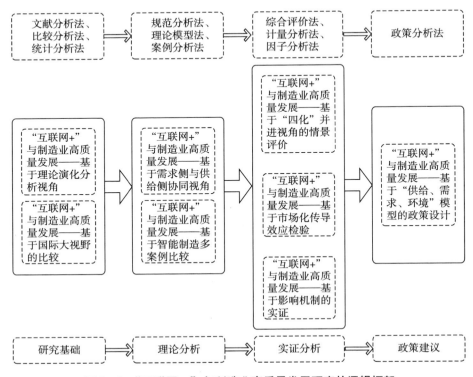

图1-1 "互联网＋"与制造业高质量发展研究的逻辑框架

第一部分是绪论以及问题的提出。主要阐释本书的研究缘由以及具体的推进思路，包括研究背景与研究意义、关键性概念的界定以及辨析、"互联网＋"与制造业高质量发展的相关文献综述、研究思路与研究内容、研究的重点难点以及本书的创新和不足之处等。其中，关键性概念的界定和辨析主要包括"互联网＋"的内涵和特征认识、制造业的分类及其本质属性、产业转型升级与高质量发展的内涵与外延等内容；文献综述主要是从"互联网＋"在制造业高质量发展中的作用以及"互联网＋"影响制造业高质量发展的机理、模式、路径、策略等方面展开。

第二部分是"互联网＋"与制造业高质量发展的理论基础。主要运用演化经济学的分析范式，对技术创新理论、产业转型升级理论和互联网经济理论等相关理论进行梳理，为本书提供理论支撑和经验启示。比如，史料证明，工业革命不是因为偶然出现的技术大爆炸而出现的，从新技术的产生到产业结构发生深刻变革也不是水到渠成的自然过程，而是技术经济范式承前启后的"人为努力"的转换过程。进入 18 世纪以来，人类社会发生了多次重大的技术经济范式变革，促进了工业生产力的大飞跃。因此，"互联网＋"并非"横空出世"的颠覆性技术，而是工业生产领域连续发生的几次技术经济范式转换的最新进展，是信息化时代互联网技术自身形态演进的必然结果。从 20 世纪 70 年代的 PC 互联网到移动互联网，再到当前的工业互联网或物联网，联网设备已经从十亿级别发展到千亿级别，互联网正逐渐向无所不在的计算、数据、存储和网络方向演进发展。纵观工业进步史，制造业的大发展、大变革都与新技术、新能源、新材料的发明或发现相伴相生。从这个层面上说，制造业的发展史也是一部科技创新史。基于此，本书将技术创新理论作为基础理论，对熊彼特创新组合说、索洛的经济增长方程以及马克思的科技进步论进行梳理。之后，再从产业转型升级的基本规律和实现路径对产业转型升级与制造业高质量发展的相关理论进行了分析，并对网络效应理论、信息效应理论与零边际成本理论等互联网经济效应理论及互联网环境下交易成本理论的创新进行爬梳。

　　第三部分是"互联网＋"与制造业高质量发展的现状分析。了解中国互联网和制造业的发展现状是本书的逻辑起点。"互联网＋"战略的提出是一个重要拐点，可以将中国制造业分为两个重要发展阶段：第一个阶段是改革开放到 2015 年"互联网＋"战略提出。在此阶段，中国制造业虽然得到了快速增长，国际竞争力不断提升，但这一阶段的主要特点是"大而不强"以及"全球价值链的低端锁定"。第二阶段是 2015 年"互联网＋"战略提出之后，即中国经济进入新常态，从高速增长转向中高速增长阶段。在此阶段，高质量发展成为新时代的主题，这既为中国制造业的转型发展带来了新机遇、新挑战，也带来了一些亟待克服的难题。基于此，本部分以问题为导向，将"中国制造"放在全球技术和产业变革的宏大背景下，运用统计分析、比较分析、案例分析等分析方法，从世界和中国两个维度对互联网与制造业高质量发展的客观现状进行全方位比较、审视和考量。

　　第四部分是"互联网＋"影响制造业高质量发展的机制分析。"互联网＋"对制造业高质量发展的作用机制是本书之"里"。随着"互联网＋"战略的纵深推进，尤其是近年来中国数字经济的迅猛发展，有关"互联网＋"影响中国制造业转型升级的相关文献较为丰富，但深入分析发现，其多是从"互联网＋"供给侧或"互联网＋"需求侧的某一侧进行研究，视角单一，尚不全面。此外，现有的研究也多是静态分析，尚没有从供给侧和需求侧两侧互动的动态视角进行系统分析。基于此，本部分将从"互联网＋"供给侧和需求侧协同推进的视角，构建理论框架，探究"互联网＋"创新驱动制造业高质量发展的深层机制。其中，"互联网＋"供给侧是以供给侧的生产活动为"互联网＋"应用场景，表现为微观企业生产层面、中观产业链层面、宏观产业集群层面；"互联网＋"需求侧对应"互联网＋"消费场景，包括消费偏好、消费模式和消费结构。在此基础上，再从供需两侧协同视角对"互联网＋"驱动制造业高质量发展的"三螺旋"促进机制作更进一步分析。

第五部分是"互联网＋"驱动制造业高质量发展的路径模型研究。实现路径是内在机制的外在表现形式。目前，已有众多学者提出了许多制造业与互联网融合的实现路径，并进行了阐释和解构。比如，智能制造模式、定制制造和网络化协同模式、基于"微笑曲线"理论提出的"互联网＋"商业模式创新路径、"互联网＋制造业服务化"模式、"互联网＋价值链升级"模式等。毫无疑问，这些研究凸显了制造业与互联网融合的具体表现形态和发展方向，但离对制造业企业互联网化升级路径一般规律的深入揭示还相差甚远。基于此，本部分拟结合近年来世界主要工业国家制造业与互联网深入融合的政策和实践，尤其是中国制造业数字化、网络化、智能化转型升级中的一些典型案例，对其进行抽丝剥茧式研究，挖掘内在本质规律，进而总结归纳出"互联网＋"内生驱动制造业高质量发展的路径模型。

第六部分是"互联网＋"与制造业高质量发展的综合评价。移动互联网、物联网、区块链、大数据、人工智能等新一代互联网信息技术在制造业中的渗透和应用，使得制造业的高质量发展被赋予了新内涵。需要思考的是，如何把握"互联网＋"背景下制造业高质量发展的科学内涵？如何构建反映制造业与互联网深度融合的评价体系？如何测度"互联网＋"情景下各省（市、区）制造业高质量发展水平？显然，对这些问题展开研究，有利于推进中国不同区域制造业"换轨变道"。本部分从数字化、网络化、智能化、绿色化

"四化"并进维度构建评价体系，对"互联网＋"背景下制造业高质量发展的水平及其省际差异进行比较分析。

第七部分是"互联网＋"对制造业高质量发展的传导效应研究。"互联网＋"能否影响或多大程度上影响制造业生产率增长，不仅是解决"索洛悖论"国际之争的重大学术问题，同时也是阐释中国"互联网＋"战略的重大现实问题。基于此，本部分基于2009～2018年中国30个省份的样本数据，从行业和区域两个维度对互联网影响制造业生产率增长的多元效应进行了全面考察和比较分析，并将互联网发展、市场化进程、制造业生产率增长纳入同一分析框架，构建中介效应检验模型，探索市场化进程在互联网创新驱动制造业生产率增长中的机制，从而为国际上的"索洛悖论"之争提供中国样本。

第八部分是"互联网＋"影响制造业高质量发展的因素分析。"互联网＋"对制造业高质量发展的影响，不仅受新一代互联网信息技术创新内在属性和供给面的制约，还取决于技术供给与市场需求的有效连接。比如，以下因素都会影响制造业与互联网的深度融合：路径依赖（以技术、产品为中心，而非以客户、服务为中心的传统工业思维）、盲目从众心理、认识偏差（没有认识到企业互联网化是内外价值链数据化、共享化和智能化，需要对企业的业务、组织、管理等进行再造）、互联网信息技术（新一代信息技术创新、互联网基础设施发展、"互联网＋"公共服务建设）、制度质量（知识产权保护、互联网标准）、消费者的需求、企业（信息孤岛、产业壁垒）、市场（市场结构、产权性质）等。这些因素中哪些更为关键？本部分通过探索性因子分析方法，筛选"互联网＋"关键因子，并对其影响"互联网＋"驱动制造业高质量发展的过程及其内在机理进行深入分析。

第九部分是"互联网＋"与制造业高质量发展的政策体系构建。制造业与互联网融合升级能否成功实施，还需构建政策保障体系。比如，建立健全"互联网＋"驱动的企业技术创新体系。因为，互联网技术创新体系是实施"互联网"驱动制造业转型升级、创新发展的战略起点。为此，需从技术创新主体、产学研用联盟模式、数字中介服务平台建设等方面展开研究。除此之外，还要提升制造业自主创新能力，鼓励制造业引进吸收再创新，引导企业消化吸收国外先进技术进行自主创新；还可从创新投入机制、加大 R&D 投入力度、提高研发效率、加快科技成果转化等方面入手，加强制造业与互联网融合的核心技术、关键技术和共性技术的攻关；要为制造业与互联网融合培养大量复合型人才，营造产业主体发育的生态环境。基于此，本部分构建"供给、需求、环境"分析框架，将一揽子政策措施纳入此框架进行深入分析，进而提出"互联网＋"驱动制造高质量发展的政策策应体系。

第五节　重点难点、研究方法与创新之处

一、重点和难点

（一）理论方面的重点和难点

理论方面的重点难点主要是"互联网＋"对制造业高质量发展的机制与路径研究。内在作用机制和具体实现路径是一个事物的"里"和"表"。因此，如何从学理之"里"深入探讨"互联网＋"驱动制造业高质量发展的内在机制，以及如何从实践之"表"层面总结归纳制造业与互联网深度融合进而促进制造业高质量发展的实现路径，是本书的研究重点，同时也是亟须突破的难点。基于此，本书从两个方面破题：一是从供给侧和需求侧以及两侧协同演化角度，在理论上对"互联网＋"影响制造业高质量发展的螺旋促进机制进行静态和动态双维度研究。二是基于多案例分析方法，从世界主要工业国家推进制造业与互联网深度融合的发展战略以及企业的典型实践中，总结提炼制造业高质量发展的"互联网＋"驱动模型。

（二）实证方面的重点和难点

实证方面的重点和难点主要聚焦在"互联网＋"对制造业高质量发展的影响效应分析上。目前，"互联网＋"的研究多停留在定性分析层面，量化研究并不多。有学者用企业在信息处理设备方面投资额或互联网普及率来近似表示"互联网＋"，也有学者为说明互联网建设情况和大众利用互联网程度，用互联网普及率与光缆线路长度的乘积对"互联网＋"这一指标进行刻画。其原因在于：一是反映了互联网应用程度和基础设施建设水平。二是这种乘积交互代表着互联网的乘数效应。三是考虑到"互联网＋"若从融合的角度

来进行衡量，将产生内生性问题，因而从社会整体的角度来量化更为恰当，保障了变量的外生性。四是由于年鉴数据中"互联网"的相关指标较少而难以构建指标体系进行量化，因此，如何构建以"互联网＋"为中心的概念体系，设计科学的评价指标体系，并以区域或行业为样本，对"互联网＋"推进制造业高质量发展的多元效应进行测度和异质性分析，意义重大。这既是实证的重点内容，也是技术难点，需要加以解决。

二、研究方法

根据研究时序，主要以文献研究、统计分析、比较分析、规范分析、实地调研、实证分析、案例分析、因子分析、计量分析、政策分析等相结合的分析方法作为主导分析方法。在具体内容的研究过程中，注重问卷调查与深度访谈相结合、定性研究和定量研究相结合、注重从理论到实践的往复。主要采用的研究方法有：

（一）比较分析法

主要表现在：一是"互联网＋"背景下中国互联网发展与制造业高质量增长现状的比较，从中把握"互联网＋"驱动制造业高质量发展过程中存在的机遇与挑战。二是搜集国内外制造业与互联网深度融合的实践案例，在此基础上进行比较分析，并从中总结提炼规律，把握共性经验，以此展开"实践是理论之源"的经验研究。比如，对美国发布的《先进制造战略》《工业互联网》，德国发布的《工业4.0》，日本发布的《新机器人发展战略》，中国发布的《"互联网＋"行动计划》与《中国制造2025》等政策文本，以及对主要工业国家或企业利用互联网和人工智能赋能制造业转型升级的实践进行梳理和比较，把握制造业互联网化转型升级的方向和路径。

（二）实地调研法

主要表现在：一是通过问卷调查、实地考察、线上线下座谈会、深度访谈等方式，选择石化、钢铁、机械、中医药、纺织、汽车、电子等重点制造业行业，深入京津冀、胶东半岛、长三江、珠三江等重要的工业基地和一些代表性的制造业企业进行实地一线调研，从中找出"互联网＋"背景下制造业发展过程中存在的新机遇、新挑战和新问题、"互联网＋"驱动制造业高质量发展的影响因素、"互联网＋"驱动制造业高质量发展的路径与对策建议等方面的第一手原始资料。二是从国家统计局、国家发展和改革委、国家工业和信息化部、国家网信办等国家相关部门、国内外企业的官方网站、中国知网等学术平台以及新闻媒体客户端等途径获取有关推进制造业与互联网深度融合的政策和实施细则、相关数据、典型案例等二手资料。

（三）案例分析法

主要表现在：一是"互联网＋"驱动制造业高质量发展的内在机制。这部分的目的是通过列举尽可能典型的相关案例，对"互联网＋"的影响机理和效应进行佐证，使构建的理论体系更具说服力。二是"互联网＋"影响制造业高质量发展的路径模型构建。这部分案例分析的目的是通过深入解剖制造业转型升级以及高质量发展过程中具有代表性的典型个案，找出成功的经验，吸取失败的教训，寻觅具有规律的普适性发展路径。比如，智能制造、大规模个性化定制、网络化协同等。

（四）模型分析法

主要表现在：一是构建"互联网＋"与制造业高质量发展的综合评价指标体系，并构建测度模型，在此基础上从全国、省级两个层面进行实证分析。二是构建计量经济模型，从行业和区域维度对"互联网＋"影响制造业高质量发展的多元效应进行异质性分析，并实证检验市场进程的传导机制；结合探索性因子分析法和结构方程分析法，从众多因素中筛选影响"互联网＋"驱动制造业高质量发展的关键因子。三是构建政策分析模型，对"互联网＋"与制造业高质量发展的政策体系进行研究。

三、创新之处

第一，勾勒"互联网＋"作用制造业高质量发展的内在机制和耦合路径，以此形成理论研究新范式。首先，对"互联网＋"供给侧的"三个层面"以及需求侧的"三个维度"影响制造业高质量发展的机理进行探讨，并从两侧协同演化视角对"互联网＋"驱使制造业高质量发展的螺旋促进机制进行动态分析，从而实现静态分析和动态分析的有机结合。其次，从制造业与互联网融合发展的国内外实践中，提炼"互联网＋"赋能制造业高质量发展的耦合路径，实现实践到理论的升华。

第二，实证分析"互联网＋"驱动制造业高质量发展的影响效应。首先，基于数字化、网络化、智能化、绿色化"四化"并进的视角，构建"互联网＋"下制造业高质量发展的评价指标体系，并以此为基础进行综合评价和比较分析。其次，从行业和区域两个维度对"互联网＋"影响制造业生产率增长的多元效应进行异质性分析，并构建中介效应模型，探究市场化进程的传导作用。最后，对影响"互联网＋"作用制造业高质量发展的因素进行探索性因子分析。

第三，搭建"供给、需求、环境"政策分析框架，形成制造业与互联网深度融合的政策研究新工具。首先，进行理论迁移，从政策供给、政策需求、政策环境三个维度构建"互联网＋"影响制造业高质量发展的政策分析框架，形成政策研究新范式。其次，以此框架为基础，设计更具前瞻性和操作性强的对策建议和推进方案。

第二章　"互联网＋"与制造业高质量发展：理论基础

第一节　引言

实践是理论的来源，是理论创新和发展的根本动力。大量优秀的企业先行先试，基于互联网、大数据、云计算、人工智能等新技术与产业的融合实现了产业业态和商业模式创新，正在快速重塑企业的业务流程、生产范式和管理方法。显然，这些实践需要更多总结、提炼与升华，需从纷繁复杂的企业变革和产业转型中提取逻辑主线和基本规律。唯有升华实践表象的经验，正视"互联网＋"对企业行为的影响，才能更好地指导中国制造业创新发展的实践。要实现这个目标，需从已有契合理论中寻觅分析视角，作为本书的逻辑起点或分析框架。需要提及的是，以互联网信息技术为内驱力的制造业生产模式、商业模式以及创新模式等存在诸多与传统经济模式不同的特征，不仅转换了企业策略，也推动了理论创新。

事实上，无论是制造业与互联网融合这一新的伟大创新实践，还是从实践中总结规律、实现认识上的升华，都需要相关理论为指导，构建基于中国实践或中国情景的理论体系。基于此，本部分梳理技术创新理论、产业转型升级理论、互联网经济理论等核心内容、发展脉络和演进逻辑，对其影响、启示以及理论本身的发展进行分析。其中，在技术创新和制造业高质量发展的理论中，重点阐释熊彼特的创新组合说、索洛的创新增长方程及马克思的科技进步论；产业转型升级与制造业高质量发展的理论中，从产业发展的基本演进规律和实现路径对产业转型升级的理论演化进行梳理；互联网经济与制造业高质量发展的理论中，梳理网络效应、信息效应与零边际成本等互联网经济效应理论及互联网环境下交易成本理论的新发展。

第二节　技术创新理论

　　技术创新是引领经济社会发展的第一动力，不仅对经济增长和社会进步起直接推动作用，而且是企业获取竞争优势的源泉。梳理已有文献发现，西方技术创新理论历经百余年发展，先后产生了熊彼特创新理论、干中学理论、A－U创新模型理论、领先用户创新理论、"技术范式－技术轨道"理论、开放式创新理论等，并大致可以分为形成扩展阶段（20世纪初至70年代中期）、深化解构阶段（20世纪70年代中期至80年代）、系统整合阶段（20世纪90年代）、创新生态阶段（21世纪至今）。在西方技术创新理论演化脉络中，熊彼特（Joseph Schumpeter）的创新学说极具开创性。他在1912年出版的《经济发展理论》中首次使用"创新"一说并构建企业家创新模型，发现经济增长的根本现象是发展而不是均衡，创新（生产要素的新组合）是产业转型升级的根源；认为颠覆性的技术创新要冲破一定的技术壁垒才能完成，而一旦技术壁垒被突破，后继的技术创新就会接踵而来，形成创新集群，推进产业转型升级。该理论当时并没有受到学术界的认同，之后因"新熊彼特学派"的发展，才受到了前所未有的关注。以索洛为代表的"新古典学派"在经济增长模型中首次引入技术创新这一外生变量，运用数理方法对技术创新的经济增长贡献进行实证研究，揭开了"经济增长之谜"。马克思关于技术创新驱动生产力发展的思想也是其思想体系的重要部分。

一、熊彼特的创新组合说

　　熊彼特是经济学说史上第一个提出"创新"概念的学者，并对创新理论进行了系统阐述，被誉为创新理论的鼻祖。他将创新与历史的发展过程相结合，认为创新不仅可以提高生产效率，而且能推进生产要素重新整合，并通过要素升级，优化供给结构，提高供给质量和效益。熊彼特认为创新是现代经济增长的核心，其创新形式包括破坏式技术创新和渐进式技术创新两种。创新不同于发明创造，创新指企业家将新的生产要素和生产条件重新组合的动态过程①，包括开发新产品、采用新生产方法、开辟新市场、取得新供应来源和实现工业新组织五种方式，即产品创新、技术创新、市场创新、制度创新、资源配置创新。没有创新就没有所谓的产业发展和经济增长。

熊彼特从学理上阐释了创新的价值，认为创新是对原有组织和技术的否定和消灭，并对资本主义经济周期进行了创新性解释，认为创新会引起经济的繁荣发展，经济的繁荣将带来更多的市场进入者，从而降低市场价格，一旦投资机会消失，经济又将衰退，随之再反弹。在《资本主义、社会主义和民主》中，熊彼特还提出了"创造性破坏"这一影响深远的术语表达，即颠覆性创新概念的最早雏形，是指从经济系统内部摧毁旧有经济结构，并同时创造出新经济结构的突变过程。要准确把握熊彼特的创新思想，可以从以下六个理解维度入手：第一，创新是内生于生产过程中的。经济发展并非是外部而是根源于经济结构内部而发生的变化。虽然资本和劳动力能够引发经济变化，但这并不是唯一的，还有一种因素引起的经济变化，那就是创新。第二，创新是一种"革命性"变化。正如熊彼特所说，"即使把马车与邮车相加，也不可能形成铁路"。"革命性"体现在新组合和新要素造成的间断性、突变性的经济变化。第三，创新意味着"毁灭"。"毁灭"和创新往往发生在不同经济体中，创新的出现意味着对原有组织和技术的否定及经济系统内部的自我更新。第四，创新产生新价值。发明是创新的前提，而创新是发明的应用。如果发明没有技术转化，没有进入商业化应用，没有创造出新的市场价值，则称不上创新。因此，无论是"新的组织"，还是"新的生产方法"，衡量是否属于创新范畴的唯一标准，就是这种新组织、新方法是否产生了新市场价值。第五，创新是经济发展的本质。经济发展并不等同经济增长，它需要产生一种新现象、执行一种新组合。第六，创新的主体是企业家。企业家的职能不是生产和管理，而是引进新组合。

克里斯坦森（Clayton M. C.，1997）在熊彼特创新组合说的基础上将技术创新与市场创新融合在一起，提出了破坏性创新的理论分析框架。创新包括维持性创新和破坏性创新两种。其中，维持性创新是以处于产品消费主流市

---

① 约瑟夫·熊彼特. 经济发展理论 [M]. 何畏，易家祥，译. 北京：商务印书馆，1990.

场的高端消费者为目标，这部分群体对产品质量要求更高。主流市场上的企业都希望通过产品的持续创新来维持产品品质和市场地位，以不断获取领先市场优势。而破坏性创新的目标并不是向主流市场上的消费者提供功能强大的产品，而是通过创新方式引入与现有产品相比尚不够好的新产品和服务，或提供操作更为简单、价格更为低廉的新产品，吸引处于次要市场上不太挑剔的消费者，甚至是潜在消费者（非消费者），打破市场供需平衡，侵蚀并最终颠覆现有市场格局，击败原来的市场占领者。破坏性创新有两种模式：一是低端破坏性创新。这种创新是根植于原有的市场价值网络而进行的"破坏"，主要是指通过采取低成本、低价格的商业模式，破坏原有的市场结构，以获得发展空间。二是新市场破坏性创新。新市场破坏性创新是创造一个全新的市场价值网络，即创造全新的产品市场，推出消费者能负担得起的产品和服务，使过去因财力或技能缺乏而无法消费的消费者，具备消费能力；帮助消费者有效选择消费方式，而不是改变消费行为。虽然破坏性创新理论源于发达国家，理论本身也是从领先市场的角度研究面临破坏性技术创新时如何避免企业策略失败，但该理论对后进企业转型升级具有借鉴意义。破坏性创新作为主流的经济理论，在企业、产业和国家层面上应用前景广大。尤为重要的是，破坏性创新理论更适合发展中国家，特别是赶超中的中国亟需合适的创新理论予以支持，而该理论与中国的创新实践有切合点（芮明杰，2019）①。

　　然而，随着市场竞争的加剧，领先创新的利润逐步收窄，销售增长缓慢。在此背景下，开放式创新理论应运而生。与传统的封闭式创新即以企业内部为主的创新活动不同，开放式创新是将研发创新活动放到组织外部，采取虚拟组织形式，与研究机构、供应商、生产商、竞争对手和消费者等进行协同式创新，是一种沿着创新链汇集外部智慧的创新合作模式，其成功与否主要取决于创新核心企业的组织和协调能力、资源获取量、开放程度、标准制定能力、整合能力等。产学研结合是开放式创新的初级形态。开放式创新不是为了创新而创新，不是让企业放弃自主创新，而是将创新产生的自有专利、

---

① 芮明杰. 产业创新理论与实践［M］. 上海：上海财经大学出版社，2019.

技术或知识产权用于市场交换或鼓励合作企业共同研发，共享资源、技术、信息或团队，获得新技术、新产品、新工艺，进而实现市场上的商业成功。此外，Utterback & Abernathy（1978）提出了 A－U 模型，指出新产业的产生和发展是创新在时间上的动态演化过程，包括产品创新、工艺创新、组织创新、市场创新等，并总是由产品创新主导开始，之后向工艺创新、组织创新、市场创新等发展。根本性技术创新是产品更新换代的主要原因，但并不意味着所有的技术创新都能带来产品创新。而完成这一创新过程的关键则是市场上是否具有强大创新能力的企业。当新产品市场需求潜力时，就会吸引大量企业进入，进而加速新兴产业市场发展，并推动新一轮产品创新和工艺创新的提质；当市场需求发生显著变化或新的创新引起替代性产品出现，原来的新兴产业就可能步入衰退。

二、索洛的创新增长方程

1957 年，索洛在《技术进步与总生产函数》中创新性提出了著名的经济增长方程，并利用全要素生产率分析方法对 1909～1949 年美国制造业增长进行实证研究，发现有 87.5% 的增长无法用资本和劳动的投入进行解释，认为是技术进步导致了这部分增长。

索洛在推导经济增长方程过程中沿用了古典经济增长理论的基本思想，即土地、资本和劳动是经济增长的内生要素。不同的是，他的模型引入了总生产函数进行分析，并且赋予了时间变量，使得生产要素、产业发展和经济增长之间的关系不再呈现简单的线性关系。生产函数的一般形式为：

$$Y = A \cdot F(K, L, D) \tag{2-1}$$

式（2-1）中，Y 为产出，是一个国家或地区的产值；K，L，D 即生产要素，是决定经济增长的资本、劳动力和土地；而 A 是一个对不同经济具有不同数值的变量，是时间函数。假定土地是一个固定要素，不列入考察范围，就剩下资本、劳动以及时间变量。

该总生产函数可表示为：

$$Y = A \cdot F(K, L) \tag{2-2}$$

因 A 是时间的函数，对生产函数 Y 求导，得到：

$$\frac{dY}{dt} = \frac{dA}{dt} \cdot F + A \frac{\partial F}{\partial K} \cdot \frac{dK}{dt} + A \frac{\partial F}{\partial L} \cdot \frac{dL}{dt} \qquad (2-3)$$

两边同时除以 Y（$Y = A \cdot F$），则可以得到：

$$\frac{1}{Y} \frac{dY}{dt} = \frac{1}{A} \frac{dA}{dt} + \frac{K}{Y} \frac{\partial Y}{\partial K} \cdot \frac{1}{K} \cdot \frac{dK}{dt} + \frac{L}{Y} \frac{\partial Y}{\partial L} \cdot \frac{1}{L} \cdot \frac{dL}{dt} \qquad (2-4)$$

令 $\alpha = \frac{K}{Y} \frac{\partial Y}{\partial K}, \beta = \frac{L}{Y} \frac{\partial Y}{\partial L}, a = \frac{1}{A} \frac{dA}{dt}$，则得到：

$$\frac{1}{Y} \frac{dY}{dt} = a + \alpha \frac{1}{K} \frac{dK}{dt} + \beta \frac{1}{L} \cdot \frac{dL}{dt} \qquad (2-5)$$

由于 Y，K，L 实际上是都是离散的非连续量，故可以进行离散化，并取 $\Delta t = 1$ 年，就得到索洛经济增长方程：

$$\frac{\Delta Y}{Y} = a + \alpha \frac{\Delta K}{K} + \beta \frac{\Delta L}{L} \qquad (2-6)$$

式（2-6）中，$\frac{\Delta Y}{Y}$ 表示产值增长率；$\frac{\Delta K}{K}$ 表示资本投入增加率；$\frac{\Delta L}{L}$ 表示劳动力投入增加率。α 表示资本的弹性系数，即资本所作贡献的比例，$\alpha \frac{\Delta K}{K}$ 表示资本投入增加对产值增长的贡献率。β 表示劳动力弹性系数，即劳动力所作的贡献比例，$\beta \frac{\Delta L}{L}$ 表示劳动力投入增加对产值增长的贡献率。a 为增长率扣除资本性投入和劳动力投入增加带来的余额，即技术创新对产值增长的贡献率。

索洛的创新增长方程也称为外生经济增长模型，其主要特征是将技术进步率外生给定来研究要素投入与长期经济增长之间的关系，并强调劳动力和资本均可促进经济增长，且生产要素之间可以相互替代，使得增长过程具有调整能力。此外，索洛认为长期增长率是由劳动力增加和技术进步决定的，前者不仅指劳动力数量的增加，而且包含劳动力素质与技术熟练程度的提高。因此，这个模型突破了"资本积累是经济增长最主要的因素"的理论，揭示长期经济增长除了资本投入之外，还要依靠技术进步、劳动者教育和训练水平的提高。但缺陷是将技术看作外生变量，无法解决边际报酬递减问题。20世纪80年代以来，以Romer（1986）及Lucas（1988）为代表的内生增长理论进一步丰富和发展了经济增长理论。Romer（1986）对Arrow（1962）提出的"干中学"模型作了重大修正和扩展，将技术进步内生化，用知识积累和溢出效应来解释经济增长，并建立了以知识积累和溢出为基础的完全竞争条件下的长期均衡增长模型，即Arrow-Romer模型①。该模型认为长期经济增长主要由经济主体知识积累的努力驱动，而知识的不断增加是经验的产物。相对于以索洛为代表的古典经济增长理论，内生增长理论强调经济增长是经济系统内生而非外部力量作用的结果；内生的技术创新是推动经济增长的决定因素。在此框架下，经济增长来源包括：① 直接知识的增加，如创新的实现、技术的进步和人力资本的积累等。② 刺激技术的条件，如市场条件、政治稳定以及宏观经济形势等。③ 用于知识产生的投入，即R&D投入、人力资本投入等。这一理论相较于新古典增长理论的技术外生更贴近现实。

然而，基于完全竞争条件下的内生增长模型也有一定的缺陷，如完全竞争条件与现实不符，极大限制了模型的解释力和适用性。为了克服这些问题，从20世纪90年代开始，增长理论学家开始在垄断竞争的框架下将创新研发与内生经济增长勾连起来，提出了研发和创新内生推动经济增长的机制模型。一是产品种类扩大型内生增长模型。新产品种类的增加也是一种创新形式，即水平创新。水平创新虽不是"创造性破坏"，但往往会导致市场可用产品种类和消费规模的增加。二是产品质量提升型内生增长模型。创新的另一种形式为垂直创新，即产品质量提升。产品质量的提升会推动技术进步，进而促使经济长期增长。在质量升级模型中，经济增长表现为消费品质量的提高，在某种程度上其是产品品种增加型模型的一种补充。比如，Aghion和Howitt（1992）沿用了Romer等的分析框架，全面考察了以产品质量提高为主要内容的垂直创新过程，并引入产品老化机制，提出"创造性破坏"的内生增长模式。在这个模型中，考察了中间产品的垂直创新。三是专业化内生增长模型。

---

① 韩亮忠.中国经济增长：一个"破坏性创造"的内生增长模型［M］.北京：经济管理出版社，2013.

20世纪80年代中期，随着以Krugman（1979）为代表的新贸易理论的出现和发展，一批内生增长理论的研究者将内生创新的模式扩至国际贸易中，提出了贸易与内生增长理论的分析框架，强调贸易通过"干中学"效应、市场规模效应、技术溢出和扩散效应，能够扩大市场规模，提高产品竞争强度，促进技术进步和经济增长，具体传导渠道有资本积累、干中学、创新与企业生产率等。

三、马克思的科技进步论

生产力是社会发展的最终决定力量，并随着科学技术的进步而向前发展。科学技术只有深入渗透、应用到生产过程，才会转化为现实、直接的生产力，否则就只能是一种潜在的生产力。在农业社会人类发明弓箭、陶器等手工工具，提高了狩猎技术，促进了编织、纺织等手工技术创新，增强了人类体力和脑力；18世纪后期，人类社会进入工业化时期，科学技术从农业社会的手工技术过渡到机械化、电气化技术阶段，突破了人体和人脑限制，极大提升了人类改造和利用自然的能力；随后步入的信息社会，通过电子化、信息化和互联网化的广泛应用以及数字化、智能化产品的创新发展，进一步延伸了人类的脑力活动，带来了劳动生产率的显著提升。科技进步反映了人对自然的能动关系，是"生产财富和致富的手段"①。

科技进步是一个连续创新体，也是对历史不断总结与革新的结果。从蒙昧时代的采集，到野蛮时代的刀耕火种，再到铁质器具和机械化大生产，每一次科技进步都是在原有创新基础上发展起来的。科技进步成果在各个工业生产部门中的应用，改变了工业面貌，推动了资本主义生产力发展。马克思曾指出，如果生产这些劳动资料部门的劳动生产力有了发展，那么旧机器、工具、器具等将被效率更高、价格更便宜的机器、工具和器具等代替②。随着科学技术的持续进步，资本的有机构成也会有所变化，生产线、机械设备等方面投入的增加，会形成资本对劳动的替代，引起生产力和生产关系变革，

---

① 卡尔·马克思. 机器、自然力和科学的应用［M］.北京：人民出版社，1978.
② 卡尔·马克思，弗里德里希·恩格斯. 马克思恩格斯全集（第2卷）［M］.北京：人民出版社，1995.

带来劳动生产率上升。表现在：一是相对剩余价值生产与技术进步。毫无疑问，对剩余价值的追求是企业家创新的源动力。相对剩余价值生产的关键是在工作日长度不变的条件下缩短必要劳动时间，增加劳动强度，降低单位劳动力价值。资本的内在动力是追求剩余价值最大化，而资本的外在动力又会让竞争和创新加速。因此，在内在动力驱动和外在动力推动的作用下，企业将加大创新，采用更为先进的机械设备和生产工艺，减少劳动消耗，以此获取更多的利润，进而吸引更多的竞争者进入，促进新技术、新模式的扩散，推动整个部门劳动生产率提升。二是扩大再生产与技术进步。随着经济社会的发展，社会再生产的模式呈现从外延、粗放型为主的扩大再生产逐步向内涵、集约型为主的扩大再生产进行转移、从通过追加投资和增加劳动力数量实现扩大再生产逐步向依靠技术进步实现扩大再生产转移等特点。实现内涵式扩大再生产的路径主要有：提高劳动工具的生产效率、提高劳动对象的利用率以及提高工人的技术熟练程度；依靠科技创新提升劳动生产率；提升资本集中度以及加速资本周转速度；等等。

科技进步是产业转型升级的诱导性力量。以英国纺织技术出现为例，马克思认为科技进步不仅促进了纺纱业的发展，而且还会推动织布业和整个工业体系的变迁。在"互联网＋"时代，生产力的基本要素也有了革命性变化。比如，工业化时代是机器设备；信息时代是互联网；而"互联网＋"时代不再是一件孤立的物品，而是物联网、大数据、云计算、人工智能等新技术的产生及集成创新。劳动对象也不一样，农业社会是土地，工业社会是能源，信息社会是信息，而"互联网＋"时代则是数据。谁掌握的信息、数据多，谁就能创造更多财富。尽管技术革命的周期具有相似性，但每个技术进步周期内技术的数量却越来越密集，从技术研发到应用于生产的周期越来越短，技术从单一行业的影响力也逐渐扩散到整个产业。

第三节　产业转型升级理论

产业转型升级不是一个行为，而是多个行为的集合；产业转型升级也不是到某一个时间点或者取得一定的成效就说明成功完成了转型升级，而是一个不断获取竞争优势的持续过程。目前有关产业转型升级的理论主要包括产业结构演进的基本规律和实现路径两个部分。

一、演进规律

产业结构一般多指产业内部各要素、产业、时间、空间、层次五维空间关系，其最早可以追溯至英国古典经济学家威廉·配第的产业经济思想。1672 年，他出版了《政治算术》，该书是一部颇具创新色彩和历史影响的著作，第一次使用数学方法对产业问题进行研究，被马克思称为政治经济学的最初形式。在书中，他对英国、法国、荷兰三国的人口、土地、资本、产业以及其他情况进行分析，总结得出英国之所以要比法国和荷兰更为强大的一般性结论①，并指出产业结构不同是经济增长水平存在差异的关键因素。1940 年，克拉克以配第的产业结构理论为基础，对世界 40 多个国家和地区不同时期三次产业的劳动投入产出资料进行整理，归纳出配第—克拉克定理，即随着经济增长和人均收入提高，劳动力由第一产业向第二产业转移，然后再向第三产业转移。在产业结构理论中，该定理也可以表述为：随着经济发展和人均国民收入的提高，第一产业国民收入和劳动力占比逐渐下降，第二产业国民收入和劳动力的相对比重上升，之后，随着经济的再次发展和国民收入的增加，第三产业国民收入和劳动力的相对比重也开始上升，并逐步超过第二产业，成为国民经济主导产业。配第—克拉克定理的主要形成机制有两个：一是收入弹性差异。第一产业是农业，其收入弹性要小于第二产业、第三产业，且并不会随着收入增加而同步增加。因此，随着经济增长，国民收入和劳动力分布将从第一产业转向第二、第三产业。二是投资报酬（技术进步）差异。第一产业和第二产业之间的技术进步有很大差别。农业生产周期长，使得其技术进步要比工业慢，投资报酬会递减。而工业的技术进步要快得多，投资多是报酬递增，且随着工业投资增加以及产量加大，单位成本将下降，并推动工业更大发展。

在配第—克拉克定理的基础上，西蒙·库兹涅茨以人均 GDP 份额基准证

---

① 威廉·配第，陈冬野. 政治算术［M］.北京：商务印书馆，2014.

明了配第—克拉克定理。他对总产值变动和就业人口结构变动的规律进行了考察，并揭示产业结构变动的总方向，发现产业结构的变动受人均国民收入变动的影响。即在经济发展初期，尤其是在国民人均收入从最低状态升至中等水平时，收入分配先趋恶化，之后随着经济发展而逐步改善，最后达到比较公平的收入分配状况，呈倒"U"型。对应的是第二产业产值比重演进的倒"U"型曲线，即在农业社会向工业社会转变中，第二产业的产值比重在经济发展初期呈上升趋势，当人均 GDP 达到一定程度后，第二产业的产值比重趋于下降。根据工业化国家发展的一般经验，当人均 GDP 达到 1000 美元左右，第二产业的产值比重就达到了倒 U 型曲线的拐点①。库兹涅茨研究认为，现代经济增长过程中产业结构变化有以下特点：① 经济持续增长，会带来产业结构变化，即以农业为主导的第一产业比重下降，以制造业为主的第二产业比重增加；在第二产业内部存在非耐用品向耐用消费品、消费资料生产向生产资料生产转移趋势。② 农业劳动力比重下降，且下降速度低于农产品比重下降速度。工业劳动力增加，但增长率要低于工业生产增长率；服务业劳动力增加，且随着全社会劳动生产率的整体提高，其总体规模也扩大。③ 资本结构中，农业资本比例下降，工业与服务业资本比例上升。④ 农业由小规模分散经营模式向大规模专业化生产过渡；工业与服务由小规模业主制企业向大规模法人制企业发展。⑤ 工业内部各产业的雇佣率与附加值同时增长。⑥ 服务业中商业比重上升，家庭服务业比重下降，而个人服务业、专门服务业和政府服务业的所占比重提高。⑦ 生产技术变化对产业结构的变化起很大作用。⑧ 上述变化引发产业、工种、区域间的劳动力转移。

钱纳里利用二战后发展中国家特别是其中的准工业化国家 1960 ~ 1980 年的历史资料，建立国内生产总值市场占有率模型，据此提出标准产业结构理论。该理论根据人均 GDP，将不发达经济体向成熟工业经济体演进的过程划分为初级产业、中期产业和后期产业等三个发展阶段，以及不发达经济时期、工业化初期、工业化中期、工业化后期、后工业化社会、现代化社会六个发展时期，其中，任何一个发展阶段向更高一个阶段的跃迁都是先通过产业结

---

① 孙德升．中国制造业转型升级的实施路径研究 ［M］．天津：天津社会科学院出版社，2020．

构的转换来推动的。比如，在不发达的经济时期，农业产值的国民经济占比高，工业占比少，生产力低下。进入工业化初期，食品、烟草、纺织服装、采掘、建材等劳动密集型产业比重提高，但工业生产以初级加工品为主；到了工业化中期，也就是重化工阶段，制造业内部产业结构发生变化，从轻型工业的稳定增长转向重型工业的高速增长，钢铁、水泥、电力等能源和原材料工业占比较大，之后开始下降，此阶段的大部分产业属于资本密集型产业；到工业化后期，装备制造等高加工度的制造业占比上升，技术和知识密集型产业成为主导产业，制造业服务化水平不断提升。钱纳里还考察了制造业内部各产业部门的变动，发现制造业发展受人均 GDP、需求规模和投资率等因素的影响大，而受工业品和初级品输出率的影响小，揭示产业间存在关联效应。

德国经济学家霍夫曼在 1931 年出版的《工业化阶段和类型》中，提出了霍夫曼定理，即产业结构重工业化理论。他把工业分为：消费资料产业，包括食品工业、纺织工业、皮革工业、家具工业等；资本资料产业，包括冶金及金属材料工业、运输机械工业、一般机械工业、化学工业等；以及其他产业，包括橡胶、木材、造纸和印刷工业等。霍夫曼根据近 20 个国家的时间序列数据，分析了霍夫曼比例，即制造业中消费资料工业与资本资料工业的净产值之比，发现工业化进程中存在重工业化趋势：在工业化第一阶段，消费资料工业增长迅猛，占据主导地位，而资本资料工业占比小，其净产值为资本品工业净产值的 5 倍；第二阶段，资本资料工业获得了较快发展，消费资料工业增速趋缓，其净产值 2.5 倍于资本资料工业；第三阶段，消费资料与资本资料工业的规模大体相当，表明资本资料工业处于主体地位，这也是重工业化的典型标志；第四阶段，资本资料工业在制造业中的比重赶超消费资料工业。重工业化只是产业结构演进中的一个特定阶段，也就是说无论是重工业还是轻工业化，以原材料为中心的产业结构都会向以加工、组装为中心的产业结构演进，进入工业结构深加工阶段，这也表明工业体系、产业结构的高级化。工业结构的"高工业化——高加工度化——知识和技术集约化"变迁轨迹，不仅体现在传统工业部门的高技术化，也表现为新材料工业、计算机工业和软件产业等高新技术产业的兴起。

罗斯托提出了主导产业扩散理论，认为在经济发展的任何时期，经济增长之所以能够维持，是因为主导部门扩大以及对其他产业部门和经济增长形成的带动作用，即产生了主导产业的扩散效应，包括回顾效应、旁侧效应和前向效应。经济发展的阶段性决定了主导产业更替，特定时期的主导产业是特定条件下选择的结果。一旦条件发生了变化，原有主导产业就会被新的主导产业取代。罗斯托曾把纺织工业作为起飞阶段的主导产业，钢铁、电力、煤炭、机械、化肥等工业是经济成熟阶段的主导产业，汽车制造业是高层次消费阶段的主导产业。从产业结构变迁看，主导产业转换带来的产业结构演进是从农业为主的结构开始的，按顺序依次向以轻工业为主的结构、以基础工业作为重心的重工业为主的结构、以高加工度工业为重心的结构、以信息产业和知识产业为主的结构演进。不同发展阶段的主导产业群，既相互替代，又相互作用，其中，前一主导产业为后一主导产业奠定了基础。选择主导产业的过程，也是根据本国经济发展所处的阶段进行战略决策的过程。

日本学者赤松要提出雁行理论。该理论阐释了日本经济通过外贸和替代性生产，从低级向高级波浪式发展的进程。工业化初期，日本主要通过出口丝绸、棉纱、棉布等消费品，换取纺织机械等生产资料，以此装备本国的纺织品生产；继之，对进口纺织机械进行替代性生产，带动了日本机械工业的发展；机械工业的发展又依次带动钢铁、机电等产业增长。日本各个产业顺次起飞的这一进程就被形象地称作为"雁行模式"。赤松要对日本棉纺工业从进口到本土化生产，再到出口进行历史性考察，认为后进国家的产业发展应该遵循"进口—国内生产—出口"模式。"第一只雁"是进口浪潮，即由于后进国家的产业基础脆弱，国民经济体系尚不完善、产品市场还不发达，而市场开放则会促使国外产品大量涌入后进国家的市场。"第二只雁"是进口所引发的国内生产浪潮，即国外产品和技术的进入，促使后进国家的产品市场不断扩大，而后进国家通过合作或模仿进口产品的生产技术，利用本国比较优势资源，实现进口产品本土化生产。"第三只雁"是国内生产引致的出口浪潮，即后进国家生产达到一定规模后，原进口产品的本土化生产具有比过去进口产品更大的成本优势，使其产品销售在国际市场上具有较大的竞争优势和市场地位。后来，这一理论被用于解释20世纪后半期日本—"四小龙"—东盟和中国东南沿海地区依次实现经济追赶的区域分工和贸易模式。"领头雁"日本把本国成熟产业，如纺织、钢铁、化工、机械、造船、家电等，通过对外贸易、产业转移和合资生产等方式，传递给"四小龙"、东盟国家及中国东南沿海地区，进而使这些地区的产业成长起来，并最终形成"反回头效应"，打回先行国市场。日本学者山泽逸平提出了"引进—进口替代—出口成长—成熟—逆出口"五个阶段的产业转型升级模式，对雁形理论进行了扩展，详尽展示了后进国家如何根据产业梯度，通过进口先进国家的产品、引进国外的技术，建立自己的工厂生产以满足国内需求且后来居上取代"领头雁"，并最终实现经济起飞的产业变迁过程。雁行模式是适宜于发展中国家的经济赶超理论。发达国家因产业转型升级的需求，将成熟的产业或产品向不发达国家进行转移，而这些产业在不发达国家中逐渐形成市场和成本优势，并将产品反出口到原来的发达国家。

产业结构理论演进见表 2－1。

表 2－1　产业结构理论演进

时期	代表人物	理论贡献
17～18 世纪理论起源时期	配第	产业结构思想
20 世纪 30～40 年代理论形成时期	克拉克	配第—克拉克定理
	霍夫曼	霍夫曼定理
20 世纪 50～60 年代理论发展时期	库兹涅茨	证明了配第—克拉克定理
	钱纳里	产业结构理论
	罗斯托	主导产业扩散理论
	赤松要	雁形理论

二、实现路径

全球价值链和微笑曲线理论是产业转型升级路径方面较具影响力的两大理论。全球价值链理论源自国际分工。传统生产模式下研发、设计、生产和销售环节往往都由同一个企业完成，但全球价值链分工模式下则可以由不同企业，甚至不同国家的企业完成。最早关注这一现象的学者是迈克尔·波特。他认为企业是一个由研发设计、生产制造、产品销售、内外部物流、售后服务等基本活动和企业基础设施、人力资源管理、原材料采购等辅助活动构成的集合体，企业的这些活动分别产生不同价值，共同构成了价值增值链，即价值链。价值链既存在企业内部，也存在企业外部，其中，企业的供应商、制造商、销售商、客户等外部利益相关者就构成了一个外部价值链系统。除此之外，波特还提出了国家竞争优势理论，指出母国市场的性质、大小、成长速度、需求转换能力是推进本国产业价值链攀升的主要动力；全球价值链、产业链大跃迁实质上也是国家产业竞争优势从要素驱动、资本驱动向创新驱动转换的动态过程。之后，格里芬以跨国公司为样本，发现跨国公司的产业价值链都有领导者，这些领导者可以是生产者或购买者，在整个价值链网络中起着直接或间接的领导、监督作用。在此基础上，他将围绕某一商品而形成的某一跨国公司主导的全球制造网络称为全球商品链，并根据领导者不同将其分为两类：一是以家乐福、沃尔玛等零售商或耐克、阿迪达斯等品牌商为核心的全球商品链，即消费驱动商品链，其模式适用于纺织、服装等劳动密集型产业。二是以苹果、大众等跨国制造商为核心的全球商品链，即生产驱动商品链，其模式适用于飞机、汽车、电子等技术密集型产业。此外，汉弗莱和施密茨还将产业升级路径分为过程升级、产品升级、功能升级和部门间升级四类。过程升级是指通过重组生产系统，引入高新技术，提高生产效率；产品升级是指通过投入数量更为丰富、品质更优的产品，增强产品竞争力；功能升级是指通过技术创新，使产品功能更为多样，增加产品附加值；部门间升级是指进入新的价值链条。四种路径是一种阶梯式螺旋推进关系，而最大动力则是创新体系的建立。

　　基于国际分工的全球产业链，微笑曲线理论把企业生产经营活动分为研发设计、生产制造和品牌服务等环节（见图2-1），其中，曲线中间部分是加工制造环节，左侧部分为研发设计、采购等环节；右侧部分是品牌服务环节。曲线上不同部位的附加值有所不同，中间加工制造环节的附加值相对较低，两端的研发与营销环节则相对较高。随着国际分工模式从产品分工向要素分工转变，企业只能依靠要素资源禀赋和比较优势，完成最终产品形成过程中某个环节的工作。对那些从事加工制造、装备运输等环节且缺少核心技术的企业来说，投入的大多是土地、厂房、设备、劳动力等传统的物质化要素，这些要素可替代性高，创造的利润较小；处于两端的企业，投入的大多是信息、技术、品牌、管理、人才等知识和技术要素，创造的附加值高，可替代性低。从短期看，企业应根据自身现有条件寻求全球产业链的合适位置；从长期看，企业不能永远停留在微笑曲线底端，应向微笑曲线两端发展。

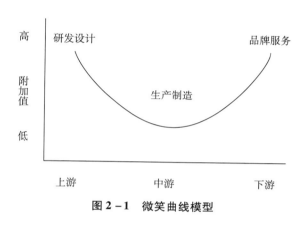

图 2 - 1　微笑曲线模型

技术创新是决定微笑曲线上附加值分布的关键因素。传统的工业生产是以福特汽车的生产流水线为代表的大规模生产。这一时期，产品的研发设计、品牌服务等产业链的上下游环节并不重要，企业也很少在这些环节投入过多，而更愿意将新的机器设备、新的生产线等稀缺的科技资源投入生产制造，致使生产制造环节的科技水平和附加值最高。而研发设计和销售品牌等环节的科技水平相对较低，所获得的附加值也不高，附加值曲线呈现倒"U"型。之后，生产制造环节科技水平不再处于产业链最高端，加上经济全球化的发展特别是全球价值链的形成，使得跨国公司能够在全球范围内组织生产资源，因此，生产制造环节的可替代性大大增强，导致该环节的附加值降低。在此情况下，为了获得更高利润，提升竞争优势，企业不得不将更多的科技资源投入研发设计和品牌服务环节，致使其科技水平大幅提高。然而，随着移动互联网、大数据、物联网等新兴技术的涌现，微笑曲线上附加值的分布也在发生改变。一方面，消费行为更趋理性，更加注重产品品质，受品牌、广告等因素的影响变弱；新型电商服务渠道和自媒体的发展让传统的营销功效大打折扣，进而使其相对附加值下降。另一方面，消费者能够参与产品研发，加之众创空间的出现，降低了企业创新的准入门槛及研发设计环节的科技水平和相对附加值。相反，因新一代数字技术的融入和渗透，生产制造环节的相对附加值开始提升。足见，产业链的增值曲线并非一成不变，会随科技水平的变化而变化。因此，根据曲线微笑理论，制造业转型升级主要有研发设计端、生产制造端以及品牌服务端三个方向，但这三个方向并没有优劣、高低之分，都能实现转型升级目标。

第四节　互联网经济理论

历史上每一次新技术的出现，都会带来经济形态的转变，对当时的主流经济学形成冲击。比如，以蒸汽机为代表的第一次产业革命，催生了现代企业，带来了"边际革命"，加速了新古典经济学的产生；以电器技术和内燃机为代表的第二次产业革命，使资本和技术创新成为经济中的关键要素，形成并发展了垄断竞争理论、宏观经济理论等。相对于传统的农业经济和工业经济，互联网的出现以及互联网经济的形成，对经济学基础理论产生了重大影响，甚至动摇了传统经济学基石。Shapiro 和 Varian（1999）认为[①]，阐释互联网经济无须摒弃传统的经济学理论，只需适时借鉴、修正、拓展和完善。迄今为止，尚没形成一个成熟的互联网经济理论体系，其理论内容主要散见于以下两个部分：一是基于互联网经济本质属性而形成的互联网经济基础理论体系。二是传统经济理论在互联网经济时代发展的新成果。

一、互联网经济的基础属性

互联网经济是互联网产业化、产业互联网化的总称，主要包括直接相关装备制造、网络基础服务和网络应用服务三个部分，分为广义和狭义的概念。广义的互联网经济是指基于互联网所产生的经济活动的总和；狭义的互联网

---

① Shapiro C. ，Varian H. R. Information Rules：A Strategic Guide to the Network Economy ［M］. Cambridge：Harvard Business School Press，1999.

经济是指互联网产业，即以互联网信息技术为主要支撑的现代服务业，分为基础服务和应用服务两个层面。本书认为互联网经济是基于互联网信息技术及互联网产业形成的所有经济活动的集合，是指主要依托互联网平台，以信息、知识、技术、数据等生产要素，通过组织方式创新，优化生产、消费、流通全过程，提升经济运行效率与质量的新经济形态或新发展模式，是网络经济、新经济、智慧经济等的统称。其本质是数字经济，现实基础和条件是数字技术的不断突破以及互联网基础设施的持续完善；核心产品则是数字信息、数据或知识；基础产业是互联网产业。

互联网经济也是竞争性经济，具有以下特点：第一，动态性竞争。动态竞争是互联网经济时代的主要特征，集中体现在互联网领域的技术创新和商业模式创新上。当前，市场之间的界限模糊不清、市场进入和退出壁垒低以及新创公司通过加大研发、竞相获取知识产权或推出新产品、新工艺，很容易成为市场领袖等，使得市场竞争日益白热化。一个明显特征是企业寿命周期缩短，企业和产品的主导地位更换频繁[1]。比如，在搜索引擎领域，以网页全文检索和分类目录为核心的初创者和第一代领导者是 Alta Vista，初创八年后被利用文本网址搜索而发家的后起之秀 Yahoo 搜索收购。第二代领导者 Yahoo 搜索又很快被 Google 搜索易位。第三代领导者 Google 搜索同样面临严峻挑战，其他搜索引擎还有中国的百度和搜狗搜索、俄罗斯的 Yandex 和 Rambler 搜索、韩国的 Naver 搜索和日本的 Goo 搜索等。兴盛一时的门户网站也逐渐被博客、微博、微信、今日头条等"创造性毁灭"取代。第二，注意力竞争。随着信息的发展，有价值的不再是信息，而是注意力。注意力是人们关注一个主题、一个事件、一种行为和多种信息的持久尺度，是互联网时代竞相角逐的稀缺资源。目前，很多互联网企业都在努力寻找和提供注意力，并以层出不穷的创新获得消费者的持续关注。此外，在线企业本身的流动性和用户的需求弹性也将构成约束机制，限制其降质提价或排除竞争者行为。第三，平台性竞争。互联网是信息发布、资源共享、商品交易、要素配置的平

---

① 方燕，刘柱，隆云滔. 互联网经济的性质：本质特征和竞争寓意 [J]. 财经问题研究，2018（10）：31－39.

台。故此，互联网经济也被称之为平台经济，是以移动互联网、大数据、云计算、区块链等现代互联网信息技术为基础，基于互联网平台向多边市场主体提供差异化服务的一种新型经济形态，具有低复制成本和去中心化的特点。平台竞争主要表现在三个方面：一是平台竞争具有典型的马太效应。率先建立用户群基础的大企业往往更能收获用户黏性，赢得整个市场，即"赢者通吃"法则。二是平台竞争具有一般聚集性，表现为平台可以聚集海量信息、丰富的社会资源及大量用户。比如，亚马逊凭借其电子商务网站，获取海量用户数据，并创立网络服务，一举成为云计算服务领域的市场领先者。三是平台竞争又称为生态竞争。百度和奇虎360等互联网企业通过直接经营或交叉持股等多种方式在社交娱乐、应用商店、本地生活服务等领域进行全方位、深层次合作，相互渗透对方业务，进而演化成相互依存、相互促进的产业生态系统。第四，常态化竞争。在网约车行业，只需推出一款如滴滴出行、Uber和Lyft等网络预约出行软件，就能从事网络约车信息中介服务。但由于转移成本和沉没成本低、锁定效应不显著等，互联网行业进入和退出壁垒低，致使产业竞争激烈。比如，消费者几乎无须付出多少额外的学习精力或资源就可以随时在滴滴出行、Uber等出行软件间相互切换，甚至在前一软件使用过程中学到的知识和技能也能运用到新软件中。

二、互联网经济的三大理论

互联网经济的三大基础理论主要有网络效应理论、信息效应理论和零边际成本理论。

第一，网络效应理论。该理论是指梅特卡夫法则，强调网络价值增长倍数是网络节点数量增长倍数的平方。简而言之，互联网产品的使用者越多，网络价值就越大，会促使更多的生产者、消费者加入网络，是一种正反馈机制。比如，一些企业之所以愿意建立各种平台，方便供应商、消费者、竞争者等连接，就是基于此考量。尽管建立这些平台的前期成本可能很高，但随着这些平台的建成以及投入使用，可以获得更多数据、流量，也有利于产品研发和销售模式的创新，实现价值增值。其典型例子就是淘宝网、京东商城、QQ、微信等。作为信息交流平台，QQ和微信平台上的交流沟通免费，且随着用户数增加，每一个参与者获得的信息和用户体验就越充分，获得的正效应也会随之提高，并吸引更多参与者进入。因此，中小企业、消费者往往愿意借助此类平台"连接一切"，以此实现连接带来的价值增值。另一个典型例子则是网络游戏。如果网络游戏只是单机游戏，那么其网络效应相对较低；反之，如果是互动游戏，其优质的游戏内容和交互体验会吸引更多的玩家进入，并提升每一个游戏玩家的正效应，进而会扩大网游企业的利润，激发其加大产品研发创新的力度，并不断提高服务质量。具体而言，网络效应理论主要包括同边网络效应、交叉网络效应、负面网络效应。其中，同边网络效应是指网络需求端越多，那么需求端获得的网络体验就越好，供给端的效应也是类似；交叉网络效应是指平台在一侧对参与者的价值随着更多参与者在另一侧的参与而不断增加。网络价值的增加主要是在同边网络效应以及交叉网络效应相互作用下产生的；负面的网络效应是指当参与者数量超过"带宽"，参与者价值就会降低。负网络效应的存在也是互联网经济时代商业模式失败的原因之一。第二，信息效应理论。根据信息论创始人申农对信息的定义，信息能消除人们认识中的不确定性。信息效应是指受信者根据所获信息调整行为的现象，强调的是基于互联网信息技术的互联互通及数字平台的架构，使政府、企业、客户、供应商、消费者、其他利益相关者的沟通成本大幅度降低，可以利用互联网低成本共享海量信息。这也是共享经济的理论基础。第三，零边际成本理论。该理论强调的是互联网初期的产品（尤其是第一件产品）需要投入大量的设计、研发、推广、调试等费用；由于信息传递成本、库存成本、渠道成本几乎为零，且网络产品普遍采用轻资产模式，因此，每增加一个产品的边际成本都很低，甚至接近零。而传统商业环境下的产品成本则完全不同，除去设计、开发、推广、调试等费用外，还包括原材料成本、工人工资、信息传递成本、库存成本、渠道成本、折旧成本等，其产品边际成本会随规模经济的消失而增加。零边际成本会从以下方面影响企业发展：一是客户将成为企业的生命线。当企业只有一个客户，由于第一件产品生产成本很高，企业平均成本高；随着购买产品的用户数量增加，在零边际成本的作用下，企业的平均成本将大幅降低。互联网环境下很多企业的产品和服务是免费的，基于的就是零边际成本理论。通过免费模式，企业可获得更多客户认可，而大量客户认可、购买会降低企业平均成本。二是零边际成本会激励企业增加研发投入。如果某企业把产品或服务做到极致，尽管前期研发投入很大，但只要拥有大量客户，平均成本就会降低；反之，若另一家企业把另一产品做到尚可，尽管产品研发投入不大，但客户购买量有限，平均成本也并不一定低。因此，很可能出现这样一种情况：某产品性能比另一产品好，但其成本反而更低，即"物美价廉"。这就不难理解，互联网经济环境下有些质量高的产品价格却很低。这在传统商业环境中很难出现，传统商业环境下产品高质量也伴随着高成本与高价格。

三、交易成本理论的新发展

交易成本理论是英国经济学家科斯在其论文《论企业的性质》中首次提出来的。他认为交易成本是获得准确市场信息所需支付的成本，以及谈判和执行经常性契约所产生的费用。也就是说，交易成本由信息搜寻成本、谈判成本、缔约成本、监督履约情况的成本、可能发生的处理违约行为的成本构成。继科斯的开创性研究之后，一个侧重交易成本的经济学细分领域在20世纪七八十年代得到了发展，即交易成本经济学，也称新制度经济学。交易成本是其核心概念或理论基础。Williamson（1985）将交易成本在经济中的作用比作物理学中的摩擦力，与此类似，经济行为中的交易成本也是无处不在，并把交易成本分为事前（合同签订之间交易成本）与事后（合同签订之后交易成本）两大类。事前的交易成本包括签约、谈判、保障契约执行等方面的成本。事后的交易成本包括四类：一是不适应成本，即交易逐渐偏离了合作方向，造成交易双方不适应的成本。二是讨价还价成本，即交易双方为了纠正不合作现象，需要讨价还价而造成的成本。三是启动和运转成本，即为了解决合同纠纷而建立起来的治理结构，并维持其运转所需支付的成本。四是保证成本，即为了确保合同中各项承诺能够完全及时兑现所付出的成本。弗鲁博特和芮切特（2015）还将交易成本分为市场型交易成本、管理型交易成本与政治型交易成本。

"互联网＋"环境下传统的交易成本理论已有一些新变化，进而发展成新交易成本理论[①]，指互联网大幅降低了企业交易成本，使得资产专用性程度明显提升。据此，新交易成本理论就是指企业交易成本和资产专用性改变之后的交易成本理论。表现在以下两个方面：① 互联网发展环境与企业交易成本。无论是简单的市场交易，还是复杂交易涉及的复杂合同，签约之前进行高质量的信息收集工作不可避免，而信息收集会花费大量精力和时间成本。在"连接一切"的互联网环境下，交易各方可以突破时空约束，低成本、实时收集所需信息；可以减少信息不对称，利于达成意见统一，降低谈判成本。签约的事后成本与事前成本是相互依存的。如果事前交易双方拥有的信息和资料更为详尽，契约签订的内容更为完全，那么事后的各种纠纷、摩擦就会减少。而基于互联网信息技术形成的商品流、资金流、信息流会降低契约执行中产生的各类成本。此外，互联网环境也能够通过决策信息化和组织扁平化等途径降低管理型交易成本。比如，大数据分析决策系统可以为企业各级管理人员提供丰富、多维度的数据信息，让企业与消费者有效互动，提升管理决策效率，降低组织运行成本。而为了适应互联网环境进行的扁平化变革，改变了科层制结构中上下级之间、部门之间以及组织与外部之间的联系沟通方式，使企业生产更为敏捷。② 互联网环境与资产专用性。Williamson（1985）认为，资产专用性主要包括专用场地、专用实物资产、专用人力资本和特定用途资产等。互联网发展环境对这四类专用资产的影响体现在两方面：一是互联网发展环境使得用户的差异化需求和资产专用性更为突出。借助网络平台和数据系统，企业能及时发现差异化的消费需求，开发适销对路的新产品。二是互联网环境使得产品资产专用性程度提升。随着产品资产专用性程度的提升，企业将投资专用实物资产和特定用途资产，建造专用场地，改造升级现有厂房；员工也需进行人力资本升级。

第五节 本章小结

理论创新既是研究的前提和基础，也是研究目的所在。为了能更好理解

---

① 杨德明. "互联网＋"、大数据与实体经济的深度融合［M］. 上海：上海人民出版社，2022.

"互联网＋"影响制造业高质量发展的内在机理，本章对技术创新理论、产业转型升级理论、互联网经济理论等进行了梳理。其中，技术创新理论阐释了熊彼特的创新组合说、索洛的创新增长方程、马克思关于科技创新与产业转型升级的相关论述；产业转型升级理论主要从产业转型升级的基本规律和实现路径入手进行了深入分析，重点对产业转型升级规律的演化以及推进路径作了阐释；互联网经济理论解构了互联网经济的概念，并对其关键特征进行总结和归纳，在此基础上，对互联网经济的三大效应理论及互联网发展环境下交易成本理论的新发展进行了分析。需要进一步深入研究的是：一是如何从这些理论中寻觅最佳切入点，搭建"互联网＋"影响制造业高质量发展的理论框架。二是如何根据已有范式，进行理论迁移，探究"互联网＋"在制造业高质量发展中的作用机制，并以此为基础进行实证分析。

第三章 "互联网+"与制造业高质量发展：国际视野

第一节 引言

1987年，美国著名的经济学家罗伯特·索洛（Robert Solow）提出了影响深远的"索洛悖论"（Productivity Paradox），即信息技术的投资与投资回报率没有明显关联，但2000年以后，美国生产率增长的主要源泉是信息技术部门的高速发展及互联网在经济社会领域的广泛渗透，从实践层面破解了"索洛悖论"[①]。

制造业是实体经济的根基和脊梁，也是互联网创新应用的主要领域。从制造业发展的国际经验看，一个国家真正的竞争力在于制造业。当前，中国制造业面临着严峻挑战。一方面，中国制造业成本居高不下，而马来西亚、越南等新兴发展中国家凭借劳动力成本的比较优势积极参与全球制造业再分工，承接西方发达国家甚至中国的产业和资本转移；另一方面，美国、德国等西方发达工业国家基于经济增长和促进就业的国内需要，也先后提出并大力实施"再工业化"战略，造成国内部分制造业开始回流。在此背景下，中国制造业如何转型升级，如何在"人口红利"逐步式微的情况下继续保持国际竞争力，成为亟待解决的重大难题。基于近年来互联网改造升级传统产业的生动实践及互联网产业发展趋势的深刻洞察，2015年时任总理李克强在《政府工作报告》中创新性地提及"互联网+"，随后将其上升为国家层面的发展战略，以此促进产业转型升级，实现经济高质量发展。"互联网+"的关键是"+"，重点指的就是连

---

① 魏艳秋，和淑萍，高寿华."互联网+"信息技术服务业促进制造业升级效率研究［J］. 科技管理研究，2018（17）：195－202.

接传统的各行各业。这为处于转型阵痛中的中国制造业勾勒了未来蓝图。因此，"互联网＋"对高质量推动制造业的技术进步、效率提升和组织变革，进而实现提质增效与转型升级，具有极为重要的意义。然而，要发挥"互联网＋"的内驱力量，促进制造业与互联网融合，前提是要精准把握百年未有大变局中互联网经济与制造业增长的中国事实。唯有如此，才能在产业创新发展中"转舵定向"，更好探索中国制造业高质量增长的新模式、新路径。

第二节　互联网发展的典型事实——一个全球视野的比较分析

一、世界互联网技术变革的新趋势

科学技术是第一生产力，是经济体系现代化的一个关键决定要素，而技术是不断进步和演变的。在第一次产业革命时期，机械化技术是主导性生产技术；在第二次产业革命时期，电气化技术是主体性技术；在第三次产业革命时期，信息化技术是产业变革的先导。时下，以美国、德国、中国为代表的工业大国，发生了以人工智能、机器人技术、量子信息技术、虚拟现实、清洁能源等为代表的全新技术革命，并形成了以工业智能化为变革标志的全球化浪潮。其中，人工智能技术是这次产业变革的先导性技术，并推进人类文明继农业革命、工业革命之后迈向"智业革命"新时代。

（一）互联网成为推动世界科技创新发展的新引擎

当前，经济增长的传统红利正在全面让位"数字红利"。互联网将带领人类跨入创新发展的快车道，引领工艺创新、产品创新、技术创新、产业创新、业态创新、市场创新和管理创新。其中，人工智能是互联网创新的最新形态。随着移动互联网、大数据、并行计算等技术集群的创新，人工智能将迎来加速升级，进而驱使产业结构大转换、产业形态大变革、经济社会大发展。对此，自 2016 年起，先后有 40 多个国家或地区争相在人工智能领域布局，纷纷将人工智能前沿领域的技术创新尤其是与三产的深度融合提升到国家战略高度。比如，欧盟颁布《2030 数字化指南：欧洲数字十年》《升级 2020 新工业战略》等重磅政策文本，把人工智能作为增长的源泉；美国成立国家人工智能倡议办公室、国家 AI 研究资源工作组等专门的负责机构，制定人工智能发展的创新政策，将人工智能上升到"未来产业"和"未来技术"的新高度，不断巩固其在国际人工智能技术创新领域中的"领头羊"地位；日本发布"AI 战略 2021"，实施人工智能创新创造计划，并将跨行业的数据传输平台建设、人工智能标准制定、人工智能多场景应用作为三大重点突破领域；英国近年来更是实施《英国 AI：现状、愿景和能力》《AI 采购准则》《AI 路线图》等，从战略规划、科研投入、人才培养、政府采购引导等方面全力推进人工智能发展。针对各国"接二连三"升级的人工智能战略，习近平总书记高度重视，多次作出重要指示，强调"要深入把握新一代人工智能发展的特点，加强人工智能和产业发展融合，为高质量发展提供新动能"。《中华人民共和国国民经济和社会发展第十四个五年规划纲要》也明确指出，要瞄准人工智能的前沿领域，实施一批前瞻性、战略性重大科技项目，通过应用牵引推动新一代人工智能技术落地，并在全国打造一批示范性产业集群，增权赋能传统行业。例如，科技部支持人工智能创新发展试验区建设，先后批复北京、上海、天津、深圳、杭州等 15 个国家级新一代人工智能创新发展试验区。

人工智能正在全球范围内引起新一轮产业变革，技术创新周期日益缩短，技术商业化进程不断提速，开始迈入全新发展阶段。一是进入大数据驱动智能发展阶段。大数据有海量、多样性、速度快、价值密度低等特征，其中，海量和多样性是两个关键特征，不仅体现在数据的海量，还体现在多元数据的融合上。加之图形处理器（GPU）、云计算等高性能并行计算技术应用于智能计算，共同构建起新一代人工智能创新发展的基础。据 IDC 测算，2025 年全球数据规模将达 163ZB，其中，80%～90% 是非结构化数据，数据服务进入深度定制化阶段。百度、阿里巴巴、京东等公司近年来纷纷推出基于不同场景和需求的数据定制服务；企业需求的数据集也从通用简单场景向个性化复杂场景过渡。例如，语言识别数据集从普通话单一场景向小语种、方言等多样化场景发展，智能对话数据集从简单问答、控制反馈等场景向应用仿真场景、业务咨询问答等方向发展。二是进入智能技术产业化阶段。智能化不单指人工智能技术，在大数据、互联网、云计算等先进信息技术的集成支撑下，人工智能技术才能落地。工业物联网、5G 高速移动通信、VR、区块链等新兴信息技术与人工智能将相互融合促进，突破现有智能技术瓶颈，助力人工智能产业化发展，其行业应用范围不仅包括纺织、冶金、汽车等传统制造业，还包括机器人、装备制造、新能源等战略性新兴产业。比如，语音控制类家电产品和脸部识别智慧化应用在日常生活中随处可见；无人驾驶技术不断突破，自动驾驶汽车已获得美国、英国政府的上路许可；德勤会计师事务所研发推广的财务机器人，开始代替人类阅读合同和文件；IBM 的沃森智能认知系统也在医疗诊断和卫生健康领域表现出了巨大的发展潜力。三是进入认知智能探索阶段。2016 年初，谷歌 AlphaGo 战胜韩国围棋世界冠军李世石的人机大战，成为人工智能应用领域的里程碑性事件，表明人工智能系统具备直觉、大局观、棋感等认知能力，而图像内容理解、语义理解、知识表达与推理、情感分析等认知智能理论的发展，将再次推进人工智能技术创新。

（二）互联网成为推动全球产业变革升级的新动力

技术革命与采用新能源、新材料，应用电子计算机，实现生产管理的自动化智能化有关，但不局限于此，应从变革产业技术基础、生产工艺方法、组织管理手段等深层次因素去理解。技术革命就是生产力革命。每一次技术革命必然带来产业变革和生产力提升。其中，英国成为第一次工业革命诞生地的首要原因就在于，当时的英国具备了以煤炭为动力的技术革命的经济基础。英国花了近 200 年完成了从以自然能源为动力的经济形态向以煤炭为动力的经济形态转变，在此期间，被誉为"财富之母"的土地用途也从生长林木、放牧牲畜转向粮食种植，极大促进了农业大发展和人口大增长。随后英国人掌握了纺纱技术、织布技术、机器制造技术，进一步推动了纺织业、冶铁工业以及关联产业的加速发展。技术革命是人类改造世界的动力源泉，是产业变革的先导；产业革命是技术革命的必然结果，其带来的经济增长和财富积累，为技术创新提供了强有力的物质支撑。两者之间的关系是一个过程的两个方面。从本质上看，技术革命是技术创新范式的转变，而产业革命是基于技术创新范式转变的产业形态变化①。过去 200 多年里，大约发生了六次技术革命，即早期的机械时代、蒸汽机与铁路时代、钢铁和电力时代、石油

---

① 何传启 . 第六次科技革命的战略机遇 ［M］. 北京：科学出版社，2011.

和汽车时代、信息和通信时代、人工智能时代等（见表 3 - 1）。

表 3 - 1　18 世纪以来的技术革命和产业变革

开始时间	通行名称	核心国家	技术突破	新产业
第一次技术革命（1771 年）	产业革命	英国	阿克莱特工厂	机械化的棉纺织业、熟铁、机器
第二次技术革命（1829 年）	蒸汽和铁路时代	英国	蒸汽动力机车实验成功	蒸汽机和机器、铁路业和煤矿业
第三次技术革命（1875 年）	钢铁、电力、重工业时代	美国、德国	卡内基酸性转炉钢厂开工	钢铁、钢制轮船的蒸汽动力、重化工业和民用工程、电力设备工业、铜和电缆、纸业和包装
第四次技术革命（1908 年）	石油、汽车和大规模生产的时代	美国	福特汽车生产流水线	汽车、廉价石油和石油燃料、石化产品、内燃机、家用电器、冷藏和冰冻食品
第五次技术革命（1971 年）	信息和远程通信时代	美国	英特尔微处理器问世	微电子产品、计算机、软件、远程通信、控制设备、计算机辅助的新材料
第六次技术革命（2013 年）	人工智能时代	德国	工业 4.0 战略的正式提出	人工智能技术与实体经济融合形成的新产业、智能产品

注：根据相关资料整理所得。

目前，互联网信息技术的变革为全球产业构建起了全新的制造范式和组织范式，进而推动了产业生产模式、组织模式、服务模式和商业模式的全面创新。比如，工业革命之前的制造范式是家庭手工业，产品是由工匠和学徒在家庭作坊中生产出来的，纺织仅作为冬季耕种之余的产业存在，只要拥有简单的技能和工具就能参与生产。而纺织机和蒸汽机的诞生为工场的机械化、专业化生产提供了动力。马克思认为，从以劳动力为起点的工场手工业发展到以劳动资料为起点的大工业，是生产方式变革的表现。尽管机械化时代的制造范式是小批量生产，但产品种类明显增加。为了促进生产、降低成本，工厂的职能不断细化，出现由承包人组织生产、管理和机器维修的承包制，并逐渐产生了层级化的组织结构。在电气化制造时代，流水线生产提高了劳动生产率，无论是产品种类，还是产品的数量都获得了空前发展，其中，最突出例子就是福特 T 型车组装线。企业为了在激烈的市场竞争中扩大生产规模，占据更广泛的市场，以层级制、集权制等为明显特征的公司制大企业开始兴起，且随着企业之间的合并、扩张，出现了各种垄断性经济组织。进入信息化时代，制造业向更为柔性、更为灵活的方向发展，其中，这一阶段组织方式的主要特点是集权与非集权结构并存、垂直与水平一体化并存。之后，随着技术的发展，以互联网信息技术、人工智能技术为基础的先进制造技术向结构功能一体化、材料器件一体化方向发展，极端制造技术向极大（如航母、极大规模集成电路等）和极小（如微纳芯片等）方向推进。而人机共融的智能制造模式、4D 打印技术，将推动工业由集中规模化生产向分散定制化生产转变，并将创造新产品、新需求、新业态。其中，众包、众创、众筹、网络制造等无边界、小微化、扁平化和分散化的产业组织模式，能够实现要素资源的有效配置；按需定制、产销一体、智慧物流、协作分享等产业运行模式能让供求信息高效对接（见表 3 - 2）。

表 3 - 2 制造与组织范式变迁

范式	表现范围	机械化制造	电气化制造	信息化制造	"互联网＋"制造
制造范式	生产模式	机械化	标准化	自动化	个性化
	生产工具	机器	流水线	计算机	AI
组织范式	组织模式	工厂制	公司制	跨国公司	小微化、平台型企业
	组织结构	合伙制	职能制	集权与非集权并存、垂直与水平一体化	扁平化、分散化

注：根据相关资料整理所得。

二、中国互联网经济发展的新特点

20 世纪 90 年代以来，中国互联网经济发展大致可以分为以下四个阶段[①]：第一阶段：1998 ~ 2000 年，即互联网经济雏形期。伴随着电信业改革，互联

---

① 荆文君，何毅，刘航. 中国互联网经济与互联网经济学 20 年：1998—2018 [J]. 山西财经大学学报，2020（5）：46 - 60.

网开始从实验室走向市场，逐步形成互联网产业，其中标志性事件就是搜狐、新浪、网易"三大门户"网站以及百度、腾讯、阿里巴巴等互联网企业的诞生和发展，引发了中国互联网企业的上市浪潮。第二阶段：2001～2008 年，即互联网经济曲折发展期。2001 年是中国互联网发展的"拐点年"，在这一年美国互联网泡沫破灭，影响了包括"三大门户"网站在内的众多互联网企业，进而推动了中国互联网经济转型，并形成了中国互联网经济多元化发展模式。此阶段也是各大互联网企业争相兼并重组，确立国际和国内市场竞争地位的关键时期。数据表明，2008 年中国互联网用户数规模首次超过美国①，成为世界最大的互联网应用市场。第三阶段：2009～2012 年，即移动互联网经济高速发展期。随着智能手机的迅速普及，互联网接入从电脑端向手机端分流，标志着进入移动互联时代，也使得互联网经济的移动化、共享化特征更为明显，产生了团购、O2O、线上线下融合等新模式。数据显示，2012 年中国手机上网人数首次超过电脑端②。第四阶段：2013 年至今，即互联网与产业深度融合期。在"互联网＋""大数据＋"等国家战略和利好政策的支持下，中国的互联网经济获得了前所未有的增长，在驱使传统产业转型升级的同时，互联网金融、共享经济等新兴业态也因其"突变式"发展而接连涌现。

（一）互联网用户规模扩张迅猛，但"快而不优"的问题突出

1997 年是中国互联网元年，中国互联网起步晚但增速快，是当前名副其实的"互联网大国"。国家统计局从 1997 年开始统计 Internet 上网计算机、用户人数、用户分布、信息流量分布、域名注册等基础数据，中国互联网信息中心也在这一年首次发布《中国互联网发展状态统计报告》。《第 1 次中国互联网发展状况统计报告》公布的数据显示，1997 年全国联网的计算机台数仅有 29.9 万台，直接上网计算机 4.9 万台，拨号上网计算机 25 万台；上网用户数 62 万，其中大部分用户是通过拨号方式进行上网的，直接上网与拨号上网的用户数之比约为 1/3。经过 20 多年的发展，中国互联网领域取得的成就显

---

① 数据来自《第 22 次中国互联网络发展状况统计报告》。
② 数据来自《第 30 次中国互联网络发展状况统计报告》。

著。相关数据显示，截至 2014 年，中国的网民规模 6.48 亿，互联网普及率 46.9%，其中，手机网民规模 5.56 亿，手机使用率 85.8%。截至 2021 年，网民规模 10.32 亿，互联网普及率 73.0%；手机网民规模 10.29 亿，手机上网比例 99.7%，如图 3 - 1 和图 3 - 2 所示。

图 3 - 1　2014～2021 年中国网民规模及互联网普及率

图 3 - 2　2014～2021 年中国手机网民规模及互联网普及率

规模庞大的互联网用户群让中国在互联网个人应用方面具有巨大优势。从用户规模看，2014～2021 年即时通信、网络视频、网络支付、网络直播、网络音乐、网络文学、网络游戏等用户规模均实现了高速增长，其中，即时通信用户规模最大，达到了 10.07 亿；网络视频（含短视频）用户达 9.75 亿紧随其后。从增长情况看，2014～2021 年各项互联网应用增长情况不一，其中，增长最快的互联网应用分别是网络支付、网络视频和网络购物；而搜索引擎、网络新闻、网络音乐、网络游戏等方面的应用则是负增长，发展态势不容乐观。网络直播、网上外卖、在线办公、网约车等商业应用近年来的用户规模增长较为迅猛，发展趋势强劲，如表3-3所示。

表3-3 2014~2021年各类互联网应用用户规模和网民使用率

应用	2014		2021		增长率（%）
	用户规模（亿人）	网民使用率（%）	用户规模（亿人）	网民使用率（%）	
即时通信	5.88	90.6	10.07	97.5	6.9
网络视频	4.33	66.7	9.75	94.5	27.8
网络支付	3.04	46.9	9.04	87.6	40.7
网络购物	3.61	55.7	8.42	81.6	25.9
搜索引擎	5.22	80.5	8.29	80.3	-0.2
网络新闻	5.19	80.0	7.71	74.7	-5.3
网络音乐	4.78	73.7	7.29	70.7	-3.0
网络直播	—	—	7.04	68.2	—
网络游戏	3.66	56.4	5.54	53.6	-2.8
网络文学	2.94	45.3	5.02	48.6	3.3
网上外卖	—	—	5.44	52.7	—
网约车	—	—	4.53	43.9	—
在线办公	—	—	4.69	45.4	—
在线旅游预订	2.21	34.2	3.97	38.5	4.3
在线医疗	—	—	2.98	28.9	—
互联网理财	0.78	12.1	1.94	18.8	6.7

资料来源：根据历年《中国互联网发展状况统计报告》整理所得。

在互联网企业应用层面，德国、美国等发达国家应用水平较高。比如，甲骨文（Oracle）、Salesforce、Workday等一直是企业级互联网应用的领跑者。另外，CB Insights公布的2019年全球独角兽企业名单显示，中国、美国两国的独角兽企业全球占比达76.3%，其中，美国的独角兽企业最多，有159家，占比48%；中国的独角兽企业数量排名第二（92 个），占比28%，比美国要少20 个百分点。美国调查公司 CB Insights 的统计显示，截至2022 年9 月，全球共有1199 家独角兽企业，其中，美国占比54.1%，全球第一；中国占比14.4%，两者相差近40 个百分点。根据中国互联网信息中心发布的《第49次中国互联网络发展状况统计报告》，截至2021 年12 月，中国互联网独角兽企业219 家，主要集中在北京、上海、广东、浙江和江苏等经济发达省市，五个地区的企业总数占比93.6%。其中，北京84 家，占比38.4%；上海45家，占比20.5%；广东41 家，占比18.7%；浙江和江苏的互联网独角兽企业数量分别为21 家和14 家，分别占比9.6% 和6.4%。

（二）互联网经济增长速度强劲，但"大而不强"的特点显著

党的十八大以来，中共中央对建设网络强国、数字中国、智慧社会等"互联网＋"战略进行全方面部署，进而形成了推动互联网经济特别是数字经济发展的强大合力。习近平总书记强调："发展数字经济意义重大，是把握新一代科技革命和产业变革新机遇的战略选择。"随着"互联网＋"战略近年来的纵深推进、互联网基础设施的持续完善以及互联网用户规模的急剧增长，中国互联网经济取得了举世成就。一是规模排名世界靠前。电子信息产业的状况能够在很大程度上反映互联网经济的总体发展趋势。2009 年，中国规模以上电子信息产业主营业务收入为6.08 万亿元，占当年 GDP 的17.42%，到2016 年，主营业务收入提高近两倍，接近17 万亿元，占当年 GDP 的比例也提升到22.94%。而作为电子信息产业的两大重要组成部分，电子信息制造业主营业务收入由2009 年的5.13 万亿元上升到2016 年的12.18 万亿元，占当年 GDP 的比例也由14.7% 上升到16.43%；电子信息软件业主营业务收入由2009 年的0.95 万亿元上升到2016 年的4.82 万亿元，占当年 GDP 的比例也由14.7% 上升到16.43%。2021 年，规模以上电子信息制造业增加值比上年增长了15.7%，增速创下近10 年新高；软件和信息技术服务业、互联网和相关服务企业的业务收入保持了17.7% 和16.9% 的高增速。此外，2012 ～ 2021年，中国数字经济规模从11 万亿元增至45 万亿元，数字经济占 GDP 比重由21.6% 提升到39.8%。截至2022 年5 月，中国建成了全球规模最大、技术领先的网络基础设施，所有的地级市全都建成了光网城市，千兆用户数突破了

5000 万，5G 基站数达到了 170 万个，5G 移动电话用户数也超过了 4.2 亿户。二是增速十分强劲。截至 2022 年 6 月，全国登记在册数字核心产业企业 509.5 万户，占比突破了 10%。从这些互联网企业整体营业收入看，2016 年我国互联网企业整体营业收入已达到 14707 亿元，相较 2014 年的 8706 亿元有大幅提高。其中，电子商务市场交易规模增长态势最为显著。比如，2012 年中国电子商务市场交易规模 8.1 万亿元，占当年 GDP 的比例为 14.99%，随后 4 年无论是相对数还是绝对数，电子商务的交易规模都在高速增长，至 2016 年达到了 20.5 万亿元，相较 2012 年增长超过 1.5 倍，占 GDP 比重也增至 27.66%。2021 年，中国电子商务从业人员超 6700 万，实物商品网上零售额首次超过 10 万亿元，同比增长 12.0%；移动支付业务 1512.28 亿笔，同比增长 22.73%。三是结构持续优化。数据中心作为承载各类数字技术应用的底座，其产业赋能增权价值日益凸显。受"新基建"、经济数字化转型、大数据战略等利好政策、新赛道的影响以及地方大数据产业集群建设的驱动，近年来中国数据产业成绩喜人，数据中心业务规模稳步提升，相关收入持续增长。中国通信研究院发布的《数据中心白皮书（2022 年）》显示，2021 年中国大数据产业规模达 1.3 万亿元。

尽管如此，但"大而不强"的特点仍然显著。第一，从互联网经济占 GDP 比重的国际对比看，2018 年美国互联网经济规模为 12.34 万亿美元，而中国是 4.73 万亿，仅次于美国。从互联网经济占 GDP 比重看，2018 年英国、美国、德国等国家的互联网经济规模 GDP 占比均超过 60%，韩国、日本的 GDP 占比也超过 40%，而中国只有 38.6%。2021 年中国数字经济规模 GDP 占比升至 39.8%，仍然低于德国、英国和美国的 65% 以上[①]。此外，《数字中国发展报告（2021 年）》显示，2017～2021 年中国数据产量从 2.3ZB 增至 6.6ZB，其中，2021 年的数据产量全球占比达 9.9%，居世界第二，但据国家工业信息安全发展研究中心的测算结果显示，2020 年中国数据要素市场规模仅为 545 亿元，约为美国的 3.1%、日本的 17.5%。第二，从技术分布看，重应用、轻基础的特征明显。根据英国学者的统计，如果把美国、欧洲、日本

---

① 中国网络空间研究院. 世界互联网发展报告 2022 ［M］. 北京：电子工业出版社，2022.

和中国拥有的数字技术专利数一起计算，那么中国在计算机视觉技术方面的专利数占比达到了 60% 以上，自动驾驶技术专利占比约 40%，均超过了美国。可从科技部发布的《中国新一代智能发展报告 2020》得知，当前人工智能在技术层呈现中美双寡头竞争格局，尽管中国在图像、语音识别等应用层的专利领先，但在 AI 基础技术及工具研发方面落后。此外，对比中美最大的 10 家创新企业的业务模式发现，中国有 7 家是由商业模式来驱动的，另外 3 家则由技术创新驱动，而美国则有 7 家企业由技术创新驱动，仅有 3 家是商业模式驱动。第三，从产业分布看，工业和农业的数字经济占比要远远低于服务业。特别需要提及的是，中国数字经济巨头的主营业务主要集中在生活服务业，是以消费互联网为主，只有少数头部企业兼营产业互联网。相比之下，北美 15 家大互联网公司中消费互联网和产业互联网的企业数量基本相当。由此可见，美国数字经济的发展优势在于先进技术，而中国则是规模庞大的市场。总体而言，中国互联网经济在制造业领域，无论是芯片、存储器、光刻机等数字产业化部门，还是协同机器人、工业互联网等数字制造技术应用，都存在"瓶颈"，尚处于跟跑阶段。

第三节　制造业发展的典型事实——一个直观经验的比较分析

一、全球制造业变革的新趋势

18 世纪 60 年代的第一次工业革命拉开了人类工业化的序幕。到 20 世纪 70 年代初，资本主义国家相继完成工业革命，率先进入工业化时代。凭借强大的制造业，西方主导国际分工，成为工业化先行者。之后一些西方国家去工业化，衍生了产业空心化、经济增速低迷、虚拟经济与实体经济脱节等问题。习近平总书记强调，"一个国家一定要有正确的战略选择，我国是个大国，必须发展实体经济，不断推进工业现代化，提高制造业水平""要吸取一些西方国家经济'脱实向虚'的教训，不断壮大实体经济"。随着数字技术、智能技术与实体经济的融合，以效率优势替代成本优势、以技术创新引领高端制造成为全球制造业发展的大势。

（一）智能制造成为制造业发展的主导方向

智能制造的兴起和发展，推动新生产范式、产业形态、商业模式的形成，给国际产业分工格局带来了深刻影响。从需求角度看，网络普及使得消费者由消费产业链末端的被动消费，逐渐进入前端向先体验后消费转变，甚至主动参与企业的研发生产过程。这颠覆了传统制造的垂直分工体系，对生产的柔性和供应链协作水平提出了更高要求。时下企业仅凭以往规模化生产、流程化管理，提供低成本的标准化产品难以获取竞争优势，开始逐步转向个性化定制、多样化和分散化生产，从而驱使制造业企业从注重成本优势向效率优势转化。从供给角度看，随着信息技术、新材料、新能源、生物技术等创新发展以及先进制造业技术与互联网信息技术的深度融合，以人工智能、机器人、自动化生产线等为代表的智能装备在生产中"大展拳脚"，并使智能制造成为制造业转型升级主方向。对此，近年来，德国、日本、美国等发达工业国家均制定了智能制造战略，不断加大数字化车间、生产线和智能化工厂建设力度，发展以人工智能、机器人和数字制造为核心的智能制造，以此重塑本国竞争优势。在美国，政府、行业组织和企业联盟协同布局智能制造系统平台建设、关键共性技术及互联网产业发展；欧盟的"数字议程"将智能制造作为前沿产业技术研究和产业转型的主要方向；德国的"工业4.0"战略以及英国的工业2050战略等，也都把智能制造摆在产业转型的首要位置。

那么何为智能制造？简而言之，智能制造就是以高效、优质、安全、敏捷生产为目标，运用智能软件、新材料、灵敏机器人等新制造方法提供精细化的生产方案，既保留大规模生产的低成本和高速度，又有定制生产的灵活性，能够为客户提供更多增值服务，增强企业快速响应能力和核心竞争力的现代制造模式。从生产效率看，工厂引入智能机器人取代人工作业可以延长作业时间，甚至可以维持24小时高速运转，且无需支付额外的加班费用；可以制定科学合理的生产计划，实现零库存，促进生产与需求的精准匹配；能够全面监控生产过程中的各个环节，增强企业对产品质量管控及应对各种复杂问题的能力，降低不良品率；同时能够加速新产品研发，提升企业运行效率。从产业组织看，智能制造强调开放、协作以及分享等新理念，有助于改变上下游企业产业链条的组织形态，促进数字化业务单元整合和跨组织供应链的协作形成，使产业分工更加柔性、更具创造性；有助于建立协同制造体系，缩短设计到制造的过渡时间，节约新产品入市成本。从国际分工看，智能制造将形塑国际产业分工体系。引入人工智能制造技术后，传统价值链会增加新环节，这将成为价值链上的制高点；一些部门将被淘汰，一些行业将彻底变革。引入人工智能制造技术后，发展中国家将逐渐失去劳动力成本优势。

（二）机器人产业成为世界各国竞争焦点

智能制造涵盖智能制造装备、智能制造系统、智能制造服务等领域，而以机器人为代表的智能装备是世界各国密切关注和竞相角逐的突破点。比如，韩国实施《智能机器人开发与普及促进法》《智能机器人基本计划》，将机器人作为"增长引擎产业"大力发展，进而巩固韩国汽车、电子等技术密集型产业的全球领先地位；日本先后发布《机器人新战略白皮书》《机器人新战略》，把机器人产业作为支柱性产业，以解决人口减少和工业生产浪费问题，并提出机器人发展三大目标，即世界机器人创新基地、世界第一的机器人应用国家、迈向世界领先的机器人新时代，确保日本在机器人领域的世界领先地位。美国、法国、德国、英国及欧盟等也制定了机器人发展战略，在机器人研发创新方面给予政策和资金支持，鼓励和引导企业加大人机交互前沿技术及嵌入软件的开发。这些发展战略虽然在实施内容、具体举措上各有侧重，存在一定差异，但瞄准工业机器人产业发力，打造"熄灯生产线""黑灯工厂"，却是世界各国创新制造业发展模式、巩固制造业优势的普遍选择。

机器人集机械、电子、控制、计算机、传感器、人工智能等多学科先进技术于一体，是先进制造领域关键的智能装备之一。在工业生产中应用机器人不仅可以提高工业产品质量，而且能保障人身安全、改善劳动环境、减轻劳动强度、提高劳动生产率、节约原材料消耗、降低生产成本。机器人的智能化水平是判断机器人产业发展成熟度的核心指标，具有较高智能化水平的机器人可以实时感知内外部环境信息自主决策。2009年以来，中国工业机器人市场年均增长率超过了40％，到目前为止，其市场份额约占全球市场的1/5。中国机器人发展计划主要有两个步骤：第一步是2012～2020年，在装备制造领域基本普及数字化，助力中国制造业高质量转型升级；第二步是

2021～2030年，全面完成制造业数字化转型，在工业企业中普及智能制造模式。然而，需要强调的是，制造业本身也是机器人应用和升级换代的核心载体，机器人产业的发展离不开制造业的支撑，尤其是装备制造业。其中，汽车制造业是最大的机器人应用市场。目前，全世界用于汽车工业的工业机器人已占机器人总规模的37%，用于汽车零部件生产的工业机器人约占24%。[①] 机械、电子、化工、陶瓷、食品加工、生化制药等也是重要应用领域。

（三）制造业绿色化转型成为主要发展趋势

经济增长与生态环境之间日益加深的矛盾让绿色化战略成为当今发达国家谋求转型发展的不二之选。欧美的"绿色供应链""低碳革命"、日本的"零排放"等新产品设计及生产理念的兴起，使"绿色制造""增材制造""零排放制造"等获得了前所未有的发展，极大丰富了制造业绿色化的内涵和方式[②]。制造业绿色化是指制造业发展的节能化、低碳化和生态化。新一轮产业变革使得高能耗、低效率、低创新、低获利的发展模式难以持续，绿色制造成为不可阻挡的产业大势。从本质看，绿色制造是人类社会追求可持续发展的内在要求，要求企业采用先进的低碳制造技术，推行绿色设计、绿色生产、绿色包装、绿色回收和绿色处理等模式，达到节约资源、降低能耗、减少碳排放目的。制造业绿色化是新形势下推进制造业高质量发展的必然选择，具有全生命周期无污染、资源消耗低、产品可回收可循环等特征。

近年来，中国以重大绿色工程项目为牵引，以绿色产品、绿色工厂、绿色产业园区以及绿色供应链建设为纽带，带动绿色技术推广应用、产业链供应链协同转型。工业和信息化部公布的数据显示，截至2021年，中国共组织实施了300余项绿色制造重大工程项目，发布了184家绿色制造系统解决方案供应商，制定了500多项绿色制造标准，建设了2783家绿色工厂、223家绿色工业园区、296家绿色供应链企业，在促进制造业绿色低碳化转型方面发挥了引领作用。2022年8月，工业和信息化部、国家发展和改革委、生态环

---

① 沈平. 机器人产业与传统制造业互动发展研究 [M].北京：人民邮电出版社，2018.
② 余东华. 新工业革命时代全球制造业发展新趋势及对中国的影响 [J].天津社会科学，2019（2）：88－100.

境部联合印发《工业领域碳达峰实施方案》，提出要加快推进绿色制造转型，不断完善绿色制造体系，深入实施清洁生产，要将绿色理念落实到产品、工厂、企业、园区和供应链中去，要在机械、电子、食品、纺织、化工、家电等行业打造转型的典范。此外，党的二十大报告还专门作出了战略安排，提出要用好科技之力，稳妥推进碳达峰碳中和，要在逐步实现碳达峰与推动经济高质量发展和生态环境质量持续改善的有效衔接和统一上努力，走生态优化、绿色低碳的中国式现代化道路，为全球实现碳达峰碳中和目标作出中国贡献。

二、中国制造业面临的新挑战

改革开放以来，中国制造业得到了前所未有的快速增长，在国民经济中占据主导性地位。时至今日，从国际竞争力看，中国制造业与德国、日本、韩国和美国同在第一方阵，甚至在化学工业、食品加工制造、机械制造、汽车制造等部分领域一直遥遥领先。进入"互联网＋"时代，支撑中国制造业发展的内外部条件发生了明显变化，因此需要对中国制造业发展所面临的新问题、新挑战，进行全方位审视和考量。

（一）以互联网为核心的新一代信息技术在制造业领域的广泛应用，将改变生产成本结构，使得中国以低成本劳动力优势参与国际分工的传统加工贸易模式难以为继

国际视角下的产业迁移是以传统的国际贸易比较优势理论为基础的。迄今为止，人们普遍认同，在比较优势理论的影响下，全球制造业已经发生了四次产业大迁移。第一次大致是在 20 世纪初，工业革命先行者英国将部分"传统"制造业的"过剩产能"向美国转移；第二次是 20 世纪 50 年代，美国将钢铁、纺织等制造产业向战败的日本、德国转移；第三次是 20 世纪 60 ~ 70 年代，战后崛起的日本、德国将从美国、英国等发达工业国家承接而来的以及本国那些加工制造业转移到亚洲"四小龙"和部分拉美国家；第四次始于 20 世纪 80 年代，欧洲、美国、日本（简称欧美日）等发达和新兴工业国家在全球范围内配置制造资源，将制造业转移到生产要素成本更低的发展中国家。从这四次迁移的路径看，制造业大迁移是以比较优势为根本遵循，按照

产业梯度、产业势差来进行的,表现为从经济发达国家向发展中国家转移、从技术领先国家向技术落后国家转移、从劳动力成本高地区向成本低地区转移。这一方面满足了制造业转出地产业升级的需要,有利于高质量推进优势产业的发展,另一方面也能带动产业承接地的经济发展。在国际竞争中西方发达国家因掌握核心制造技术,扮演着世界先进制造业引领者角色;拉美、东南亚等国家和地区因拥有丰富原材料,成为制造业原材料和能源的供应基地;中国因拥有丰富的劳动力资源和超大规模市场,成为制造业加工生产和消费的集聚地。但随着中国人口结构的老龄化及劳动力成本的上升,中国在制造业领域难以继续保持低成本竞争优势。国家统计局公布的数据显示,改革开放40多年以来,中国65岁及65岁以上老年人占比逐年上升,1982年仅为4.9%,2000年为7.0%,2016年为10.8%,2017年升至11.4%,之后一直保持提高趋势;与之相反,16~59周岁的劳动年龄人口自2012年以来逐年递减,2017年降至9.02亿,比上年减少了548万。劳动适龄人口的大幅度下降使得劳动力供给短缺,带动了劳动力工资的普遍上涨。在对珠三角、长三角等制造业基地进行劳动力成本调查中了解到,近年来中国制造业企业人工成本的上升要明显快于原材料成本的上升,且中小制造企业的人工成本在总生产成本中达到了15%;30%~40%的受访企业明确表示,难以承受劳动力成本上升,打算将工厂迁移到劳动力成本相对较低的内陆城市或直接迁离中国内地。欧盟投入产出数据(WIOD)分析显示,2000~2017年中国制造业单位劳动力成本总体上呈现逐步增加趋势,行业平均工资水平已经超过了大多数东南亚、拉美、非洲等国家或地区,比如,截至2014年,中国劳动力平均月薪为685美元,而越南为212美元、菲律宾为216美元、泰国为408美元①。正因如此,东南亚国家正以更低的劳动力成本优势从中国"分流"劳动密集型制造业。

尤其是随着新一代互联网信息技术在制造业领域的广泛应用,支撑中国制造业发展的"人口红利"更将难以为继。在"互联网+"这个新时代,互联网作为一个重要的战略性人造资源,不仅影响了企业的生产经营模式,也

① 林珊,林发彬.中国制造业分行业单位劳动力成本的国际比较[J].东南学术,2018(6):92-99.

彻底改变了国际贸易中比较优势既有格局，将促使制造业发生新一轮大迁移，即第五次制造业全球大迁移。在这次"悄然发生"的产业迁移中，以互联网为核心的新一代信息技术降低了世界各国制造业的生产成本，使中国的一些制造加工业开始向智能制造技术发达的欧美日等发达国家"回流"。比如苹果公司、富士康等在美国设厂。波士顿咨询公司研究表明，零件、机器和人的互联互通将使制造业企业的生产率提升20％～30％，汽车制造企业生产率提高10％～20％，以德国为例，德国工业4.0的大范围推广，将使德国制造业总成本降低5％～8％，而自动化、智能化的物流为企业节省的成本最大，将达到50％。新一代智能装备将对劳动力需求量产生明显的替代效应，其中，运输工具、计算机和电子产品、电气设备和机械设备四个行业中85％的生产工作能被智能装备所替代。未来十年，这四个行业的机器人装机量将占据制造业整体机器人装机量的3/4，其中，运输工具行业占40％，计算机和电子产品占20％，电气设备和机械设备共占15％；到21世纪20年代末，制造业的机器人装机量将达到饱和。毫无疑问，这种趋势会让中国制造业的劳动力优势荡然无存。目前东部沿海地区的制造业企业积极谋求转型升级，对接"互联网＋"，在生产中大量使用工业机器人，涌现了"机器换人"热潮，但与国外发达工业国家相比，差距还是较大。比如，从工业机器人应用的数据看，截至2016年，韩国制造业中每万人中工业机器人保有量高达631台，新加坡为488台，德国为309台，日本为303台，美国为189台，而中国仅有68台。

（二）"互联网＋"时代高质量发展的诉求，倒逼中国制造业加速转型，突破低端锁定

制造业的高质量可从制造业的绿色发展和产品质量两方面来进行评价和衡量。"互联网＋"背景下无论是环境污染问题，还是产品质量问题，公众参与度更高，社会影响力更大，因此，当今中国制造业企业面临着巨大的舆论倒逼和市场竞争压力。

第一，制造业绿色发展方面，重点考察制造业污染物排放，突破增长方式"低端锁定"，解决既要金山银山，也要绿色青山的问题。有关企业环境污染方面的指标，大多数学者采用工业废水废气废渣等"三废"指标来进行综合考量，但随着工业化进程的进一步推进，中国近些年来出现了一个新的污

染源，即雾霾，受到社会各界广泛关注。已有研究表明，发展中国家的工业投资是雾霾污染形成的重要原因①。然而，现有关于雾霾污染的研究大多关注 SO_2、CO_2、CO、TSP、API 以及 PM10 等常规污染物，而对雾霾污染的罪魁祸首 PM2.5 的相关探讨则比较匮乏②。其主要原因在于雾霾污染的数据难以获得。有关中国雾霾污染的数据以 2014 年为分界点，主要分两个时间区段进行雾霾数据分析，一是 2000～2014 年，这段时间的数据转引自美国耶鲁大学环境法律与政策中心（YCELP）联合哥伦比亚大学国际地球科学信息网络中心（CIESIN）、世界经济论坛（WEF）发布的用于评价环境绩效指数而收集的 PM2.5 原始数据。耶鲁大学、哥伦比亚大学和巴特尔研究所等单位研究人员对全球 PM2.5 浓度进行了长期的卫星监测，并将监测得到的栅格数据转化为全球 PM2.5 浓度年均数值。这一数据在国内外相关研究中得到了广泛认可。从这个数据看，中国的雾霾污染在 55 个调查样本国家中最高，年均浓度达到了 45.13 微克/立方米，比排名第二的印度要多出 16.78 微克/立方米，而美国、日本、德国等工业化强国大气污染程度较低，分别为 14.33 微克/立方米、9.29 微克/立方米、12.25 微克/立方米。二是 2014 年之后中国公布的官方数据。雾霾数据国际比较上的"触目惊心"以及雾霾事件的频发，特别是 2013 年"十面霾伏"蔓延至 25 个省份、100 多个大中型城市，严重制约经济高质量发展，促使中国开始检测和统计 PM2.5 数据。从 2014 年开始，我国环保部门通过互联网实时发布全国主要工业城市的雾霾污染数据，国家统计局也对北京、天津、上海、广州、沈阳等在内的 113 个重点城市的 PM2.5 数据进行了统计和实时监测。2014～2017 年，中国重点城市 PM2.5 年度平均浓度逐步下降，从 2014 年的 66.93 微克/立方米，下降到 2017 年的 48.58 微克/立方米，4 年之间的平均浓度为 55.29 微克/立方米，但仍高于 PM2.5 年平均浓度为 35 微克/立方米的国家标准。如表 3 - 4 所示，京津唐、长三角、珠三角、辽中南四大传统工业基地中就有 3 个严重超标。其中，以钢铁、机械、化工、电子、纺织等为主的京津唐工业基地的雾霾污染情况最为严重，PM2.5

---

① 张磊，韩雷，叶金珍. 外商直接投资与雾霾污染：一个跨国经验研究 [J]. 经济评论，2018（6）：69 - 85.

② 陈诗一，陈登科. 雾霾污染、政府治理与经济高质量发展 [J]. 经济研究，2018（2）：20 - 34.

平均超标率为 116.19%；以钢铁、机械、石油化工等重工业为主的辽中南工业基地次之，平均超标率达到了 54.29%；轻重工业都比较发达的长三角工业基地，PM2.5 平均浓度超标率也达到了 48.21%；以服装、电子、玩具、食品等轻工业为主，以及近年来转型速度较快的珠三角工业基地 PM2.5 基本达标。

表 3 - 4   2014～2017 年中国四大工业基地主要城市雾霾污染情况

工业基地	主要城市	细颗粒物（PM2.5）平均浓度（μg/m³）	超标率（%）	平均超标率（%）
京津唐工业基地	北京	74.50	112.86	116.19
	天津	71.00	102.86	
	唐山	81.50	132.86	
长三角工业基地	常州	56.75	62.14	48.21
	杭州	54.00	54.29	
	南京	54.75	56.43	
	南通	51.25	46.43	
	宁波	41.50	18.57	
	上海	47.25	35.00	
	苏州	53.00	51.43	
	无锡	56.50	61.43	
珠三角工业基地	广州	39.75	13.57	- 5.00
	深圳	29.75	- 15.00	
	珠海	30.25	- 13.57	
辽中南工业基地	鞍山	63.00	80.00	54.29
	本溪	50.50	44.29	
	大连	43.50	24.29	
	抚顺	50.50	44.29	
	沈阳	62.50	78.57	

注：PM2.5 标准为年平均浓度限 35 微克/立方米；本表根据《中国统计年鉴》的相关数据计算而得。

第二，产品质量方面，考察工业产品质量是否达标，能否满足人们日益增长的质量需求。主要表现在：一是高品质商品的供给难以满足"互联网＋"背景下消费顺势升级的需求。联合国粮食及农业组织曾根据恩格尔系数这个指标的高低，对世界各国人民生活水平进行阶段划分，即一个国家的平均家庭恩格尔系数如果大于60%，则为贫穷；50%～60%为温饱；40%～50%为小康；30%～40%为相对富裕；20%～30%为富足；20%以下为极其富裕。根据国家统计局的数据，2017年全国居民人均可支配收入达到了25974元即4100美元，恩格尔系数为29.3%，已达到了联合国的富足标准。随着人们收入水平的提高，中国城乡居民的消费需求正由生存型需求向发展型和享受型需求全面升级，价格不再是最重要的考虑因素，消费者更加关注商品质量。但国内产品质量供给水平捉襟见肘，无法满足"互联网＋"时代消费者对高品质商品井喷式增长的需求。国家统计局和国家质量监督检验检疫总局公布的有关制造工业产品质量抽查数据显示，2008年以来，国家监督抽查的制造业产品批次不合格率虽从15.51%下降到2017年的8.5%，省级监督检查不合格率也从13.09%下降到2016年的6.28%，但2017年全国制造业产品质量优等品率只有57.10%。尤为重要的是，不同类产品的质量不合格率差距较大。其中，食品制造工业产品质量相对较高，不合格率指标较低，从2008年的12.73%降至2017年的3.4%，2008～2017年的不合格率均值为5.06%；农业生产资料的不合格率指标次之，从2008年的15.15%下降到2017年的5.20%，均值为9.64%；建筑与装修材料不合格率指标排第三。其中，产品质量问题最为严重、产品不合格率批次较多的主要还是工业生产资料，尤其是日用工业消费品。相关统计数据表明，2008年工业生产资料产品质量不合格率为19.26%，到2017年降至9.65%，下降了近10个百分点，但2008～2017年不合格率的均值仍然高达13.94%；2008年日用消费品的不合格率也达到了18.24%，到2017年仍然居高不下，为14.4%，与2008年相比变动不大（见表3－5）。正因如此，国内高品质商品的供需矛盾近年来表现得尤为突出，极大地推动了海淘市场的发展。比如，被疯抢的"日本马桶盖"就是典型例子。二是互联网使产品质量更加透明。"互联网＋"时代，用户参与设计、制造的程度不断提高，了解商品信息的渠道更多，也更便捷。目前，网购已经成为当前人们的主要消费模式。淘宝、天猫、京东等互联网电子商务平台不仅有助于企业推广、销售商品，同时也有利于消费者获取、比较产品质量信息。相对于传统的商业模式，这种线上消费使得用户的选择度、自由度更大，而且大众点评机制也能倒逼制造业企业提高产品质量。

表 3 –5 产品质量抽查情况 （2008～2017 年）

单位：%

产品类别 年份	国家抽查产品不合格率	食品不合格率	日用消费品不合格率	建筑与装饰装修材料不合格率	农业生产资料不合格率	工业生产资料不合格率	省级监督抽查不合格率
2008	15.51	12.73	18.24	14.12	15.15	19.26	13.09
2009	12.16	8.74	12.28	15.43	13.01	15.71	12.38
2010	12.40	5.42	14.50	14.27	9.86	18.01	11.64
2011	12.50	4.89	13.54	11.95	12.79	19.05	8.30
2012	10.18	4.64	10.71	13.35	9.32	11.92	7.34
2013	11.13	3.64	12.85	10.28	8.77	13.65	8.00
2014	7.73	1.52	12.75	7.59	8.85	9.32	8.08
2015	8.94	3.20	13.01	7.81	6.52	11.93	7.25
2016	8.46	2.43	9.29	7.49	6.91	10.85	6.28
2017	8.50	3.40	14.4	7.80	5.20	9.65	—
均值	10.75	5.06	13.16	11.01	9.64	13.94	9.15

数据来源：根据国家统计局和国家质量监督检验检疫总局数据计算所得。

第四节　中国制造业高质量发展——基于"新型化"分析视角

"互联网＋制造业"等于制造业"新型化"，即"互联网＋"背景下制造业转型升级和创新发展的方向就是要与互联网融合，这是新时代制造业的新型化升级过程。

一、制造业"新型化"的历史分期

理论是实践的先导。中国制造业的转型升级是伴随着制造业"新型化"

理论的认识深化而不断发展的过程。党的十六大报告中首次提出"走新型工业化道路"，由此开启了中国制造业转型升级之路。中国制造业的"新型化"是在实践演化中不断发展的，经历了不同历史时期，阶段性特征明显，在不同发展阶段，转型升级的内涵和重点会有所不同，与之相应的技术经济范式也有差异。从期刊发表文献看，以篇名"新型工业化"在中国知网（CNKI）进行精确检索，来源类别选择全部期刊，时间范围选择 1980 ~ 2018 年，共检索到了 4465 篇文献，其中，2002 年是研究的起点，当年共检索到了 42 篇文献，之后逐年增加，到 2007 年达到最高点，当年文献量 317 篇；之后逐步递减，2015 年是拐点，下降幅度大，较上年下降了 50%。"新型工业化"的研究从热到冷，主要原因在于对新型工业化认识的不断深化以及"两化融合"理念的提出。以篇名"两化融合"在中国知网进行精确检索，来源类别选择全部期刊，时间为 1980 ~ 2018 年，共检索到 1195 篇文献，其中，2008 年是研究起点，只有 46 篇文献，正好对应"新型工业化"研究的转折拐点，之后相关研究逐步增加，到 2015 年则达到最高峰值（144 篇）。随着"互联网 +"战略提出，与"两化融合"相关的文献逐步递减。以篇名"互联网 +"并含"制造业"进行检索，检索到 206 篇文献，其中，研究起始点是 2015 年，当年的研究文献 50 篇，之后逐年增加。根据相关文献的梳理以及关键词的挖掘，中国制造业的"新型化"演化过程可以分为"新型工业化""两化融合""互联网 + 制造业"三个阶段。

第一阶段是新型工业化时期。党的十六大报告指出，坚持以信息化带动工业化，以工业化促进信息化，走出一条科技含量高、经济效益好、资源消耗低、环境污染少、人力资源优势得到充分发挥的新型工业化道路。在这一时期，新型制造业或新型工业化就是依靠科技创新减少环境污染、降低能源消耗、提高经济效益，就是以人为本、科技创新、环境友好和面向未来为典型特征的制造业（李廉水和周勇，2005）①。发展新型工业化就是要以科技创新为动力，以人的发展作为出发点，注重劳动者素质和能力的提高，强调生

---

① 李廉水，周勇. 中国制造业"新型化"状况的实证分析——基于我国 30 个地区制造业评价研究 [J]. 管理世界，2005（6）：76 - 81.

产与生态的平衡，发展与环境的和谐，坚持高效益、高技术、高效率、低排放、广就业的价值取向，是资源节约型、环境友好型、面向未来的可持续发展道路。基于此认识，中国制造业的新型化包括经济创造能力、科技竞争能力和环境资源保护能力维度。其中，经济创造能力是发展基础，科技竞争能力是核心，环境资源保护能力是关键。唐德才等（2007）还根据新型工业化的实践，将环境资源保护能力分解成能源和环境指标，并从经济、能源、环境和科技角度阐述了新型工业化的四维内涵①。但随着实践和研究的深入，新型工业化的理论认识有了进一步拓展，在三维、四维基础上，扩展到五维，增加了制造业社会服务能力，即经济创造能力、科技创新能力、能源节约能力、环境保护能力和社会服务能力（李廉水等，2015）②。这为中国制造业的高质量发展提供了理论先导和指引，也为如何做大中国制造业提供了强有力的抓手。

第二阶段是"两化融合"时期。在这一阶段，党的十七大报告为中国制造业的转型升级指明了新方位，提出了"两化融合"指导思想，即通过推进信息化与工业化融合，促使中国工业由大变强。为了更好推进"两化融合"工作，还特此组建了中华人民共和国工业和信息化部。这一时期，中共中央相关的政策文件中，工业化与信息化深度融合成为高频词汇。因此，制造业"新型化"的本质内涵和实施路径就是"两化融合"（童有好，2008）③，标志着制造业转型升级路径研究开始发生第一次转向，从"新型工业化"转向"两化融合"，其中，"两化融合"的概念和相应评价指标体系成为研究的焦点。工业化与信息化融合过程的实质是工业化与信息化两者之间相互影响、相互作用的叠加演化过程（谢康和肖静华等，2012）④。通过梳理已有文献可以发现，有关"两化融合"的理解存在两种代表性观点：一种观点认为，"两

---

① 唐德才，李廉水，杜凯. 基于资源约束的中国制造业 ASD 评价［J］. 管理工程学报，2007（4）：125 - 131.

② 李廉水，程中华，刘军. 中国制造业"新型化"及其评价研究［M］. 中国工业经济，2015（2）：63 - 75.

③ 童有好. 信息化与工业化融合的内涵、层次和方向［J］. 信息技术与标准化，2008（7）：4 - 6.

④ 谢康，肖静华，周先波，等. 中国工业化与信息化融合质量：理论与实证［J］. 经济研究，2012（1）：4 - 16.

化融合"是工业与信息产业的融合，表现为信息技术广泛应用于制造领域，对传统的生产技术方式、产品品质、组织管理模式等进行改造，并形成新的技术密集型制造业。这种观点更多强调信息技术在制造业转型升级中的催化作用。另一种观点认为，"两化融合"的本质是工业化与信息化的相互促进、相互交融，是虚拟经济与实体经济、信息技术与工业技术的融合。通过这种融合，可以促进信息经济、知识经济以及智慧经济发展，能够产生大数据、云计算和物联网等新技术，推动工业技术创新。这种观点更加强调两者的交互作用。还有学者从"两化融合"的评价指标体系、政策建议等方面进行了深入研究。比如，龚炳铮（2010）从融合发展的广度、深度及融合的效益等方面构建了两化融合度综合评价指标体系①；王晰巍等（2010）构建两化融合系统模型，从动力、政策和支撑三个方面分析了两化融合的关键要素②；而张玉柯和张春玲（2013）从两化融合的基础设施、应用水平、人才建设、融合的效益等维度构建评价指标进行了综合评价，并提出了政策建议③。

第三阶段是"互联网＋"时期。 2015 年对制造业的发展是十分重要的一年。在这一年，"互联网＋"被写进了政府工作报告，上升到国家战略层面，随后还出台了系列重磅文件，引起了强烈反响。《国务院关于积极推进"互联网＋"行动的指导意见》（国发〔2015〕40 号）提到，"互联网＋"是把互联网的创新成果与经济社会各领域深入融合，推动技术进步、效率提升和组织变革，提升实体经济创新力和生产力，形成更广泛的以互联网为基础设施和创新要素的经济社会发展新形态；要实施"互联网＋"协同制造，提升制造业数字化、网络化、智能化水平，加强产业链之间的协作，发展基于互联网的协同制造新模式，促进传统制造业转型升级。2016 年 5 月 20 日，中共中央、国务院发布《国家创新驱动发展战略纲要》，要把数字化、网络化、智能化、绿色化作为制造业升级的技术基点。2017 年 11 月 27 日，国务院发布

---

① 龚炳铮. 信息化与工业化融合程度（融合指数）评价指标和方法［J］. 中国信息界，2010（11）：21－24.

② 王晰巍，靖继鹏，刘铎，等. 信息化与工业化融合的关键要素及实证研究［J］. 图书情报工作，2010（8）：68－80.

③ 张玉柯，张春玲. 信息化与工业化融合的综合评价研究［J］. 河北大学学报（哲学社会科学版），2013（4）：40－43.

《关于深化"互联网＋先进制造业"发展工业互联网的指导意见》，提出要加快发展工业互联网，推动互联网、大数据、人工智能和实体经济深度融合，发展先进制造业，支持传统产业转型升级。随后国家相关部委发布的《关于促进制造业产品和服务质量提升的实施意见》《关于推进"上云用数赋智"行动 培育新经济发展实施方案》《关于加快培育发展制造业优质企业的指导意见》《"十四五"信息化和工业化深度融合发展规划》等文件，对数字化、网络化、智能化等技术在制造业转型升级中的支撑作用及推进路线进行明确。这表明"互联网＋"是制造业高质量发展的新引擎，并由此赋予了"新型化"发展的新要求、新方位。

综上，可以从制造业"新型化"发展的不同阶段中凝练以下两条制造业"新型化"不断演变的规律：一是从新型工业化中的信息化带动工业化，到推进信息化与工业化融合的转变，再到"互联网＋制造业"，标志着中国制造业"新型化"的认识逐步深化。不同时期的"新型化"，具有不同内涵，但本质都是相同的，说的都是制造业如何高质量推进转型升级和创新发展的问题，都是如何通过制造业转型升级，实现制造业高质量发展和国际竞争能力提升的问题。二是制造业"新型化"发展路径从新型工业化、"两化融合"，再到"互联网＋"下制造业的数字化网络化智能化转型目标和具体的实施方案，说明中国在制造业转型道路的探索过程中，对制造业"新型化"的发展路径随着中国制造业内外部发展环境的变化而不断清晰，发展目标也不断明确，相应的重点行业和关键领域也在调整（见表3－6）。

表3－6　相关文件关于"新型工业化"的相关表述

文件名称	主要表述和标志性事件
《中国共产党第十六次全国代表大会报告》（2002年11月8日）	首次采用"新型工业化"概念。坚持以信息化带动工业化，以工业化促进信息化，走出一条科技含量高、经济效益好、资源消耗低、环境污染少、人力资源得到充分发挥的新路子
《中共中央关于制定国民经济和社会发展第十一个五年规划的建议》（2005年10月11日）	推进国民经济和社会信息化，走新型工业化道路，坚持节约发展、清洁发展、安全发展，实现可持续发展

文件名称	主要表述和标志性事件
《中国共产党第十七次全国代表大会报告》（2007年10月15日）	首次提出"两化融合"的概念。要坚持走中国特色新型工业化道路，大力推进信息化与工业化融合，促进工业由大到强
《国务院机构改革方案》（2008年3月15日）	新组建工业和信息化部
《中国共产党第十八次全国代表大会报告》（2012年11月8日）	坚持走中国特色新型工业化道路，推动信息化和工业化深度融合
《中国制造2025》（2015年5月8日）	以信息化与工业化深入融合为主线，推进智能制造、绿色制造，着力提升制造业层次和核心竞争力。首次提出促进制造业数字化网络化智能化的目标
《关于积极推进"互联网+"行动的指导意见》（2015年7月4日）	实施"互联网+"协同制造，首次提出要推动互联网与制造业深入融合，着力提升制造业数字化、网络化、智能化水平，加速制造业服务化转型
《国家创新驱动发展战略纲要》（2016年5月20日）	加快工业化和信息化深度融合，把数字化、网络化、智能化、绿色化作为提升产业竞争力的技术基点
《中国共产党第十九次全国代表大会报告》（2017年11月8日）	推动新型工业化、信息化、城镇化、农业现代化同步发展，加快建设制造强国，加快发展先进制造业，推动互联网、大数据、人工智能和实体经济深度融合
《关于深化"互联网+先进制造业"发展工业互联网的指导意见》（2017年11月27日）	建设和发展工业互联网，发展先进制造业，支持传统产业优化升级
《增强制造业核心竞争力三年行动计划（2018-2020年）》（2017年11月29日）	加快发展先进制造业，推动互联网、大数据、人工智能和实体经济深度融合，突破制造业重点领域关键技术实现产业化
《政府工作报告》（2018年3月5日）	首次把"发展工业互联网平台"写入政府工作报告
《关于促进制造业产品和服务质量提升的实施意见》（2019年9月6日）	强化数字化、网络化、智能化等技术对制造业的支撑作用
《关于推进"上云用数赋智"行动培育新经济发展实施方案》（2020年4月7日）	大力培育数字经济新形态，深入推进企业数字化转型，打造数据供应链，以数据流引领产业链上下游和跨行业融合的数字生态体系

续表

文件名称	主要表述和标志性事件
《关于加快培育发展制造业优质企业的指导意见》（2021年6月1日）	实施智能制造工程、制造业数字化转型行动和5G应用创新行动
《“十四五”信息化和工业化深度融合发展规划》（2021年11月30日）	制定制造业数字化转型行动计划；制定重点行业数字化转型路线图；涌现出一批数字化水平较高的产业集群，融合发展生态快速形成

资料来源：根据相关资料整理所得。

二、制造业“新型化”的新维度

“互联网＋”是新旧长波的交叉点，是带来新价值、引入新模式、实现增量创造的过程。当新的生产技术和新的组织范式兴起时，对于后起国家而言，一个暂时的创新窗口就打开了，而较早进入新技术系统是实现发展提速和经济赶超的决定性因素。在此背景下，中国制造业的“新型化”或高质量发展就是要将互联网作为一个工具，作为产业创新发展不可或缺的核心要素或战略性人造资源，作为一个内在驱动力量，实现制造业数字化、网络化、智能化和服务化发展的动态过程。

一是制造业的数字化维度。所谓的数字化维度包括设计、制造、管理、营销等不同阶段的数字化，贯穿企业生产经营全过程。在制造业企业数字化转型过程中，大数据因具有海量性、多样性、高速性和价值性，是支撑数字化转型升级的内在驱动力。企业充分利用大数据，对生产经营过程进行数字化再造，可以提高生产效率、提升产品质量、降低生产成本。数字化维度对应的制造模式是大规模个性化定制，即在“互联网＋”背景下，在大数据制造技术的支持下，根据消费者的个性需求，提供高质量产品和服务的一种生产方式。而生产组织形式小微化、模块化的生产和个性化定制云平台是制造业企业大规模个性化数字化定制的实现路径。

二是制造业的网络化维度。网络化维度是指以制造任务为中心，借助工业互联网平台，通过不同企业部门或不同企业间的不断协作和各种社会资源的共享与集成，发展协同研发、众创空间、众包设计、供应链协同等模式，以此实现多方用户、多个维度并联式交互，让供需双方零距离对接，降低资源获取成本，大幅延伸资源利用范围，形成制造全链条的网络化协同。其中，华为的《共建全联接世界白皮书》指出"互联网连接已成为新常态"，到2025年，全球将有1000亿终端连接，65亿互联网用户、80亿部智能手机，这说明更多制造业企业和用户将会产生连接。互联网连接已成为继土地、劳动力、资本之后又一新的生产要素。在"互联网＋"时代，制造业企业通过互联网连接平台，可以延伸制造资源的利用范围，打破地域限制，突破企业边界，强化制造业内部与其他产业间的融合。"＋"的本身就是一种跨界，就是变革、开放和融合。"互联网＋"背景下资源的开放共享度往往决定着一个行业或企业的命运，而合作共赢的要义就是实现从"公司时代"到"社会时代"、从"公司生产"到"社会生产"转变，就是在优势制造领域集中资源不断突破，在非优势制造领域选择与外部优势资源展开合作。

三是制造业的智能化维度。智能化维度是以互联网为核心的新一代信息技术为基础，以智能工厂的建设为载体，将智能制造设备广泛应用于制造活动各个环节，从而形成一种具有自感知、自决策、自执行等智慧功能的先进制造模式。其中，制造业新型化的智能化维度包括"制造的智能化"和"智能的制造化"两个发展阶段。"制造的智能化"就是随着互联网信息技术的发展继续沿着现有的智能制造路线不断深化；而"智能的制造化"就是通过人工智能技术，增强信息系统的认知和学习能力，实现工业制造"泛机器人化"。然而，无论是"制造的智能化"，还是"智能的制造化"，绿色制造都是应有之义。绿色是可持续发展理念在制造领域的体现，是经济体寻求绿色发展和智能化转型的指标。从主要内容看，生产制造范式上要打造绿色智能制造体系，提高资源利用效率，注重节能降耗，突破资源约束瓶颈，实现清洁生产；要为消费者提供高质量环保产品，实现绿色消费。

四是制造业的服务化维度。服务化维度是"互联网＋"背景下制造业价值创造机制的重塑，即由以生产制造为中心转变为以产品服务为中心，由过去的产品主导逻辑逐步演变为服务主导逻辑，由提供"产品价值"转变成提供"产品价值＋服务价值"及"产品价值→服务价值"。发达工业国家的产业结构，存在"两个70％"的现象，即服务业产值在GDP中所占比重达到70％；制造服务业在整个服务业中所占比重达到70％。如今的"互联网＋"

背景下，这种趋势更是如此。服务化维度包括投入和产出服务化；具体的服务化转型升级措施众多，比如利用互联网开展远程运维、远程监控等在线服务；在推广应用互联网中，衍生信息服务、系统集成等服务企业，为制造业企业提供研发设计、生产制造、经营管理、市场营销等服务。

　　总体而言，数字化、网络化、智能化和服务化这四方面的内容虽然有所差异，但具有内在一致性，都是制造业"新型化"发展的不同方向。其中，数字化的核心是数字大脑，网络化是万物互联，智能化是人工智能，服务化是价值链的重塑。在此，需要一提的是，制造业的数字化、网络化、智能化及服务化这"四化"之间不是一种串联的关系，而是一种并联对等的关系，不是绝对分离的，而是紧密相连、相辅相成的，更不是制造业转型升级从低水平到高水平发展的不同阶段，而是制造业高质量推进的不同方向（见图 3－3），这几个方向既相互独立也有交叉之处。

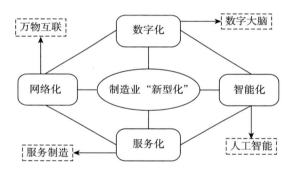

图 3－3　"互联网＋"背景下制造业"新型化"全景

第五节　本章小结

　　综上，可以得出以下结论：一是从全球视角对互联网经济和制造业变革的趋势进行分析，发现互联网已成为产业转型升级的重要推力，智能制造、机器人产业和绿色制造是全球制造业变革的新方位。二是改革开放以来，尽管中国互联网普及率不断提高，用户规模持续增加，互联网经济快速增长，但与发达工业国家相比，企业互联网转型仍然滞后；中国制造业"快而不优"

"大而不强"的问题仍很突出，特别是随着移动互联网、云计算、大数据、人工智能等新一代信息技术的创新发展及深入应用，以低成本劳动力优势参与国际分工的传统加工贸易模式难以为继，"人口红利"逐步消减，产品质量陷入低端锁定境地，满足不了"互联网＋"时代消费结构转型升级的内在要求，亟待"破旧立新"。三是中国一直在探索"新型化"的路子，先后历经新型工业化、"两化融合""互联网＋"等发展阶段。作为新的战略性资源，互联网已是当前中国制造业高质量发展的内生力量。

第四章 "互联网+"与制造业高质量发展：双轮驱动

第一节 引言

"互联网+"战略的纵深推进，促进了消费互联网、工业互联网的发展，为中国制造业高质量增长提供了巨大契机。近年来的文献多从供给侧或需求侧单侧视角分析"互联网+"对制造业的影响。其中，基于供给侧的视角研究"互联网+"对制造业升级的影响，表现为通过优化组织结构、提高要素质量等途径来提升企业和产业的生产效率，进而实现制造业转型升级。比如，李海舰等（2014）在讨论互联网思维含义的基础上，认为传统企业需要组织再造，打造智慧型组织①。赵振（2015）认为，"互联网+"的实质是实体经济与互联网虚拟经济相融合的"跨界经营"，并对"互联网+"影响传统产业"创造性破坏"的内在机理进行了探讨②。王可和李连燕（2018）、石喜爱等（2018）构建理论分析模型，从供应链角度对"互联网+"影响制造业创新发展的机制进行了深入研究，认为"互联网+"有利于实现信息共享，对中国制造业绩效表现的提升和全球价值链攀升能够起到正向影响③④。黄群慧

---

① 李海舰，田跃新，李文杰. 互联网思维与传统企业再造 [J].中国工业经济，2014（10）：135 – 146.
② 赵振."互联网+"跨界经营：创造性破坏视角 [J].中国工业经济，2015（10）：146 – 160.
③ 王可，李连燕."互联网+"对中国制造业发展影响的实证研究 [J].数量经济技术经济，2018（6）：3 – 20.
④ 石喜爱，李廉水，程中华，等."互联网+"对中国制造业价值链攀升的影响分析 [J].科学学研究，2018（8）：1384 – 1394.

等（2019）揭示了互联网发展提升制造业全要素生产效率的内在机理[①]。张劲松和阮丹阳（2021）主要从制造业研发设计、生产制造、管理营销和产品服务等价值链各环节入手，对互联网、大数据、人工智能等信息技术如何融入制造业，进而驱使制造业创新发展的推进路径进行了阐释[②]。从需求侧视角来研究"互联网＋"对制造业转型升级影响方面的文献也不少，如 Brynjolfsson 和 Hitt（2000）等研究指出，互联网引发了商品交换方式的变化，拓展了商品交换的空间和地域，降低了单位交易费用，提升了商品交易效率[③]，能够显著增加商品销售量；杜丹青（2017）对互联网推动城乡居民消费升级的作用机理进行研究[④]；刘湖和张家平（2016）认为，互联网能够对城乡居民的消费结构产生正向影响，有利于消费结构升级[⑤]；曾世宏等（2019）研究了互联网促进公共服务消费升级的作用机制与传导路径，分析了互联网影响公共服务消费的异质效应、拥堵效应、门槛效应，认为"互联网＋"可以培育和发展消费新热点和消费模式，带来消费结构改变，推动消费升级[⑥]；严北战和周懿（2020）认为"互联网＋"能促使企业连接消费者，提升消费体验，激发商业模式创新，并实证分析发现"互联网＋"需求侧对制造业升级的影响较大，且对不同类别制造业的驱动作用具有异质性，其中对消费品制造业升级的驱动效果最为显著[⑦]。

从以上文献梳理可以看出：第一，随着"互联网＋"上升为国家战略，"互联网＋"影响制造业转型升级和高质量发展的相关研究较为丰富，但进一

① 黄群慧，余泳泽，张松林. 互联网发展与制造业生产率提升：内在机制与中国经验［J］. 中国工业经济，2019（8）：5－23.

② 张劲松，阮丹阳. "互联网＋"背景下湖北制造业创新驱动及实施路径［J］. 中南民族大学学报（人文社会科学版），2021（7）：141－149.

③ Brynjolfsson E，Hitt L M. Beyond Computation：Information Technology，Organizational Transformation and Business Performance［J］. Journal of Economic Perspectives，2000（4）：23－48.

④ 杜丹清. 互联网助推消费升级的动力机制研究［J］. 经济学家，2017（3）：48－54.

⑤ 刘湖，张家平. 互联网对农村居民消费结构的影响与区域差异［J］. 财经科学，2016（4）：80－88.

⑥ 曾世宏，高亚林，邹凭佑. 互联网普及促进公共服务消费升级的机理路径及其多重效应［J］. 产业经济评论，2019（7）：88－108.

⑦ 严北战，周懿. "互联网＋"对制造业升级的影响——基于供给侧、需求侧双向驱动的分析［J］. 科技管理研究，2020（22）：124－130.

步分析发现，这些研究比较零散、不系统，有待深入，尤其是大多数研究是从"互联网＋"供给侧或"互联网＋"需求侧单侧进行的研究。第二，无论是"互联网＋"供给侧还是"互联网＋"需求侧，都是研究"互联网＋"影响制造业高质量发展的重要维度，倘若研究其中一侧无疑不全面。当然，也有少部分文献分别从两侧进行了研究。第三，现有的研究多是静态分析，缺乏两侧协同视角的动态分析。事实上，供给与需求关系是市场经济中的一对基本关系，既对立又统一，二者相互依存、互为条件，都是管理和调控宏观经济的手段。因此，"互联网＋"驱动制造业转型升级，进而实现高质量发展，需从供给和需求两侧同时发力。基于此，本部分将构建理论分析框架，从"互联网＋"供给侧和需求侧协同演化视角，对"互联网＋"创新驱动制造业高质量发展的深层次机理进行深入研究。

第二节 "互联网＋"供给侧与制造业高质量发展

供给侧理论最早可以追溯至萨伊定律，即"生产或供给会自动创造它的需求"。该定律主要有两大思想要点：一是强调生产或供给在市场经济活动中的决定性作用，认为生产不仅能为他人提供消费对象，而且也可以为生产者自己提供购买他人产品的支付手段；没有生产就不可能有消费，没有供给就没有需求。二是通常情况下，供求是平衡的，因为产品有卖就有买，而买一种产品的支付手段正是这个买者出售另一种产品所获得的收入。正如萨伊所说："在一切社会，生产者越众多，产品就越多样化，产品便销得越快、越多和越广泛，而生产者所得的利润也越大。"① 自此之后，供给学说成为经济学的重要分支，并在 20 世纪 70 年代末 80 年代初发展为以美国经济学家阿瑟·拉弗等为代表的美国供给学派。该学派主张从供给视角出发提出稳定经济的政策，认为一个国家的经济增长和产业发展，根本是要靠政策、技术、生产等供给侧来推动；一次次的科技和产业革命，带来一次次生产力的提升，并不断创造新的供给能力；社会化大生产最为突出的特点，就是供给侧一

① 萨伊. 政治经济学概论［M］. 陈福生，陈振骅，译. 北京：商务印书馆，1982.

且实现了原始创新，市场就会以波澜壮阔的交易快速响应。因此，"互联网 +"是供给侧的核心机制之一。其影响供给侧并促使制造业高质量发展，是以生产活动为"互联网 +"应用场景，表现为微观层面的企业、中观层面的产业链、宏观层面的产业集群，并通过"互联网 +"的柔性效应、倍增效应、平台效应和聚合效应等，形成"互联网 +"供给侧的螺旋驱动机制，如图 4 - 1 所示。

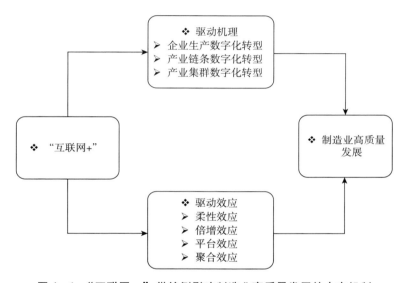

图 4 - 1 "互联网 +"供给侧影响制业高质量发展的内在机制

一、"互联网 +"供给侧的内在作用机理

"互联网 +"从供给侧影响制造业高质量发展，主要体现在企业、产业链、产业集群等层面：一是互联网与企业的生产、交易、物流、仓储、融资等各个生产经营环节相融合，推动企业数字化转型，本质是引入"互联网 +"，促进产品创新、工艺创新、技术创新和生产流程创新，实现生产函数的"跃迁"和生产效率的大幅提升。二是数字平台在产业链层面的应用，本质是基于数字平台，将产业链上不同经济主体链接起来，构建产业成长共同体，并通过协同生产、众包、众创等方式，以点带面，推进整个产业链条数字化转型。三是数字化转型企业和产业链在某一区域内聚集，本质是通过数字赋能增权，

提升制造业与互联网融合占比，优化产业结构，构建数字化产业集群。可以说，"互联网＋"供给侧改进方向的重点在于提升供给效率和服务质量，在于综合运用数字和智能技术，促使制造业向以技术、信息、知识等非物质化生产要素为内驱力的智能制造、数字制造转变。

（一）企业生产数字化转型

数字化是一种技术，更是一种思维模式，赋予了制造业企业效率提升的新动力源泉。简而言之，企业数字化转型是大数据、云计算、人工智能、工业互联网等多种数字化技术的创新突破，对制造业的设计研发、生产制造、仓储物流、销售服务等进行全流程、全链条、全要素塑造的价值创造过程。第一，生产环节的数字化转型，有利于提升供给质量、降本增效。比如，虚拟仿真、人工智能等数字化技术的应用能降低研发成本、提高新品研发效率，加速新设想、新专利的商业转化，缩短新品上市周期；依托物联网、大数据等数字化技术，通过数字化生产线、数字化生产车间、智能工厂的建设，促进设备、生产线、车间、工厂等生产单位的无缝对接、智能管控，最大限度优化生产流程，并为生产计划的弹性安排、要素资源的合理配置提供强有力支持；在厂房、车床、设备、流水线等安装摄像头、数据传感器，装备智能机器人，可将生产运行中各项参数实时转化为有用数据，提升质检效率和良品率；把企业内外部的人员、生产设备、存储系统融入信息物理系统中，可以实现业务流程的横向、纵向和端对端的数字化集成，促进企业由原先的锥形结构向扁平化转变，减少管理层级，提高沟通和决策效率。第二，流通环节的数字化转型，有利于构建更便捷、环节更少的消费渠道，促进供需对接。比如，在线销售渠道可以减少产品的中间流通环节，让企业与消费者面对面，促进产销信息和数据流动，降低产品流通成本；数字技术可以帮助企业优化供应链，提高供应链效率；还能建立追溯机制，增强供应链的透明度和可靠性。第三，消费环节的数字化转型，有利于精准定位消费者需求，实现供需平衡。对用户搜索、购买、评论、使用等消费数据进行收集和分析，可开发适销对路产品；在机器人、物联网、人工智能等数字技术的推动下，企业的智能制造系统能以较低成本、更少时间为超大规模市场"私人定制"更具个性化的商品，开发在线监测、远程运维等方面的增值服务。第四，知识管理环节的数字化转型，有利于生产经验的累积创新。工人在生产中长期积累下来的经验、技能是极为宝贵的资源，对企业而言是财富，但这种方式积累的知识和技能难以在企业内部广泛传播。一方面，这种模式下的知识和技能传承多以"师傅带徒弟"的方式在小范围内传递。但传授过程是缓慢的、低效率的、隐秘的，同时师傅为了确保自己拥有知识的稀缺性，向徒弟传授的知识和技能可能有所保留。另一方面，工人依靠不断归纳和试错的方式总结工作经验，而在知识经验输出的过程中，由于缺乏系统性理论认知，常常难以将其完整描述出来，故累积的知识在传播扩散中容易耗损。而工业互联网能够将难以具象化的经验转化为直观的、易复制、可保存的知识，并可将其标准化为生产工艺、操作手册或技术路线图，加快新知识传播和扩散的速度。

（二）产业链条数字化转型

产业链是指各个产业部门基于一定的技术经济联系和产业分工网络而形成的包括上下游供需关联、技术关联和价值关联等在内的链条式关系和时空分布形态，涵盖原材料生产、技术研发、中间品制造、终端产品制造乃至流通和消费等产品生产或服务提供全过程，是产业组织、生产过程和价值实现的有机统一。"互联网＋"对制造业产业链数字化转型的影响，具体表现在空间链、组织链和价值链三个方面：第一，空间链的一体化。互联网能够把设备、生产线、工厂、供应商、产品和渠道商等要素连接起来，形成跨生产系统、跨厂区、跨地区、跨产业链层级的互联互通，突破地理限制对企业在不同国家和地区配置各类生产要素资源的影响，进而拓展产业链发展的空间。比如，在企业内部，大数据中心、工业云平台等建设和投入使用，能够强化部门之间的合作，实现生产流程的监控和预警、生产信息的跨部门共享、产品质量追溯的全面可视、生产数据的辅助决策分析，把握工作进度，完成对机器设备和人力资源的动态调控，促进协同制造的形成。在企业外部，工业互联网平台能够加强企业与供应商和渠道商的沟通，赋予企业走出供销锁定的能力，"按销定产、按产定购"，实现要素资源调配的整体优化和企业的智能化转型。第二，组织链的网络化。新一代数字技术与人工智能技术的发展，促进了技术融合，使得传统意义上的产业和企业边界日益模糊，企业研发、设计、制造、销售等环节的活动逐步突破边界，产业组织生态也由单企业主导向产业链主导转变。这种跨越边界及其融合发展的趋势开创了全新的竞争空间，企业不再属于某一特定行业，行业也不仅包含特定企业，传统的竞争思维被彻底打破，现有企业不仅面临来自同行的竞争，还面临其他行业的竞争。而企业之间的跨域合作及融合创新能促使众多企业在不同领域中交织互动，形成产业共同体，推动制造业全链条跨界升级。第三，价值链的高端化。价值创造具体是指研发、生产、管理和服务等环节的价值增值。根据微笑曲线理论，产业价值链一般呈"U"型分布，即"U"型微笑曲线的左右两端分别代表产业链中的研发创新和营销服务环节，其附加值一般较高；而"U"型微笑曲线的中间部分则是附加值相对较低的制造和装配环节。制造业与互联网融合，特别是新一代信息技术的集成式应用，让用户深度参与生产全过程，有助于企业对接用户需求，促使产品研发、市场调研、售后服务等活动更富实效；能够降低生产成本，抬升"微笑曲线"，让企业获取更高附加值，实现价值链转型升级。

（三）产业集群数字化转型

产业集群是通过推动同一类别或同一链条产业持续向某一区域集中，构成完整的纵向产业链和横向产业群，从而实现区域产业聚集和经济增长的主要模式和途径①。比如，美国硅谷的微电子产业集群、英国的剑桥工业园、德国的鲁尔工业区、印度的班加罗尔软件园等享誉世界的产业集群。"互联网 + 制造业"既改变了交易场所、拓展了交易时间、加快了交易速度、减少了中间环节，也使得产业集群的形态有了显著变化。"互联网 + 产业集群"带来的外部性正在逐步替代地理集聚的外部性。根据产业集群数字化转型的主驱力不同，可以将数字化的制造业产业集群分为以下三类：第一，基于大型电子商务在线平台而形成的"互联网 + 产业集群"。这类模式是以阿里巴巴、京东等大型电子商务平台为载体，以线下制造业集群为依托，汇聚厂商、渠道商、电商买家、消费者、政府、第三方服务商等构建起来的在线生态系统，是制

---

① 张卫华，梁运文. 全球价值链视角下"互联网 + 产业集群"升级的模式与路径 [J]. 学术论坛，2017（3）：117 – 124.

造业集群线下模式在线上的映射和延伸。近年来，这类产业集群发展很快，不仅为制造业集群的数字化转型提供了平台和载体，而且为集群中的企业互联网化、内外贸销售渠道的拓展作出了巨大贡献，并加快了产业集群数字化转型进程。比如，浙江义乌小商品和织里童装在线产业集群、湖南株洲汽车零部件产业集群等。第二，基于电子商务园区而形成的"互联网+产业集群"。一类是政府主导的电子商务产业园，即政府将电商企业、上下游相关联的配套企业、公共服务平台等集聚在特定产业园内，并为其提供电商服务的产业集群。这种以电子商务园区为基础构建起来的制造业集群，能对周边区域产生明显的辐射效应，带动现代物流体系的发展，加速配套衍生服务业的集聚。另一类是以传统"一县一品""一乡一品"或"一镇一品""一村一品"的特色产业集群为基础，以电子商务平台、物流体系、第三方服务等为载体自组织形成的电子商务新型产业集群，比如近年来在全国各地兴起的淘宝镇和淘宝村。第三，基于龙头企业而形成的"互联网+产业集群"。这类模式是某一个制造业中的龙头企业依托信息技术，通过内部供应链的纵向集成、产业链的横向集成和价值链上的端对端集成，构建的以企业数字化、网络化、智能化协同转型为特点的新型产业集群。中小微企业或上下游关联企业以及提供商务营销、物流运输的第三方服务商在其周围汇聚，从而形成地理空间上的"互联网+产业集群"。比如，围绕红领集团大规模个性化定制模式而形成的"互联网+服装制造业集群"；围绕海尔互联工厂而形成的"互联网+家电制造业产业集群"；围绕天辰云农场"互联网+农资产品+综合服务"模式而形成的"互联网+农产品加工产业集群"；围绕三一重工远程打造的数据采集与监控物联网平台而形成的产业集群；等等。

二、"互联网+"供给侧的多元驱动效应

"互联网+"从供给侧推进制造业转型升级及高质量发展，主要是通过"互联网+"的柔性效应、倍增效应、平台效应和聚合效应这四大效应来发挥具体的驱动作用。

（一）"互联网+"的柔性效应

"互联网+"的柔性效应主要体现在制造系统的柔性上。柔性制造系统是把生产管理信息化、物流运输自动化、数据处理智能化等融为一体的加工系统。迄今为止，国际上以柔性制造系统生产的机加工产品已经占全部机加工产品的75%以上。柔性制造作为智能制造的核心内容，体现在以下三个方面：一是生产过程的自动化。"互联网＋"的柔性效应是指企业利用工业云平台，推进信息共享、系统整合和业务协调，帮助企业及时了解产品库存、订单的情况，定时定量采购，缩短生产周期；同时，有效整合资源，促进生产流程创新，满足大规模定制和用户个性化需求，实现以用户需求为主导的柔性化生产。目前，柔性制造系统也是定制化商业模式运行的基本条件。比如，海尔电器定制化系统就由数控机床、多功能加工中心及智能机器人等部分组成，只要改变控制软件，调整装配线，就能适应不同家用电器的加工要求。该套系统可以为全球消费者在家电的规格尺寸、外观材质、功能技术、售后服务等方面提供不同的配置选择，不仅可以满足其个性化需求，而且能提高劳动生产率，降低存库。二是组织形态的柔性化。互联网在企业中的广泛应用，能够减少企业管理层级，倒逼企业变革科层结构，推动部门重组和业务再造，架构开放、动态的组织体系。这一方面可以克服分工过细、沟通不畅、决策缓慢、适应差等不足，实施组织扁平化再造；另一方面可以调动员工积极性，提高创造力，增强竞争力。比如，美的集团基于"互联网＋"思维，按照"大平台、小组织、小团体、小单元、小业务、小分队"的做法，大力推进数字化改造，着力解决内部高度分权、部门离散化、部门业务数据系统孤岛化等问题，极大提高了企业组织运行效率。三是供应链的柔性化。比如，在新一代互联网信息技术的支撑下构建起来的数字化供应链协同管理平台，可以破除采购、研发、生产和市场等各个部门以及上下游企业间的信息隔阂，优化采购流程，协同去除供应链中的"中梗阻"，既可保证企业获得廉价优质的原材料，节约流通成本，又可提高市场响应速度。

（二）"互联网＋"的倍增效应

倍增效应体现在"互联网＋"的赋能赋智上，具体是数字化、智能化技术与企业生产、研发、营销和服务等各个环节融合形成的人机共融智能制造模式，赋能制造业生产、组织和服务方式变革，实现研发设计、生产制造、品牌塑造和服务能力等方面的倍增和升级。比如，基于工业互联网平台的工艺、产品和功能升级。企业可以通过人工智能、物联网、大数据和云计算等互联网信息技术，改造生产线，优化生产流程，降低能耗和碳排放，推动生产效率升级；可以对接创新资源，拓展研发口径，促进产学研用融合，实现虚拟环境下产品协同设计和仿真模拟，促使研发模式从封闭式向开放协同式转变；可以了解消费者的需求，加强品牌宣传，扩大品牌影响力。除此之外，还可以利用移动互联网与大数据分析技术开展远程诊断、在线运维、质量溯源和产品全生命周期管理等增值服务，让商品直达顾客，重构产品增值的商业逻辑和价值链，推进生产经营模式生产端向服务端拓展。例如，广州尚品宅配家居股份有限公司通过线上和线下相结合的营销和服务模式，延长、拓展和挖潜价值链，并根据消费者的喜好，为其定制不同颜色、风格的板材家具，进而实现价值倍增。正是依靠快速的响应能力、敏捷的产品设计、智能化的生产技术，企业的日生产能力提高了 6 倍以上，材料利用率从 70% 提高到 90% 以上，出错率也从 30% 下降到 10% 左右，交货周期从以前的 30 天缩短为 7 天。中联重科采用云谷工业互联网平台的 ZValley OS 工业大数据分析服务后，服务成本下降了 30%、零部件周转率上升了 20%、设备管理效率提升了 30%、安全事故率下降了 20%、设备有效工作时长提升了 20%。徐工集团研发的工程机械全球物联网系统，能够实时监测车辆运行状况，并及时提供车辆定位跟踪、远程故障诊断以及售后设备管理等方面的增值服务。

（三）"互联网＋"的平台效应

在数字经济时代，平台是在线交易的重要载体。"互联网＋"平台有助于拓宽销售渠道，靶向目标群体，激发技术、管理、数据等要素的潜能，提高全要素生产率，促进产业转型升级。具体表现在：一是互联网能够丰富商品信息的展现方式，实现商品交易在线化和透明化；同时，也有助于商品流通的"点对点""端对端"，可以减少中间环节，简化销售流程，拓展交易渠道，降低交易成本。比如，微信、网络电台、视频直播等新兴自媒体营销的创新发展，一方面大大降低了营销门槛，另一方面通过粉丝发酵效应，达到了流量传播及提高品牌忠诚度的效果。同时，也为消费者提供了一个在线及时反馈的平台。二是互联网可以消除知识、技术、业态传递的障碍，加快技术扩散，促进业态创新。实践表明，数字化技术与特定行业的需求相结合，催生平台化设计、智能化制造、网络化协同、服务化延伸、数字化管理等新发展模式。比如，红领集团的酷特云蓝平台数据库成衣版型达 3000 多亿条，用户结合量体数据可以生成"一人一款、一人一版"订单，仅需 7 个工作日，设计成本减少了 90%，工厂效率提升了 30% 以上。面向钢铁行业，树根互联打造了集能源管控、铁运管理、安全管理等一体化的数字应用解决方案。对安全生产、产业链供应链绿色化的支撑服务能力不断增强，如海澜智云基于工业互联网平台而构建的能源消耗优化模型，使华昌化工厂区年节电 3000 万千瓦时，二氧化碳排放量减少 2.66 万吨。

（四）"互联网＋"的聚合效应

"互联网＋产业集群"弱化了产业空间集聚的正外部性，突破了产业集群的空间限制，拓展了集群范围，并推进了产业聚集从固定区域范围内的合作转向分散的网络虚拟协作；生产组织方式也由纵向、垂直综合式向横向、网络专业化方向发展，有助于知识信息在产业集群不同主体间共享，进而产生新思想、新知识和新技术的溢出效应，吸引更加优质的要素资源进入，促使创新在集群上下游产业链及关联产业集群之间的延伸。比如，广东揭东的日用塑料品产业集群，以行业龙头企业为引领，整合产业资源，打造"中央工厂"，建设区域一体化工业互联网平台，从而为集群企业提供数据管理、平台建设、生产运维、人员培训和政策推广等方面的全流程服务，以发挥"互联网＋"的聚合效应，协同推进产业集群数字化转型。此外，海尔的互联工厂也是世界上"互联网＋"聚合效应的一个极为典型的成功案例。互联工厂是以用户全流程的实时互联、用户和工厂的零距离为中心，在实现全球资源并联集聚、高效配置的基础上，形成的以共创共赢为目标的产业集群生态系统。截至目前，海尔在国内已经建成了 8 家互联工厂，包括沈阳的冰箱工厂、郑州和胶州的空调工厂、佛山的洗衣机工厂、青岛的热水器工厂、中央空调互联工厂和两家模具工厂，并在全球范围内进行互联工厂的复制推广。

第三节　"互联网＋"需求侧与制造业高质量发展

供给与需求是经济增长中相辅相成的两股力量，并由此形成相对应的供给侧和需求侧理论。综观世界经济发展史，经济政策是以供给侧为重点还是以需求侧为重点，要依据一国宏观经济形势作出抉择。放弃需求侧谈供给侧或放弃供给侧谈需求侧都是片面的，二者不是非此即彼、一去一存的替代关系，而是相互配合、协调推进的关系。与供给侧理论不同，需求侧认为经济增长的长期趋势并不取决于总供给的变化，更多取决于社会总需求的变化，与供给领域中要素投入变动相比，需求增速的变动对经济增长的制约更为突出。实施需求侧管理，要从提高有效消费需求出发，畅通和理顺生产、分配、流通、消费等诸环节，提高供需两端的适配性；要在不断调整需求结构的基础上，发挥好超大规模市场优势。"互联网＋"是实现需求侧创新，促进消费内容、方式和结构升级的关键手段，可通过消费偏好、消费模式和消费结构传导路径及"互联网＋"交易效应、黏合效应和反馈效应，驱使制造业转型及高质量发展，如图4－2所示。

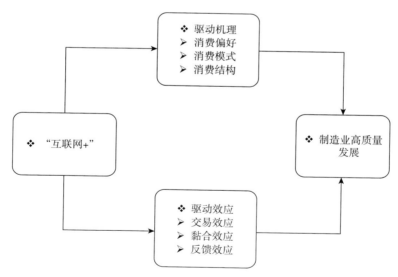

图4－2 "互联网＋"需求侧影响制造业高质量发展的内在机制

一、"互联网＋"需求侧的内在作用机理

需求是引致创新的核心要素，包括需求规模和需求质量两个方面。其中，需求质量比需求规模更重要，高质量的产品需求往往蕴含着丰富的市场信息，是企业创新的重要来源。互联网作为信息处理成本最低的数字基础设施，其开放、平等、交互、透明、普惠等特性放大了需求规模和需求质量引致创新的作用，将转化成巨大的社会生产力，成为产品质量提升和财富持续增长的持久动力。"互联网＋"在改变供给模式的同时，也在催生新的需求，会从需求侧迫使制造业企业建立以消费者为中心的设计、生产与服务运营模式，在产品创新中反映消费者的诉求和偏好，提供更为优质的产品和服务，进而满足消费者差异化、高质量的需求。此外，"互联网＋"需求侧还能释放需求潜力，提升消费质量，增加消费福利；也能降低创新创业门槛，创造更多"零工"就业机会。

（一）"互联网＋"消费偏好侧的内在作用机理

需求偏好的变化是制造业转型升级的微观动力机制，也构成了需求侧的演化。互联网的创新发展突破了人们对商品欲望视野的局限，使得人们的需求偏好具有满足的可能。如果一个人了解的商品信息有限，那么他对商品的需求数量必然会受到限制。[1] 正如，没有机会接触水源的人不会想要小艇，冰激凌在南极和北极不会流行，皮毛在赤道地区也是如此。如果人们的房子狭小昏暗，对家具也就没有太多的需求；在没有电力供应的地方，收音机、洗衣机、烤面包机这些电器都无法使用；如果没有道路，汽车就无法行驶；没有电脑和宽带网络，就不能网上冲浪、共享世界各类资源；没有手机与移动通信网络，就不能够即时通信消费，等等[2]。具体而言，"互联网＋"影响需求偏好进而推动制造业转型升级的机理，表现在以下方面：一是"互联网＋"突破消费边界。由于时空限制，传统意义上的消费在消费内容、时空上面临一些制约，而"互联网＋消费"则使其时空限制消失。[3] 跨境电商、海淘等就是典型案例。其以种类繁多、品质优良的跨境商品来满足不同国家或区域的消费需求，从而为全球消费市场的发展注入了强劲活力，也已经成为推动中国外贸转型升级、巩固外循环的重要着力点。比如，2015年至今，国务院

---

① 阿瑟．刘易斯．经济增长理论［M］.郭金兴等，译．北京：机械工业出版社，2015.

② 曼昆．经济学原理（第7版）［M］.梁小民，梁砾译．北京：北京大学出版社，2015.

③ 臧旭恒．转型时期消费需求升级与产业发展研究［M］.北京：经济科学出版社，2012.

先后批准设立了 132 个跨境电商综合试验区，遍布全国 30 个省（区、市）。商务部公布的数据也显示，2014 年，中国跨境电商交易规模达到了 4.2 万亿元，同比增长 33.3%；据海关总署专项统计，2017 年以来，中国跨境电商规模五年之内增长了近十倍，截至 2021 年，跨境电商进出口规模攀升至 1.98 万亿元，同比增长 15%，成为新的外贸增长极。二是"互联网+"引领个性化消费。如今的消费者不再喜欢"灌输式"消费，在产品和服务选择上更倾向张扬个性、遵循内心，更注重产品是否有个性、是否符合自己的喜好、是否能获得更好的情感体验和心理认同。

（二）"互联网+"消费模式侧的内在作用机理

互联网创新成果由外向内全方位、多领域"无孔不入"嵌入人们的生产生活，为人们提供了更加便捷且多样的消费选择；同时，在 5G 移动互联网、人工智能 ChatGPT、区块链分布式存储技术等新一代互联网信息技术赋能下，消费领域的新业态、新模式、新场景和新服务呈井喷增长之势，极大推进了消费提质扩容及企业的创新发展。具体而言，"互联网+"对消费模式的影响机理体现在以下方面：一是"互联网+"转变传统供销模式。在传统的供销模式中，消费者是产品的被动接受者，而分销商则是连接供需双方的中介，因此，在传统产品供销中经常形成"两头哭、中间笑"现象，大量"差价"被流通环节所攫取。而互联网则为消费者和商家提供了面对面的交易平台，能够促进生产与消费、供给与需求的适配。同时，生产者和消费者的角色也在发生转换，比如，如今消费者可以随时随地在线反馈，参与生产；而生产者面对激烈的市场竞争，也大多走出"酒香不怕巷子深"的营销舒适区，根据消费者对商品外形、性能、型号、参数等要求积极主动创新，提供高质量的商品。二是"互联网+"催生新型消费模式。近年来，5G 网络以及移动互联网技术的快速发展催生了网络直播、全民点评、消费分红、先体验后消费等新型消费模式。在这些模式中，消费者成为产品质量的代言人，商品信息将以互联网为中心聚散，产生裂变式传播效果，对购前、购中和购后等消费决策行为形成了巨大的影响。比如，新冠肺炎疫情期间，居民聚集性、流动性、接触式等线下消费模式急剧萎缩，而线上购物、线上办公、外卖订餐、即时配送等线上消费却逆势增长。

（三）"互联网＋"消费结构侧的内在作用机理

消费结构是在一定的技术条件下生存、发展和享受等方面的资料消费（包括劳务）的比例关系。"互联网＋"能够诱发消费结构变革，牵引制造业转型升级和高质量发展。一是"互联网＋"能够增加服务型消费占比。目前中国正在经历以数字经济为内驱力的消费结构"变革"，城乡居民消费开始从生存型转向发展享受型、从商品型转向服务型。互联网创新改善了消费环境，降低了商品搜寻成本，提高了服务效率，增加了城乡居民在餐饮服务、衣着加工服务、家庭服务、医疗服务、交通通信服务、教育文化娱乐服务、居住服务等生活性和生产性服务方面的支出，间接推进了企业服务化转型。这也意味着产品营销、售后咨询、市场分析等生产性服务要素的贡献和增加值在制造业企业总产值中的占比将有所增加。这种趋势有利于企业根据消费需求变动，明确技术改进和新产品研发的方向，捕捉市场"稍纵即逝"的市场机会，形成以市场为导向的研发和产品更新换代机制，进而赢得多元化的竞争优势；也有利于企业将非核心且不具有优势的诸如金融、运输、管理、信息技术等业务外包，集中资源专注优势领域。二是"互联网＋"能够促进品质消费升级。当今，中国城乡居民"吃饱、穿暖"等方面的生存需要已得到基本满足并趋于饱和，对商品品质及诸如旅游、文化等发展享受型商品的需求上升。数字经济时代消费结构的这种转换和发展走向要更为显著，需要增强企业满足市场需求的能力。三是"互联网＋"让绿色消费深入人心。有关资料显示，美国、德国、日本等发达工业国家的绿色工业产品占比高达60%，美国甚至超过了80%。而以新一代数字技术为基础的互联网平台则是消费者参与绿色消费、降低环境污染、提高碳生产率的重要渠道，在绿色消费增长及模式的形成中起到了关键作用。阿里研究院公布的《绿色消费大数据报告》显示，截至2019年8月，线上网络购物大概节约了3730亿个塑料袋，而完全降解这些塑料袋需要近100年；节约的碳排放量近793万吨，相当于节约用电116亿度。

二、"互联网＋"需求侧的多元驱动效应

"互联网＋"从需求侧驱动制造业转型升级和高质量发展的多元效应主要

集中在"互联网+"的交易效应、"互联网+"的黏合效应、"互联网+"的反馈效应三个方面。

（一）"互联网+"的交易效应

相比于一般性技术创新而言，互联网创新形成的"创造性破坏"影响更为深远，能够跨越创新扩散和知识、经验分享的时空局限，实现交易创新的"关键一跃"，提高商品交易效率。一是互联网降低了交易成本。互联网的创新发展为中国网络零售业的爆发式增长提供了强有力的技术支撑，同时也是推动消费扩容的重要力量。2021年中国网络购物用户规模达到了8.42亿，网上零售额为13.1万亿元，同比增长14.1%，其中，实物商品网上零售额占社会消费品零售总额比重达24.5%。截至2021年12月，中国网络支付用户规模达9.04亿；另外中国支付清算协会发布的《中国支付产业年报2022》显示，2021年中国银行机构处理网上支付业务超过1000亿笔，金额高达2354万亿元，分别是2012年的5.32倍和2.86倍。其中，移动支付业务量增速尤为显著，2021年国内银行处理的移动支付业务笔数和金额分别是2012年的282.67倍和228.13倍。此外，互联网贸易打破了传统跨国交易模式边界的限制，降低了国际市场进入成本，扩大了国内消费市场和本地市场效应。二是互联网降低了物流运输成本。基于互联网的电子商务1.0解决了市场信息不对称的问题，丰富了产品种类、展现场景和商业模式；电子商务2.0解决了支付信用的问题，降低了交易成本，创新了支付手段；而当前的电子商务则进入3.0时代，互联网、物联网和大数据等互联网信息技术应用全面下沉产业供应链，以云供应链的方式配置各类产业资源，降低了物流成本，使企业能够及时响应市场变化。三是互联网引发消费金融模式创新。推进互联网与消费金融业融合，发展互联网消费金融，也是实现消费提质的重要内容。互联网消费金融是指金融机构以移动互联网、大数据、区块链等互联网信息技术等为载体，向消费者提供小额、分散、跨期的现代消费信贷服务。这种模式可以降低融资成本，提高消费金融"贷前""贷中""贷后"的经营效率，扩大消费金融规模。

（二）"互联网+"的黏合效应

在需求侧，"互联网+"能否或者能在多大程度上推进制造业高质量发展是企业、消费者、政府部门等多方博弈的结果。其中，"互联网＋"充当了黏合剂，不仅能够增强消费者话语权，规范企业行为，提升第三方组织监督权，也有助于强化政府部门的执法权。一是"互联网＋"黏合消费者，增强消费者的话语权。比如，近年来，团购、拼单等新兴业态发展迅猛，在其中，无论是产品点评、讨价还价，还是信息共享、权益保护，互联网都发挥了至关重要的作用，是消费者集体行动的链接纽带。二是"互联网＋"黏合政府部门，增强执法权。必须承认的是，互联网交易促进消费增长的同时，也带来了刷单、刷屏、刷流量、网络弹窗、霸屏广告、恶意投诉、"大数据杀熟"、消费者信息泄露等不规范的营销行为，导致近年来涉网违法案件急剧增长。比如，直播带货中频频出现的虚假宣传、假冒伪劣、诚信不足、发货延迟、退货换货困难等问题。对此，单一的政府监管部门、传统的市场监管模式已"捉襟见肘"。而互联网联合执法平台则有助于政府相关部门建立信用监管和工作联动机制，利用大数据技术、人工智能技术、二维码技术、电子签名技术等数字化的技术，提高信息透明度，监控商家虚抬价格行为，加强生产安全的事前、事中和事后全方位监管，规避政策执行"打折扣"现象的产生；可以及时制止、查处网络消费违法违纪行为，及时识别、处理和打击各种滥用投诉权和恶性竞争的行为；也可以突破时空约束，实现市场监督执法的全天候在线。三是"互联网＋"黏合第三方力量，增强监督权。消费者协会、新闻媒体等第三方是重要的监督力量。进入数字经济时代，其可以通过图文、视频、微信、微博、APP 客户端等方式，让监督形式更加立体、多样、高效和常态。

（三）"互联网＋"的反馈效应

互联网有助于生产者与生产者、生产者与消费者、消费者与消费者等的衔接互动、沟通有无。"互联网＋"时代下的消费者不再是传统意义上的消费者，而是产品和服务的协作生产者。其反馈效应体现在：一是创新反馈。沟通是实现企业创新的基本要素。互联网使企业由"一对一"的线性关系变成了"多对多"的蜂巢式关系，可以连接不同的利益主体，能为企业与消费者搭建互动交流、增进互信的平台，激发创新意愿和动机，提高协同创新效率。比如，厂商可以根据消费者的商品评价对产品质量本身及服务模式进行调整、改进，与此同时，消费者也能够第一时间将自己使用产品的感受和产品的改进建议及时反馈给企业的相关部门，激活创新源头。二是信息反馈。根据消费者信息行为理论，信息是影响消费者决策行为的因素之一，而信息传播和扩散的速度，与信息传播载体和渠道有很大关系。相对于报刊、广播、电视等媒介，互联网信息渠道具有成本低、延迟短、受众多的特点，集文字、图画、声音和影像于一体，所传播的信息量更大、扩散速度更快、表现方式更多样。消费者可以从中获得更全面、更为广泛的信息，引致消费动机；也可以扩大社交半径，并对其他消费者的消费行为产生影响。

第四节 "互联网+"与制造业高质量发展：供给侧和需求侧协同驱动视角

"互联网+"是推动供给结构和需求结构协同升级，促使制造业高质量发展的深层次动力机制。第一，"互联网+"供给侧和"互联网+"需求侧两者的共同演化发展决定了制造业转型升级的速度和方向。在演化增长视角下，制造业的高质量发展是"互联网+"影响供给侧与需求侧，进而实现两者的协同演化而展开的，并具体表现在供给、需求和互联网创新的有效适配及协同升级。其中，数字技术的创新起到了驱动力的作用。第二，"互联网+"供给侧和需求侧发生在企业、产业以及整个经济体等层级中，两者在各个层面的共同演化、协同发展决定着制造业转型升级的质量，并持续推进制造业向效率更高、质量更好的形态演化。

当然，制造业的转型升级以及高质量发展也会形成反作用，会进一步促进互联网技术创新、商业模式创新、相关制度创新，并对"互联网+"供给侧和需求侧产生强有力的促进作用。比如，从"互联网+"的需求侧看，制造业的高质量发展会影响消费者的偏好，拓宽消费视野，改变人们的消费模式，进而推动消费结构调整；从"互联网+"供给侧看，制造业的高质量发展对企业创新能力提出了更高的要求，会加剧市场竞争，进而迫使企业持续研发新产品，率先采用新工艺和新生产线，加快数字化转型。因此，无论是"互联网+"需求侧还是"互联网+"供给侧的变化，都会拉动或推动制造业提质增效，并驱使制造业形成升级螺旋。

"互联网＋"供给侧和需求侧影响制造业高质量发展的协同机制见图4-3。

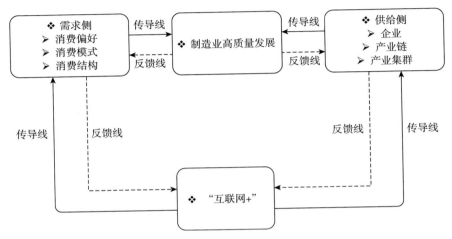

图4-3 "互联网＋"供给侧和需求侧影响制造业高质量发展的协同机制

第五节　本章小结

"互联网＋"供给侧和需求侧是驱动制造业高质量发展的双轮。其中，"互联网＋"供给侧是以供给侧生产活动为"互联网＋"应用场景，表现为通过微观企业生产层面数字化转型、中观产业链层面数字化转型、宏观产业集群层面数字化转型三大机制，在互联网创新引致的柔性效应、倍增效应、平台效应和聚合效应这四大效应的作用下，驱动制造业转型升级。而"互联网＋"需求侧的影响是从需求端，通过消费偏好、消费模式、消费结构这三大机制，通过互联网创新应用形成的交易效应、黏合效应和反馈效应这三大效应，推进制造业转型升级及高质量发展。"互联网＋"供给侧和"互联网＋"需求侧两者的共同演化、相互作用决定了制造业转型升级的速度和方向，且这种演化机制发生在企业、产业以及整个经济体等多个层级中，进而形成升级螺旋，协同推进制造业生产率增长和高质量发展。

第五章 "互联网 +" 与制造业高质量发展：智能化转型

第一节 引言

已有研究文献和实践表明，无论是产业还是企业，应用新一代互联网信息技术，成功构建核心竞争优势的典型案例正在快速增加。那么这些成功实现智能制造的案例，其智能化转型升级的过程究竟是如何随着外部环境的变化而变化的？在实践中又有哪些成功的发展战略和创新模式？这些战略、模式是否具有共性因素，能否从中总结一般规律？目前，相关研究者对这些问题尚缺乏应有的关注和探索。

已有文献回顾显示，现有相关研究主要集中在三个方面：第一，是关于互联网驱动制业智能化转型升级的作用机制研究。比如，"互联网 +" 是一种技术环境，是信息网络技术变迁和演进的最新形态（张伯旭和李辉，2017）①，能够促进企业效率提升、技术创新和组织变革，有利于产业链重构和价值链攀升（蔡银寅，2016；石喜爱和李廉水等，2018）②③；会影响生产制造范式和组织运营方式的变化（平新乔，2019）④，改变企业边界和创新方

---

① 张伯旭，李辉. 推动互联网与制造业深度融合——基于"互联网 +"创新的机制和路径 [J]. 经济与管理研究，2017（2）：87 – 96.

② 蔡银寅. "互联网 +"背景下中国制造业的机遇与挑战 [J]. 现代经济探讨，2016（11）：64 – 68.

③ 石喜爱，李廉水，刘军. "互联网 +"对制造业就业的转移效应 [J]. 统计与信息论坛，2018（9）：66 – 73.

④ 平新乔. "互联网 +"与制造业创新驱动发展 [J]. 学术研究，2019（3）：76 – 80 + 177.

式（张恒梅和李南希，2019）①。这些研究虽然提出了制造业与互联网的结合点，但对智能化转型升级规律的具体揭示还有待深入。第二，是关于"互联网＋"时代推进制造业智能化转型升级的发展战略、产业政策及其发展模式研究。比如，德国的工业 4.0 战略（王德显，2016）②、美国先进制造业计划（贾根良和楚珊珊，2019）③、日本机器人发展战略（方晓霞等，2015）④，中国制造业发展战略和"互联网＋"行动计划（戴亦舒等，2018）⑤ 及其衍生而出的各种智能制造模式（丁雪和张骁，2017⑥；吕文晶等，2019⑦；王海杰和宋姗姗，2019⑧）等。这些发展战略和推进模式虽然凸显了互联网嵌入制造业的智能化转型升级的方向和表现形态，但关于互联网经济时代下制造业实现智能化转型升级的共性路径还尚不明晰。第三，是关于制造业智能化转型升级的内在机理与实施策略研究。比如，徐伟呈和范爱军（2018）⑨ 从自我积累基础上的自主创新、互联网技术扩散和引进、互联网引进基础上的自主创新等方面对制造业结构优化升级策略进行了研究。陈瑾和李若辉（2019）⑩ 从产品研发、生产制造、营销管理等全产业链层面对制造业智能化转型升级的

① 张恒梅，李南希. 创新驱动下以物联网赋能制造业智能化转型 [J]. 经济纵横，2019（7）：93 - 100.

② 王德显. 德国工业 4.0 战略对中国工业发展的启示 [J]. 税务与经济，2016（1）：9 - 15.

③ 贾根良，楚珊珊. 制造业对创新的重要性：美国再工业化的新解读 [J]. 江西社会科学，2019（6）：41 - 50 + 254 - 255.

④ 方晓霞，杨丹辉，李晓华. 日本应对工业 4.0：竞争优势重构与产业政策的角色 [J]. 经济管理，2015（11）：20 - 31.

⑤ 戴亦舒，叶丽莎，董小英，等. CPS 与未来制造业的发展：中德美政策与能力构建的比较研究 [J]. 中国软科学，2018（2）：11 - 20.

⑥ 丁雪，张骁. "互联网＋"背景下我国传统制造业转型的微观策略及路径：价值链视角 [J]. 学海，2017（3）：86 - 90.

⑦ 吕文晶，陈劲，刘进. 工业互联网的智能制造模式与企业平台建设——基于海尔集团的案例研究 [J]. 中国软科学，2019（7）：1 - 13.

⑧ 王海杰，宋姗姗. 互联网背景下制造业平台型企业商业模式创新研究——基于企业价值生态系统构建的视角 [J]. 管理学刊，2019（1）：43 - 54.

⑨ 徐伟呈，范爱军. 互联网技术驱动下制造业结构优化升级的路径——来自中国省际面板数据的经验证据 [J]. 山西财经大学学报，2018（7）：45 - 47.

⑩ 陈瑾，李若辉. 新时代我国制造业智能化转型机理与升级路径 [J]. 江西师范大学学报（哲学社会科学版），2019（6）：145 - 152.

内在机理进行了分析。罗序斌（2019）[①] 提出数字化、网络化、智能化、服务化"新四化"协调并进的制造业转型升级实施方案。尽管这些研究对制造业智能化转型升级的内在机理、实现策略进行了分析，但这些路径的揭示是否来源于实践，是否存在实践基础，并没有做出更为明确的解释，从而使其在一定程度上缺乏说服力和可推广性。

由以上文献回顾可知，有关制造业智能化转型升级路径的研究目前尚处于探索争鸣阶段，亟须进行深入研究。本章从现有的研究成果出发，结合当前世界主要工业国家特别是中国近年来推进制造业与互联网融合，促使制造业智能化转型升级的典型实践，总结归纳一般特征，挖掘内在规律，形成相应的理论模型。以此为基础，解构制造业智能化转型升级的目标、要素和路径，为企业推进智能化转型升级，实现高质量发展，进而全面提升制造业综合实力提供理论依据。

第二节 研究设计

一、研究方法选择

目前，能够用于探究"互联网＋"驱动制造业高质量发展路径的方法有很多种，比如从资料中构建理论的扎根理论分析方法、案例分析方法等。在对多种定性和定量分析方法进行比较的基础上，本部分选择多案例研究方法来揭示"互联网＋"影响制造业智能化升级的内在规律，找寻其中的驱动路径。相对于其他分析方法，案例研究方法既是一种定性的研究方法，也是一种实证性的研究方法，更适用于现有理论相对滞后于实践，以及需要发现新观点、构建新理论的研究中[②]。本部分采用多案例研究方法对制造业智能化升级模式、规律等问题进行探索，主要是基于以下三个方面的考虑：① 研究的

---

① 罗序斌．"互联网＋"背景下中国传统制造业转型升级研究［J］.金融教育研究，2019（1）：18－29.

② 杨桂菊，陈思睿，侯丽敏．不完全模仿创新视角的本土制造业转型升级［J］.中国科技论坛，2019（5）：10－18.

问题涉及制造业为什么要推进智能化升级以及选择何种转型升级路径，对于研究"WHY"和"HOW"的问题，一般适合采用案例研究方法[1][2]。② 研究目的在于从互联网与制造业深度融合的发展战略及其创新实践中归纳经验，挖掘共性路径，需对与案例样本相关的资料进行整理和深入分析，以此获得新观点，构建新理论，属于现有研究文献中较少涉及或者尚未解答的问题，需要采用案例研究方法。③ 相对于单案例研究，多案例研究方法有利于提高案例研究的信度和效度，探索出来的结果也更具说服力，提供的模型也更加可靠[3]。

二、案例样本选择

选择的案例样本是否合适，对于研究结果的准确性具有重要影响。基于典型性、成功性、覆盖性以及案例资料可得性等原则，选择的样本案例包括两类：一是分析美国、德国和中国等世界主要工业国家推进制造业智能化转型升级的发展战略、产业政策。比如，20世纪80～90年代，长期保持世界领先优势的美国制造业陷入低谷，其中，汽车、电子、钢铁等制造业在国际竞争中遭到严重威胁（贾根良和楚珊珊，2019）[4]，尤其是2008年国际金融危机之后，这些行业更是急剧衰落。对此，美国开始反思20世纪70年代以来的"去工业化"政策，实施再工业化战略，制定《先进制造业伙伴计划》《先进制造业国家战略计划》等产业政策，并将发展工业互联网上升为国家战略，聚焦共性技术的开发与推广，构建智能制造体系，以此提升生产力和竞争力，并保持美国在世界先进制造业创新和新兴技术领域内的引领地位。德国是老牌的工业强国（张富禄，2019）[5]，汽车、机械制造、电子、化工等传统制造业是其主导产业。为了顺应第四次工业革命的发展趋势，促进生产和组织方

---

① Yin R. K. Case Study Research：Design and Methods ［M］. Newbury Park，CA：Sage Publications，2013.

② Gehman J.，Glaser V. L.，Eisenhardt K. M. Finding Theory——Method Fit：A Comparison of Three Qualitative Approaches to Theory Building ［J］. Journal of Management Inquiry，2018（3）：284－300.

③ 刘志迎，龚秀媛，张孟夏. Yin、Eisenhardt和Pan的案例研究方法比较研究——基于方法论视角［J］. 管理案例研究与评论，2018（2）：104－115.

④ 贾根良，楚珊珊. 制造业对创新的重要性：美国再工业化的新解读［J］.江西社会科学，2019（6）：41－50＋254－255.

⑤ 张富禄. 德国制造业转型发展的基本经验及启示［J］.中州学刊，2019（3）：29－34.

式变革，增强核心工业竞争力，确保其在智能产品出口方面的市场份额以及制造业的国际领先地位，德国制定《数字化行动计划》《国家工业战略 2030：对于德国和欧洲产业政策的战略指导方针》等发展战略，致力于互联网信息技术与工业制造的深度结合，推进制造业智能化转型升级，以此应对美国、日本等制造大国和以中国为代表的新兴国家在国际市场上的高水平竞争。与美国、德国等世界制造强国相比，中国制造业"大而不强"的问题由来已久，在产业的技术能力、设计水平等方面还存在明显的差距，长期以来一直难以突破"有就业无创造"的低端锁定。对此，中国以"互联网+""大数据""人工智能+"为发力点，进行了一系列顶层设计和战略部署，旨在加快制造业新旧动能转换和转型升级，扎实提高制造业发展质量。二是基于实地调研可行性、资料可得性以及后续调研跟进等多种因素的综合考虑，主要以中国一些大型企业成功推进智能化转型升级的实践为个案。这些案例分布在不同行业，且在行业内具有较高的知名度和美誉度。比如，家电行业的海尔模式，服装行业的红领模式等。以这些标杆企业为分析样本，从中总结一般性特征，也具有可行性和代表性。

三、研究资料收集

按照资料的来源和价值，原始资料大致可以划分为二手资料和一手资料两大类①。第一，二手资料，主要包括案例样本国家或企业推进制造业与互联网融合的学术文献、新闻报道、公开年报、统计数据等。其中，CNKI 数据库、企业官方网站、学术专著、报纸、新媒体是获取二手资料的重要来源。此类资料主要通过文献检索、文献查阅的方式收集。第二，一手资料，主要包括政府有关部门和案例样本企业内部的发展规划、政策文件、指导意见、实施方案、会议报告、工作总结、数据资料等。其中，深度访谈、实地调查也是补充一手资料的重要来源渠道。具体步骤如下：第一，与当地政府部门进行沟通，重点了解有关制造业与互联网深度融合的主要做法，以及案例样

---

① Hox J. J., Boeije H. R. Data Collection, Primary VS. Secondary [J]. Encyclopedia of Social Measurement，2005（1）：593－599.

本企业智能化转型升级的情况，从而获取第一手先验性资料。在此基础上，通过多种途径深入样本企业进行实地考察和调研，并与高层管理人员、基层一线工作人员进行座谈和交流，了解和掌握企业智能化转型升级过程中的主要做法和实施效果。第二，通过 EMBA、MBA 等教育教学方面的资源，遴选一批在样本企业工作的高管，与其进行深度访谈，从中获取一手资料。为了丰富资料，提高调研效果，还将访谈调研、实地考察与收集的二手资料结合起来，强化资料与资料之间的相互补充和相互印证，确保资料收集信度和效度，并在后续调研中通过电子邮件、QQ、微信和电话沟通的方式获取进一步的数据资料。

第三节　理论模型建构

一、国家层面的发展战略

在新一轮科技革命和产业革命的推动下，移动互联网、物联网、云计算、大数据、区块链、人工智能等新一代数字技术和智能技术与制造业深度融合，实施智能化转型升级战略，是世界大多数国家尤其是工业化强国提高制造业核心竞争力和国际影响力、发展先进制造业的必由之路，并具体表现在国家相关发展战略以及产业政策上的"互联网＋制造业"。从世界范围来看，"互联网＋制造业"拉开的新一轮产业竞争已经形成了一种全新的生产模式和组织模式，以数字化、网络化、智能化协同为核心的先进制造技术在制造业不同环节、不同领域的快速普及以及云、网、端平台协同与制造服务一体式模式的构建成为"新制造"的新特征。在世界各国加速推进"互联网＋制造业"，促使制造业智能化转型升级的发展战略方面，美国的工业互联网战略、德国的工业 4.0 战略以及中国的两化融合战略较具影响力。

（一）美国的工业互联网战略

工业互联网是美国制造业智能化转型升级推进战略和实践的基点，并催生包括共享生产、共享产能、共享物流平台和共享设备维护等在内的新兴模式。这个概念最早是由美国通用电气公司（GE）在 2012 年发布的《工业互联网：打破智慧与机器的边界》白皮书中提出的。之后，该公司将工业互联网的理念付诸实践，率先进行企业数字化、智能化转型，架构工业互联网平台，并与美国电话电报公司（ATT）、思科公司（Cisco）、美国国际商用机器公司（IBM）和英特尔公司（Intel）等几家领军企业联合成立工业互联网联盟，旨在推动工业互联网技术的标准化和试点应用，打造工业互联网生态体系，达到虚拟与现实制造的集成，以此实现制造业高质量发展。从美国通用电气公司的实践看，美国的工业互联网包括智能设备、智能系统和智能决策三大要素，是利用物理信息系统将人、数据和机器连接起来，由智能设备采集数据，生成智能信息，并通过大数据挖掘工具进行数据分析，形成具有智能决策特征的智能化工业系统①。其中，信息物理系统（Cyber-Physical Systems，CPS）是整合制造业体系的关键技术框架，为装备构件的数字化、生产环节的自监测、价值创造的网络化、制造工程的自决策、工业体系的自配置提供了技术支撑；而先进材料制造技术，虚拟化、信息化和数字化制造技术，先进传感、控制和平台系统是三大核心技术领域。

同时，为了促使工业生产力和信息生产力的深度融合，形成新的生产力，美国围绕工业互联网制定了一系列相关战略和政策。比如，2011 年 6 月发布的《先进制造业伙伴计划》、2012 年 2 月发布的《先进制造业国家战略计划》等，这些战略或计划主要关注新材料、新能源、新机器人等前沿技术的研发及产业化，都是通过发挥美国在互联网、信息通信、工业软件等方面的领先技术优势，发力工业互联网，以此驱动美国制造业转型升级。在此基础上，为了进一步突破工业互联网建设中的核心共性技术，2013 年 1 月美国发布《制造业创新网络规划：一个初步设计》②，在全国范围内建设了包括国家增材制造创新机构、数字制造与设计创新机构、轻质材料制造创新机构、智能制造创新机构、先进机器人制造等在内的 14 个制造业创新中心，重点聚焦数字设计与制造、传感器与智能数字过程控制、柔性机器人、数字技术、自动

---

① 史永乐，严良. 智能制造高质量发展的"技术能力"：框架及验证——基于 CPS 理论与实践的二维视野［J］. 经济学家，2019（9）：83 - 92.
② 贾根良，楚珊珊. 产业政策视角的美国先进制造业计划［J］. 财经问题研究，2019（7）：38 - 48.

化技术等高端领域的研究与开发，不断增强工业互联网的技术能力和应用范围。2016 年 5 月，美国制定《国家人工智能研究与发展战略规划》，同年 11 月发布《美国机器人技术路线图：从互联网到机器人》；2019 年 2 月启动"美国 AI 计划"，重点加强自然语言处理、人机交互和可视化等人工智能领域的技术研发，促进人工智能技术与工业场景应用端的深度结合，打造工业智联网，进而实现工业互联网全面升级。在这些战略、政策强有力推动下，美国的工业互联网技术不断升级，应用市场规模不断增大，企业开始大范围进行技术改造和升级，从而使得先进的互联网信息技术全面嵌入企业生产体系和产品生命周期各个阶段，传统的产品制造逐步向服务型制造转变，大规模化生产开始向个性化定制延展，生产组织形式也从以往的封闭、集中向当前的开放、分散转变。据研究机构 Markets and Markets 发布的数据，2017 年，全球工业互联网平台市场规模只有 25.7 亿美元，而到 2018 年则增长到 32.7 亿美元，进入 2023 年，整个市场的规模上升至 138.2 亿美元，年均复合增长率高达 33.4%，其中，美国是工业互联网市场规模增长的主要贡献者。就全球产业市场而言，与工业互联网有关的产品、技术和服务平均每年以 27.04% 的速度递增。

（二）德国工业 4.0 战略

工业 4.0 概念是德国最早提出的。2010 年德国政府颁布《德国 2020 高技术战略》，提出具有国际战略品牌特质的"工业 4.0"项目，并在 2012 年和 2013 年连续推出《高科技战略行动计划》《保障德国制造业的未来：关于实施工业 4.0 战略的建议》，挖掘信息技术促进工业发展的潜力，抢占新工业革命的先机，这标志着工业 4.0 正式拉开帷幕。在《高科技战略行动计划》中，德国政府旨通过推进软件与系统嵌合，促进制造业高质量发展；在《德国工业 4.0 未来项目实施建议》《德国工业 4.0 实施战略报告》中，德国进一步将工业 4.0 的主旨细化为物联网和服务联网相结合及其 CPS 技术的运用，并认为 CPS 系统是新工业变革下制造业发展的基础，是形成以智能生产和智能工厂为特征的工业制造新模式的根本。但在推进工业 4.0 中也存在一些障碍：一是信息化准备不足。从信息技术的发展水平看，与美国相比还有较大差距；从信息技术的普及应用看，也远远比不上中国。二是中小企业数字化意识薄弱。尽管88%的企业认为数字化与企业成功有联系，然而在被调查的中小型企业中，还有51%的企业并没有将企业数字化转型视为企业高质量发展的组成部分。因此，为了加速工业4.0的落地，重构德国工业体系，2016年德国出台《数字化战略2025》，制定了《数字化行动计划》。据该战略估计，到2025年，德国制造业的数字化智能化将累计带来4250亿欧元的额外效益；劳动生产效率将提升30%，每年的生产效率将提升3.3%，而相应的成本支出每年下降2.6%。其中，从工业4.0战略实施中受益最多的行业从高到低排序依次是汽车制造业，其营业额增值达525亿欧元，增幅达13.6%；随后是机械制造业（营业额增值320亿欧元，增幅13.2%）、过程工业（营业额增值300亿欧元，增幅8.1%）、电子工业（营业额增值235亿欧元，增幅13%）和信息通信技术行业（150亿欧元，增幅13.4%）。2017年12月，德国经济与能源部发布《数字化经济监测报告》，认为工业4.0改造、物联网、智能服务、大数据、人工智能与传感器生产等是制造业数字化创新的主要领域。2018年的监测报告显示，有14%的德国企业已投入工业4.0改造，主要是机械制造业；11%的企业开始使用传感器进行制造。2019年2月25日，德国发布《国家工业战略2030：对于德国和欧洲产业政策的战略指导方针》，再次聚焦工业数字化问题，尤其关注人工智能在制造业中的应用。

德国工业4.0战略提出了十个重点发展的产业和技术，分别是加工业、汽车产业、机械产业、电子产业、信息产业、CPS技术、机器人技术、运筹、信息通信技术、创新生产系统。从德国工业4.0执行战略或计划的目标看，基本是以西门子、宝马等企业智能化转型升级的先行实践为突破口，利用德国长期以来硬件领域的优势，促进基于工业智能机器人、智能生产线、3D数字打印技术为核心的产品制造革命，从而使德国成为新一代工业先进制造技术的供应国和主导市场。从工业4.0的愿景看，在德国推进制造业与互联网融合、促进制造业数字化联网化智能化的实践中，工业4.0平台建设仍然是核心。它展现了全新的工业愿景，即新一代互联网信息技术将渗入所有制造领域，致使企业原有的价值创造过程被重塑，原有的行业界限消失，全新的生产制造和商业运营模式出现。从工业4.0的主要内容看，德国工业4.0是由智能生产、智能服务、智能工厂、智能物流这四部分构成，包括横向集成、端对端集成和纵向集成这三种集成，其中，横向集成是通过产业价值链和工业互联网的方式来促进不同企业之间的协同发展和合作生产；端对端集成是指将 ERP 系统、设备、供应商、用户等端点通过互联网信息系统连接起来，使企业能够更有效地进行产品开发、维护、售后等；纵向集成是指将企业内部生产运营环节进行无缝对接而形成的网络化生产体系。本质上，德国工业4.0 根植于生产制造过程，核心构成是 CPS 系统在智能工厂和智能生产中的运用，突出德国的工业制造技术优势，通过新一代信息网络把企业内外的各种制造资源链接在一起，推动产品设计、生产制造、销售和营销、仓储和物流等各个制造环节和整个产业价值链的数据共享、信息互通，实现产品全生命周期和全制造流程智能化，从而形成一个高度灵活的个性化、网络化、数字化产品与服务生产模式，促使"人力制造""机器制造"向"数字制造""智能制造"转变。大规模定制生产是德国推进工业 4.0 落地的典型做法，而自动机器人、工业物联网、虚拟技术、增材制造、大数据分析、云计算、人工智能、网络安全等则是核心支持技术。

（三）中国的两化融合战略

自工业革命诞生以来，迄今为止中国一共经历过四次工业化尝试，前两次发生在中华人民共和国成立以前，分别是清政府和民国政府发起的工业化发展。第三次是中华人民共和国成立初期，在探索工业化的道路上中国选择直接仿效苏联社会主义工业化道路，即从高投入、高消耗、高污染的重工业入手带动经济增长的路径。三次尝试都没能达到工业革命应有的变革作用，直到 1978 年改革开放后的第四次工业化尝试才将中国工业的活力充分释放出来。历史经验揭示，中国如果完全依靠西方的工业经验主义路径，是不可能达到发展目标的；尽管中国工业化的发展路径与其他国家也有许多相似之处，但其必须要根植于国情和产业实际，必须要找到属于自己的发展路径才能得到真正发展。基于此，2007 年，党的十七大报告首次提出推进信息化与工业化融合的"两化融合"政策主张；2012 年，党的十八大进一步指出，两化深度融合是中国新型工业化发展道路的必然选择，是中国式现代化的必由之路。2015 年 5 月，中共中央、国务院发布的《中国制造 2025》则是两化融合向两化深度融合转变的标志性文件。而随后颁布实施的《"互联网＋"行动计划》

《国务院关于深化制造业与互联网融合发展的指导意见》《关于深化"互联网+先进制造业"发展工业互联网的指导意见》《"互联网+"人工智能三年行动实施方案》《智能制造发展规划》《智能制造工程实施指南》《新一代人工智能发展规划》等从"互联网+""大数据+""人工智能+"等方面对如何有效推进两化深度融合进行了顶层设计。在此基础上，全国各个地区也纷纷制定符合本地区制造业发展特点的中长期发展规划、实施方案以及具体的指导意见。比如，贵州省大数据与传统制造企业融合工程，浙江省的"机器人+"行动计划，辽宁省的服务型制造专项行动方案，江苏省企业互联网化提升计划，上海市的工业互联网创新发展行动计划，广东省的工业企业数字化、网络化、智能化和绿色化技术改造行动，等等。

上述这些发展战略、产业政策、融合工程、行动计划的核心在于把智能制造作为两化深度融合的主攻方向，通过以加快移动互联网、工业物联网、云计算、大数据、人工智能等为代表的新一代互联网信息技术与制造业的深度融合，大力发展数字化装备和智能化产品，全面提升制造企业研发、生产、管理和服务的智能化水平，促使中国从制造大国向智造强国、质量强国、数字中国转变。两化融合服务平台（http://cspiii.com/）的数据显示，2012年，中国工业企业两化融合指数为45.1，到2019年则上升到54.5，增加了近10个百分点；从两化融合指数的单项指标看，2019年，中国工业企业数字化研发设计工具普及率达到了70.2%，关键工序数控化率50.1%，工业电子商务普及率61.9%，双创平台普及率82.8%，网络化协同的工业企业比例36.2%，服务型制造的工业企业比例26.2%，个性化定制的比例8.8%，智能制造就绪率为8.1%。截至2020年5月27日，中国两化融合参评的工业企业总数为168030家，其中，两化融合起步阶段的工业企业占比24.8%，单项覆盖的占52.4%，集成提升的占17.2%，创新突破的占5.6%。就目前来看，中国两化融合的发展战略、产业政策和具体实践的表现有：一是产品的信息化、网络化和智能化水平不断提高①。二是促进信息资源共享互通以及业务、

---

① 胡晶. 工业互联网、工业4.0和"两化"深度融合的比较研究［J］.学术交流，2015（1）：151–158.

部门、产业链之间的高度协同，推进制造业企业信息系统的集成，实现管理和商业模式创新。三是两化融合的范围从企业层面向产业集群整个层面拓展。四是新一代人工智能技术的落地，驱使两化融合发展向纵深推进。据不完全统计，中国已经成为计算机视角、自然语言处理、机器人学习、智能机器人系统的主要来源国；2019 年底，中国人工智能方面的专利申请总量超过美国，位居世界第一。在人工智能企业方面，截至 2019 年 2 月 28 日，中国共有 745 家人工智能企业，约占世界人工智能企业总数的 21.67%。

从以上美国的工业互联网战略、德国的工业 4.0 战略以及中国的两化融合战略可以看出，虽然不同国家制造业发展的阶段有所不同，不同国家的产业优势也存在差异，但这些战略均是在深入分析国际和国内制造业发展形势的基础上提出的，其目的都是促进本国制造业转型升级，保持和提升本国制造业国际竞争力，其战略核心都是将智能制造技术作为高质量发展的动力源泉。比较这些战略的发展阶段、产业优势、战略目标、重点任务、主要特征、政策体系等方面，各国制造业转型升级的意图和策略选择具有一致性，都深刻认识到互联网信息技术带来的新机遇，唯一不同之处在于美国、德国、中国等国家基于自身产业发展实际，对于先进制造技术、制造业转型升级模式的追踪和侧重存在一定差异。比如，美国更加强调工业互联网在制造业转型升级中的作用，主要通过发展替代性较强的先进技术，通过工业软件带动硬件，为本土制造业生产率提升寻求新的突破口。德国则以本国的制造优势为基础，重点聚焦工业制造模式的数字化转型，强调以用户的个性化需求为中心，实现柔性生产和大规模个性化定制。而中国的两化融合则主要是通过发展"互联网＋制造业"，充分发挥工业互联网平台的增权赋能作用，以此实现工业化和信息化深度融合，推进制造业数字化、网络化、智能化协同升级，从而突破低端锁定，促进制造业大国向制造业强国转变。

表 5-1　制造业智能化转型升级战略的国际比较

	美国	德国	中国
发展阶段	第一方阵	第二方阵	第三方阵
产业优势	技术优势	制造优势	市场优势

续表

	美国	德国	中国
战略目标	引领制造业的发展方向	确保或夺回德国工业在全球的领先地位	突破低端锁定，促进制造大国向制造强国转变
政策体系	《先进制造伙伴计划》《工业互联网：突破智慧和机器的界限》《美国机器人路线图研究报告》《美国 CPS 框架草案》《美国先进制造业领导战略》《国家人工智能研究与开发战略规划》《美国人工智能战略》等	《保障德国制造业未来：关于实施工业 4.0 战略建议》《德国电气电工信息技术委员会工业 4.0 标准路线图》《德国数字化议程（2014—2017）》《德国 ICT 战略：数字德国 2015》《德国人工智能战略》《国家工业战略 2030：对于德国和欧洲产业政策的战略指导方针》等	《"互联网＋"行动计划》《国务院关于深化制造业与互联网融合发展的指导意见》《"互联网＋"人工智能三年行动实施方案》《新一代人工智能发展规划》等
重点任务	互联网＋制造业	数字化＋制造业	信息化＋制造业
主要特征	工业互联网	工业 4.0 战略	两化融合
提升策略	注重以软件带动硬件，强调生产效率提升	注重个性化生产，完成智能化转型	注重技术与工业的深度融合，突出应用式创新，实现数字化网络化智能化全面升级

二、企业层面的典型模式

信息技术与制造业融合催生出网络化协同制造、服务型制造、智慧制造、个性化定制、远程运维服务、平台化运营、数字化商业、智能制造等新模式。这些企业实践模式有些概念不同，但内容一致，有些模式虽有不同侧重但也有重叠之处。其中，智能化生产、个性化定制、网络化协同、服务化延伸等智能制造模式的实践领域较为广泛，在美国、德国，特别是中国的相关政策和文件中也被多次提及。因此，下面将聚焦这四种模式，梳理相关案例。

（一）智能化生产实践模式

智能化生产是指利用先进制造工具和网络信息技术对生产流程进行智能化改造，实现数据的跨系统流动、采集、分析与优化，完成设备性能感知、智能排产、生产数据可视化、商品仓储运输自动化等功能；是企业基于网络、平台和安全三大体系，建设具有生产设备物联网化、生产数据可视化、产品质量可溯化、生产现场无人化等特点的智能工厂，提高生产效率和产品质量。其中，智能工厂是企业智能化生产的主要载体。比如，美国特斯拉汽车就是在一个装备全自动智能化生产线的智能工厂中生产出来的，冲压、焊接、烤漆、组装等所有生产流程全部由车间里面的智能机器人完成。九江石化集团依托物联网、大数据、区块链、人工智能等互联网信息技术，按照"装置数字化、网络高速化、数据标准化、应用集成化、感知实时化"的要求，对原有企业进行跨系统、跨层级、跨地域的数字化网络化智能化改造，建设智能工厂，使得装备自动化控制率、数据采集率达到了95%，厂区无线网覆盖率为100%，促进了企业各个层面的业务智能协同、炼化生产环节的自动控制、生产和运营数据的精准传输、大宗物料发货流程的无人化管理，从而实现了工厂从"制造"向"智造"的转变。杭州娃哈哈集团利用装备的先进传感检测技术在线采集产品调配、吹瓶、灌装、包装、码垛等环节的实时数据，在线检测包装容器的质量、封盖质量、标签质量等与产品质量相关的参数，并通过"自决策、自纠偏、自执行"制造系统对出现的产品质量偏差自动进行修正，从而实现工厂从"制造"向"智造"的转变。据统计，娃哈哈的饮料生产线每小时大约可以生产54000瓶水饮，每分钟能够生产900个瓶盖，每秒灌装15瓶，同时，劳动负荷降低了20%以上，生产效率提高了10%以上，能源利用率提高了20%以上，产品合格率达到了100%。伊利集团构建了基于物联网和区块链技术的奶粉质量追溯系统。该系统从收集奶牛出生到第一次挤奶的数据开始，通过原奶运输车辆的GPS跟踪、原奶入厂信息赋码、生产和检测过程中的信息记录和动态跟踪、覆盖全国的ERP网络系统，实现了产品生产质量可追溯的及时化、可视化和全面化。

（二）个性化定制实践模式

个性化定制正成为智能制造升级的新模式，包括大规模个性化定制、深度定制和众创定制。其中，大规模定制主要针对群体需要，深度定制主要针对个体需要，而众创定制是指众多客户共同参与互动而形成的一种新定制模式。推动大规模制造向大规模个性定制转型升级，已成为当今全球制造业企业的共识。大规模个性化定制是利用云平台和智能工厂，将用户的需求直接转化为生产任务，实现以用户为中心的个性定制与按需生产，减少库存，有效满足市场多样化需求。主要做法是企业基于互联网打造用户聚合平台，从而实现海量用户与企业间的交互和泛在连接，并借助平台集聚和交互功能，对用户行为、社交关系等进行大数据分析，精准预判市场，有针对性开展营销。当前，服装、家居、家电等传统制造业领域已有一些成功的案例。比如，红领服饰依托互联网定制平台，将用户的需求直接转化为生产排单，开展以用户为中心的大规模、小批量个性化定制服务。消费者在线提交订单、在线付款后，所定制的西服就会通过平台中的大数据定制中心自动生成最适合的版型，并进行拆解和个性化裁剪，裁剪后的布料挂上电子标签进入"吊挂"，便开始经过流水线上 298 道加工工序。红领提供 540 个可个性化定制分类、11360 个可设计的选项、113 个体型特征和 1 万多种可选面料；每日可以完成 3000 个个性化定制订单，下单后 7 天发货。双驰鞋业采用领先的柔性压力传感、3D 实感机器视觉、三维扫描技术，能够在 15 秒内获取 54 项有关客户足长、足宽、足高、足底压力、步态特征等足部特征及健康方面的数据，并通过数据分析平台，为客户挑选出尺码最合适、功能最符合的鞋款，可以按照客户的个人喜好，定制鞋子的尺码、颜色、图案和签名。其中，海尔的大规模个性化定制就是让客户全流程参与产品生产制造场景的一种定制体验。而海尔自主研发、自主创新、在全球具有示范性作用的个性化定制平台则是中国首个具有自主知识产权的工业互联网平台，在带动具有不同制造能力的中小企业向大规模定制转型中产生了良好的示范效应。该平台以海尔打造的互联工厂为基础，已聚集了全球 3 亿多用户和 380 多万家生态资源，平台规模超过了 2000 亿元，实现了跨行业、跨领域的扩展与服务。海尔 COSMO 平台还将用户与企业进行了直接连接，并在电子、船舶、纺织、装备、建筑、运输、化工这七大行业率先提出行业智能制造标准。

（三）网络化协同实践模式

网络化协同是指基于工业云平台发展协同研发、众包设计、协同制造、供应链协同等新模式，降低企业资源获取成本，打破产业之间的边界，延伸资源利用范围，提升企业竞争力。比如，小米、乐视等在新产品、新软件研发环节中就采取了这种模式，让用户深度参与产品的设计与生产，并以"众包、众创"的形式不断完善产品的软件系统。此外，宝洁公司运用数字化优化供应链，让其形成闭环，以此实现供应链协同管理。其中，网络化协同模式在航空制造业中应用最为普遍。比如，美国波音公司在20世纪50年代生产波音707客机时，几乎所有的研发、设计和制造都是在美国完成的，只有大约2%的零部件是在美国以外生产的。而互联网的发展极大地改变了波音公司制造资源的配置方式。波音公司通过建立基于工业互联网平台的全球资源调配中心，与全球合作伙伴一同实现客机制造的高度协同。比如，机翼在日本生产，机身在意大利和美国生产，起落架在法国生产，方向舵则在中国生产，等等。目前，波音客机90%的制造工程量是用这种方式完成的。中国的西飞公司建立的数字化协同开发研制平台，也能在产品设计阶段实现各个部门、制造厂和零部件供应商之间的高效互动，显著提升了产品设计精准度，降低了误差率，成功将新型航空产品的研制周期缩短了近50%。同时，还构建了基于互联互通的异地多厂协同制造体系，并按照维持3个月材料用量库存的要求，将价值链上的全球制造资源进行整合，从而形成了一个针对飞机组装和零部件生产的全球网络化协同制造联盟，提高了产品的准时交付率。此外，中国商飞则依托网络化协同平台，面向全球开展C919大型客机的协同生产，实现了百万零部件协同生产和机载系统协同研制，其中ARJ21支线飞机的零部件超过77%是由全球10多个国家、104家供应商协同研发和制造完成的。

（四）服务化延伸实践模式

服务化是制造业智能化转型升级的重要方向，也是数字经济时代企业实现差异化竞争的一个重要手段。如今的企业不仅要卖产品，还要及时收集产品使用过程中的高质量信息，促进服务与研发融合，增加故障监测、在线维护等功能，提高产品的额外价值，延伸价值链条，拓展利润空间。三一重工通过产品、机器设备联网与运行数据动态采集等方式，利用远程监控、预测预警、远程诊断等远程运维服务系统，向客户提供多样化的智能服务，从而实现了由过去卖产品向如今卖服务拓展。服务过程中通过接入20万台设备、采集5000多个参数，能够实现产品状态的实时监测和远程控制；出现故障的设备有 50％ 可以事先预测，并能够保证 24 小时之内予以解决，从而使服务成本降低了 60％，使企业 3 年新增利润超过了 20 亿元。陕鼓动力针对流程工业用户以及装备服务企业的特点，通过动力装备的远程监测、故障诊断、网络化状态管理、云服务需求调研以及技术储备，实施动力装备运行维护与健康管理方面的云服务，提高了售后服务的反应速度和质量。此外，美国 PTC 公司生产的水泵不能正常工作，异常数据就会被传感器接收到，故障监控系统会发出红色警报，如果需要现场维修，只需通过 AR 技术，就可以将运行过程中的数据信息与先前设定的数字模型进行对比发现其中问题，并提出可能的故障原因与解决故障的时间期限；现场实际发生问题被记录后，会将实际故障传输给产品生命周期管理系统，从中可以获取需要更换的配件信息及其相应的供应商①。海尔的服务型制造包括面向外部中小企业的智能制造解决方案服务和面向用户的智慧生活整体解决方案服务。其中，智能制造整体解决方案服务主要是通过工业云平台，帮助中小微企业进行工艺、计划、物料、供应链、运营等方面优化，而面向用户的智慧生活整体解决方案服务主要通过为用户提供互联互通的产品来实现②。比如，2018 年，海尔根据工业 1.0 到工业 4.0 的概念，结合物联网技术推出"生活 X.0"，建立海尔智能生态系统。海尔馨厨智能冰箱搭载的智慧厨房生态系统能够满足消费者购买、储存、烹饪、娱乐和交互等方面的需求。这些服务主要通过 COSMOPlat 平台对接海尔内部资源或第三方资源来实现。截至 2018 年 11 月，海尔建立的 COSMOPlat 平台服务用户超过 3.3 亿人，平台终端智能设备接入超过 2585 万台，服务企业超过 4.2 万家，定制单量 7242 万件；据 COSMOPlat 大数据平台统计，COSMOPlat 将企业开发效率提升了 30％，产品从研发到上市周期缩短了 50％，运营效率与质量提升了 70％。

三、基于目标、要素和路径的理论分析模型

基于上述美国工业互联网战略、德国工业 4.0 战略、中国两化融合战略

---

①　张恒梅，李南希 . 创新驱动下以物联网赋能制造业智能化转型［J］. 经济纵横，2019（7）：93 – 100.

②　吕文晶，陈劲，刘进 . 工业互联网的智能制造模式与企业平台建设——基于海尔集团的案例研究［J］. 中国软科学，2019（7）：1 – 13.

的相关内容和典型案例的梳理，以及智能化生产、个性化定制、网络化协同、服务型制造等代表性企业实践模式的分析，结合数字经济时代制造业发展的内在要求和新趋势，本部分主要通过归纳推理的方法，构建制造业智能化转型升级的三维理论分析模型。具体是目标维，即以制造业高质量发展作为制造业转型升级的终极目标；要素维，即制造业转型升级主要是以大数据资源、工厂物联网和智能机器人等新要素为依托；路径维，即主要从产品、企业和产业层面推进制造业智能化转型升级，具体如图5－1所示。

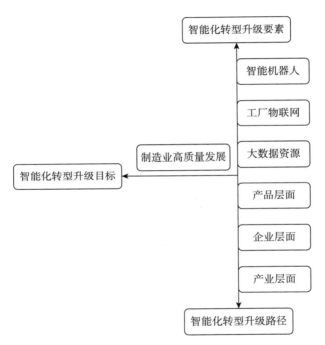

图5－1 制造业智能化转型升级的三维分析模型

第四节 理论模型阐释

一、智能化转型升级的目标

从上述分析可知，无论何种发展战略和实践模式，无论是国家层面还是企业层面，推进制造业智能化转型升级的最终目标都是实现产业高质量发展，进而提升产业核心竞争力。其中，数字化、网络化、智能化协同并进是制造业高质量发展的根本特征。然而，关于这"三化"的关系，目前学术界有两种截然不同的观点：一是"递进论"。有学者认为制造业生产技术从数码控制技术到互联网信息技术，再发展到如今的新一代人工智能技术，相应形成了数字化、网络化、智能化三种典型的制造模式，它们之间的关系也是一个从低级形态向高级阶段演化的过程。事实上，西方发达工业国家早期在推行数字化变革时也因网络化和智能化条件欠缺，先后经历了数字化、网络化和智能化三个发展阶段。但从上述美国、德国特别是中国近年来的实践看，并没有充分的证据表明"三化"之间是严格按照从低到高的"串联"顺序进行的。二是"并行论"。将制造业的高质量转型升级分为三个发展阶段，即以计算机数字控制为代表的数字化制造、在数字化制造和互联网普及基础上的数字化网络化制造以及以数字化、网络化、智能化制造为主要表征的新一代智能制造。就目前而言，中国正处于新一代智能制造发展阶段，制造业的数字化、网络化、智能化是协同并进的关系。而这与上述案例的内容也是一致的。特别是对于中国而言，由于大中小微各类制造业企业发展水平不同，既有处于工业 1.0、工业 2.0 阶段的企业，也有处于工业 3.0 并向工业 4.0 迈进的企业（罗序斌，2019）[①]，因此更应从"三化"协同维度，推进制造业高质量发展。

那么"互联网＋"背景下何为制造业的数字化、网络化、智能化？本部分认为，制造业的数字化是互联网信息技术融入企业的生产、管理、销售、服务等各环节，促使传统业务数字化转型。比如，红领服饰为满足西服个性化定制需求而建立的款式数据、版型数据、工艺数据、价格数据库等各类西服制造数据库。从本质上看，数字化的核心在于"数据"，具体包括信息收集、存储、传递和处理等方面的能力，重点强调生产经营全过程数字化的全景感知。网络化是指随着数字技术在制造业中的广泛应用和深入渗透，企业边界、产销边界、时空边界日益模糊甚至趋于消失，企业与企业之间是一种

---

① 罗序斌."互联网＋"驱动传统制造业创新发展的影响机理及提升路径［J］.现代经济探讨，2019（9）：78－83.

共生协作的关系，价值网络中相关利益主体更加注重资源的共享和生产的协同。海尔互联网化转型升级过程中提倡的"企业无边界、供应链无尺度""外去中间商，内去隔热层"的组织变革等就属此类。从本质上看，网络化的核心在于"连接"，包括协同、合作、共享等方面的能力，强调企业内外各类生产经营资源的全面链接。智能化是将信息通信技术、人工智能技术、先进制造技术结合在一起，全面赋能生产要素、参与主体和企业生产经营系统，强调智能设备对劳动力的替代及人、机、网的高度融合与互动。从本质上看，智能化的核心在于"智能"，包括自感知、自决策、自适应、自执行等方面的能力。然而，诚如上文所述，虽然制造业"三化"的内容各有侧重，都在不同程度上反映了制造业转型升级的不同维度、不同层面，但它们之间是相互交融、相辅相成的，都是中国制造业高质量发展中必不可少的一部分①。

二、智能化转型升级的要素

大数据资源、工厂物联网、智能机器人等是"互联网＋"背景下推进智能制造的三大基础性生产要素。

（一）大数据资源

流量经济下，数据为王。数据被人们称为新的石油、新的黄金。② 习近平总书记在多种场合提及"大数据""数字经济"概念，强调其在经济社会发展中的极端重要性，如大数据是工业社会的自由资源，谁掌握了海量数据，谁就掌握了经济竞争的主动权。数字经济时代下，数据已经是一种全新的生产要素。但这种全新要素与劳动、资本、土地等传统的生产要素明显不同，数据特别是大数据这种新资源具有"乘数效应"、强渗透性和非消耗性等特性，不仅能放大传统生产要素的内在价值，而且还有助于推动生产经营全要素、全环节的互联协同，打破自然资源有限供给的制约，从而实现无限供给和生产。从案例中美国工业互联网、德国工业 4.0、中国的"两化融合"战

---

① 罗序斌，黄亮. 中国制造业高质量转型升级水平测度与省际比较——基于"四化"并进视角 [J]. 经济问题，2020（12）：43－52.

② 李政，周希禛. 数据作为生产要素参与分配的政治经济学分析 [J]. 学习与探索，2020（1）：1－7.

略以及智能化生产、大规模个性化定制、网络化协同等企业实践模式看，企业生产经营过程中产生的信息、图片、噪声等海量数据经过分析处理之后，与特定的业务应用场景相结合，能够创造新的价值，有利于企业把握市场新动向，提高市场响应速度，实现全生产过程的实时监测，提升资源配置效率，降低信息获取成本与决策失误概率，从而形成"用数据整合、用数据治理、用数据营销、用数据决策、用数据创新"的智能制造新模式。九江石化设备管理场景中的大数据在保障机器运行、延长设备运行时间、缩短监测工期和节约设备管理人力成本等方面发挥了支撑作用。梦洁家纺依托物联网打造数字化流程控制系统，将门店数据、员工数据、顾客数据、供应商链的合作商数据等纳入企业构建的云端平台，实现企业运营数字化全覆盖，为此积累了大量顾客和会员数据，为企业创造了巨大的价值。维尚家居建立了涵盖全国重点城市约 60 多万个楼盘的 198 万个房型数据库，在全国形成了首个房型云库。陕鼓动力设备运行管理场景中的大数据为客户减少了非计划停机 50％ 以上，延长设备有效运行时间达到 15 天，能够将正常监测工期缩短 50％，并使设备管理人力成本节约了 60％。

（二）工厂物联网

如果不能实时采集到有效海量数据，上述案例中的工业互联网云平台将会处于"无米之炊"的状态，那么制造业企业智能化转型升级也就成为空中楼阁。工业互联网作为新一代互联网信息技术与工业经济深度融合下的必然产物，实现了全要素、全产业链、全价值链的全面连接，将形成全新的生产制造和服务体系，推动工业生产范式转变。据中国工业互联网研究院报告，2020 年中国工业互联网产业增加值规模达 3.1 万亿元，同比增长 47.9％；2021 年，工业互联网产业增加值规模进一步提升，达到了 4.13 万亿元，名义增速比例约为 15.69％，占 GDP 的比重增长至 3.62％。其中，工业物联网是工业互联网发展的重要内容，大数据的获取主要是依靠工厂物联网。与"道路"和"电力"相类似，工厂物联网也已成为一种人造战略型资源，是数字经济时代在工厂互联网基础上发展起来的"新基建"。从技术上看，工厂物联网是通过红外感应器、全球定位系统、激光扫描器等先进的信息技术传感设备，将包括人、机、物等在内的所有终端连接起来进行信息传输和协同交互，实现对物端的感知、识别、定位、跟踪、监控、管理，形成"按需要连接万物"的智能化协同网络。从功能上看，工厂物联网可以在网络连接的设备上获取和分析相关数据，之后再结合远程监视系统，实现制造设备的无缝集成；也可以通过射频识别技术对相关生产资源进行电子化标识，达到生产过程的智能化管理；还可以利用传感器技术加强生产状态信息的实时采集和决策分析，保障安全生产和节能减排。比如，三一重工建设的工厂物联网就使库存率下降了48%，临时计划占比下降了20%。天津钢铁集团建设的超低排放全生命周期信息化系统，使企业全年吨钢综合电耗、水耗同比分别降低了14.37%、12.61%。但有关数据也显示，2018年，中国的工厂物联网应用比例大概为23%左右，而德国是35%，美国为44%，可见中国工业物联网的发展水平与发达工业国家相比还存在不小差距①。

（三）智能机器人

智能工业机器人是制造业智能化转型升级中的核心硬件。对中国、美国、英国、日本和印度等国家的工业企业高管进行的调查问卷中，关于"未来对企业影响最大的是工业互联网、人工智能还是机器人技术"这个问题②，大多数人选择了人工智能，特别是中国和印度的高管普遍认为人工智能技术要比工业互联网更为重要，它将是影响制造业未来国际竞争格局和综合实力提升的决定性因素。其中，智能机器人是人工智能技术在制造业中应用最为广泛、最为基础的领域，是深度学习算法、语音和视觉识别等新一代人工智能技术和机器人先进制造技术融合创新下的产物，具有深度学习、跨界融合、人机交互、自主操控等方面的典型特征。近年来，随着互联网与制造业的融合，中国智能机器人安装量在制造行业内快速上升，特别是电子通信业、汽车业、橡胶与塑料制品业和金属制品业等一些劳动密集型制造行业最为明显，这些行业的智能机器人安装使用量占整个制造行业智能机器人总量的比例达到了90%以上。智能机器人之所以能在制造业领域获得广泛应用，一方面是因为

① 李君，成雨，窦克勤，等．互联网时代制造业转型升级的新模式现状与制约因素［J］．中国科技论坛，2019（4）：68-77．

② 高柏，朱兰．从"世界工厂"到工业互联网强国：打造智能制造时代的竞争优势［J］．改革，2020（5）：5-18．

智能机器人能够完成那种适应性强、难度大和敏捷性要求高的复杂劳动，可以降低人的劳动强度、减少劳动风险，提高生产线的灵活性和生产的精确度，提升生产力和竞争力；另一方面则是因为智能机器人能够创造虚拟劳动力，解决劳动力短缺问题，提高劳动生产效率。比如，智能机器人在 2019～2022 年抗击新冠肺炎疫情、助推制造业企业复工复产中就发挥了积极作用，由此成为新基础设施建设的重要部分。此外，日本为了抓抢科技革命和产业革命的先机，提前布局，颁布《日本机器人战略：愿景、战略、行动计划》，并聚焦以下重点领域：一是以工业机器人技术与信息技术、大数据、互联网的深度融合创新为着力点，驱使制造业领域的结构变革。机器人的重点应用领域将从以汽车、电子等大型制造业企业为主，以及嵌入大规模生产线中的工业智能机器人为主，转向更广泛的制造领域以及各种各样应用环境的服务领域、中小企业等。二是以智能机器人为基础，深化工业物联网的应用，并通过互联网通信和安全技术的标准化建设，将各种类型的企业连接和整合起来，构筑包括中小企业在内的、跨行业的互联互通机制，增强制造业企业之间的资源对接，增加协作发展的机会。三是运用工业物联网和大数据、人工智能、智能机器人，构建跨越供应链、工程链、生产流程链的新型制造系统，以及集物资采购、库存管理和用户信息于一体的信息网络平台。

三、智能化转型升级的路径

智能制造不仅体现在中间环节生产制造的智能化上，还与前端部位的智能化市场调查、智能化产品研发，后端部位的智能化营销、智能化服务以及制造业整个价值链形态的智能化转变等密切相关，这些内容涉及整个制造业产业链、价值链的全环节、全过程（陈瑾和李若辉，2019)[①]。因此，从这个角度看，"互联网＋"背景下制造业智能化转型升级本质上是一种覆盖制造业全产业链、价值链的一种创造创新活动，具体可以从产品、企业、产业这三个核心层面展开。其中，产品智能化升级是基础，企业智能化升级是核心，

---

① 陈瑾，李若辉. 新时代我国制造业智能化转型升级机理与升级路径 [J]. 江西师范大学学报（哲学社会科学版），2019（6）：145-152.

而产业智能化升级是最终形态。

（一）微观路径——产品智能化

产品智能化是制造业企业智能化转型升级过程中需要考虑的首要问题。倘若不能生产出智能化的产品，那么企业的智能化转型升级也就没有任何意义。具体而言，产品智能化路径可以从以下三个方面来推进：一是产品智慧化。智慧化的产品是由物理部件、智能部件和互联部件等构成。其中，物理部件主要包含产品的机械和电子零件；智能部件主要是利用数字化的硬件和软件技术，提供比传统产品更多的新功能；而互联部分主要是通过互联网、移动互联网、物联网使产品在生产系统、供应链和用户之间无缝连接，成为智能互联的终端。智慧化产品包括消费型、服务型和生产型，其中，每一类产品的部件和功能都是基于用户最佳体验而设计生产出来的，具有自感应、自适应、自学习和自决策等特征，可以实时收集产品使用过程中的质量反馈数据，不断驱使产品迭代升级。比如，德国西门子公司研发生产的智能燃气轮机，能够随时检测自身运转状况，并可以通过大数据、人工智能等技术分析燃气轮机上 5000 多个传感器提供的数据，保障设备的运行安全并提供相应的维修决策。长安汽车也以智能驾驶和智能互联为目标打造出来一款智能汽车，其可以通过应用嵌入式互联网信息技术，提供一键泊车、车道偏离报警、怠速启停智能节油系统、车载信息系统和智能终端等前沿智能产品，为车主提供良好的驾驶体验。二是产品的个性化。数字技术为产品个性化的实现提供了条件。随着互联网经济的快速发展，消费者的角色和消费模式正在发生改变，以前的线下消费开始逐步向线上线下一体化消费变迁，开始由过去的被动消费者转为主动消费者，并逐步成为消费行为的主导者。此外，随着 AI 制造技术的发展，传统的以企业为中心的同质化产品设计和生产模式也将逐步向以消费者为中心的个性化产品模式转变。从某种程度上说，产品的个性化是数字经济时代互联网赋能产品智能化变革的重要体现，其实现路径是通过数字技术、智能技术的运用，促进产品内容个性化、产品外观个性化、产品服务个性化。比如，苹果手机提供的个性化内容模块，就可以为消费者在产品使用过程中获得内容"DIY"的体验。小米公司打造的发烧友用户平台，也能够让用户直接参与企业的产品设计和开发，并通过循环迭代的创新形式，满足消费者快速增长的个性需求。三是产品的品牌化。品牌是产品认知的利益载体、价值系统、信用体系。中国是典型的"制造大国，品牌小国"，长期以来对工业品牌塑造的重视程度不够。比如，上述案例中美国的工业互联网、德国的工业4.0都具有明显的国际战略品牌属性，而中国两化融合战略的品牌特质并不明显。当前，品牌是影响消费者购买决策的关键因素。大力实施产品品牌化战略，不仅是推进制造业高质量发展的应有之义，也是提升制造业创新力、竞争力和影响力的有力之举。从根本上看，产品或企业的智能化转型升级也是一个品牌化形塑的过程，那些收获更多点赞、更多好评的智能化产品和信誉更好的企业，更能收获长期的"口碑红利"、形成优质的品牌资产。

（二）中观路径——企业智能化

制造业企业智能化转型升级涉及方方面面，包括研发、制造、营销、管理等诸多环节，就其中亟待突破的"卡脖子"环节而言，最为关键的、最为核心的智能化推进路径应该有以下三条：一是生产制造环节的智能化转型升级。生产制造环节的智能化是德国工业4.0战略的核心内容，是基于大数据、云计算、物联网、工业互联网、人工智能等新一代数字技术和智能技术，发展具有自分析、自执行、自纠偏、自维护等"智慧"功能的智能化生产制造系统，其目的在于驱使过去的标准化、大批量、大规模制造模式向当前的多品种、小批次、个性化制造转变，驱使过去的机械化、自动化制造模式向如今的智能化、柔性化生产转变。比如，在企业的生产制造现场，可以依托先进的数字制造技术，实现对机械设备、生产线、生产车间及整个工厂全方位的联结与智能管控，能够优化工艺参数；在产品质量控制方面，可以利用智能机器人提升质检效率，提高良品率。二是组织管理环节的智能化。管理也是一种资源，能够创造生产力。组织管理环节的智能化是将先进的数字技术、智能技术深度应用于生产经营管理全过程之中，建立基于数字技术和智能技术的客户关系管理、生产数据管理、供应链管理、产品生命周期管理等自组织管理体系。在此基础上，可以通过人工智能和大数据分析技术，对生产经营管理中的各项数据进行深度挖掘，精确发现和寻找管理漏洞，进而提出调优策略。在资源支持、自主决策、信息共享、自我服务体系下，可以依托数字化平台，形成员工自激励、自管理和自驱动的自组织机制。比如，韩都衣舍顺应数字经济发展的大势，颠覆服装企业传统的组织管理模式，大胆实施管理的去"中心化"和"层级化"变革，将"互联网＋"情景中平等、开放、合作的思维作为组织架构和运行的基本原则，自组织形成"联排插座"产品小组制，即采用包产到户方式，让每个品牌、每个款式都由一个小组负责，大大提高了生产效率。在这种产品小组制体制下，韩都衣舍的组织结构呈"倒金字塔"型。与此同时，实施柔性供应链改造计划，倒逼供应商从过去的大批量、单一的订单模式转变为现在的小批量、多款、快速的订单模式，以此适应互联网时代人们对于服饰消费的个性化需求。三是销售服务环节的智能化。这个环节的智能化是以消费者为中心，强调"需求——智能媒介——产品"的拉动式营销，其实现路径主要是将数字技术和智能技术与营销服务相融合，通过移动互联网、大数据、云平台等先进技术与产品的终端客户直接发生关系，最大限度掌握客户信息，并根据用户的个性需求及时推出关联度高的产品资讯。与被动式需求分析与营销服务相比，数智化营销的特点突出表现在实时性、主动性、智能化。实时性体现在消费者需求信息的收集、分析、存贮、转换以及消费者需求关注、引导的实时性；主动性体现在不是被动感应、被动分析消费需求，而是以主动联系、主动响应、主动引导等为基础的需求管理；智能化体现在新一代数字技术和智能技术对销售服务的赋能上。比如，打造社交电商在线互动平台，加强企业与消费者的直接沟通，对用户搜索、购买、评论和使用等全过程的消费数据进行收集和分析，形成产品的消费特征及其变化趋势的全景式图谱，帮助企业开发适销对路的产品；利用大数据、人工智能等分析技术，帮助企业优化供应链，提高供应链质量；使用区块链、物联网等链接技术，建立企业、用户及其产品的实时连接和产品质量追溯机制，开发在线监测、远程运维、个性化定制等增值服务，增加企业利润。

（三）宏观路径——产业智能化

企业层面的智能化不代表整个产业智能化，由企业智能化走向产业智能化还需将所有关联的企业连接起来，按照信息共享、业务协同、产业集聚的要求，对产业链、价值链、供应链、创新链等进行全面整合，形成一个全新的产业智能生态。这个新的产业生态，具体可以从纵向和横向两个角度来进行构建：一是基于平台核心型制造业企业的纵向产业智能化生态。在这个新的产业系统中，平台核心型企业通过工业云平台，将上下游产业链接成合作共生的新产业生态，进而满足最终消费者的特定需求。比如，华为智能手机的发展就是一个新的产业生态系统，而华为这个核心平台型企业则是产业智能化转型生态系统的中心企业，上下游相关支撑型企业是重要组成部分，其中，上游的支撑性产业（企业）群落主要包括手机芯片、屏幕及各类硬件元件/传感器的生产商；下游的应用性产业群落主要是智能手机、硬件外设制造商、APP应用开发商。二是与横向竞争者、关联制造企业（如智能机器人、3D打印、智能传感设备、工业设计等）展开战略性合作，致力于跨产业并购或产业联盟而形成的横向产业智能化生态。比如，宝马、英特尔和Mobileye建立的产业技术研发联盟；奥迪、宝马、奔驰建立的数据共享联盟；丰田、爱立信、日本通信服务商建立的汽车边缘计算联盟。这些产业联盟，加大了企业横向整合技术、数据等各类外部资源的力度，有助于打破现有制造业体系的线性关系，形成新的产业开放合作系统。这种路径能够发挥核心企业或优势企业的带动作用，有利于推广其运用新一代信息技术促进企业数字化转型升级的成熟经验，进而牵引更多的关联企业进行产品、企业智能化改造，提升整个产业生态的智能化水平。

第五节　本章小结

当前，随着新一代互联网信息技术，特别是新一代数字技术和智能技术与制造业融合程度的持续深化，制造业正在发生颠覆性变革，其中，智能制造就是其变革的方向。因此，构建制造业智能化转型升级的理论分析模型尤为重要，而理论的获取多来源于实践。相当长一段时间以来，美国、德国和中国等世界主要工业国家基于产业发展的大趋势，纷纷把互联网与制造业的深度融合上升到国家战略层面，作为驱动制造业智能化转型升级的新引擎，并在企业火热的实践中涌现了许多极具创新性的案例。基于此，在对这些国家发展战略、企业实践模式等内容进行系统梳理、深入分析的基础上，提炼基于目标、要素和路径三位一体的制造业智能化转型升级模型，并对其进行深入的理论阐释。需要进一步探究的是：一是制造业不同细分行业智能化转型升级的路径及具体模式，比如中国制造业虽然门类众多，但是各个行业的发展特点和发展水平不同，特别是钢铁、机械、汽车、电子等行业智能化的发展条件存在差异，这就意味着这些行业的智能化转型升级必然是一般性与特殊性相结合的结果。因此，既要整体把握制造业智能化转型升级一般规律，更要对不同细分行业的智能化转型升级进行探索性研究。二是对制造业智能转型升级水平进行测度，并从省级或行业层面对其进行全方位的比较分析。除此之外，还要对制造业智能化转型升级的技术、制度、人才等方面的政策环境进行研究。因为制造业智能化转型升级不仅依赖新一代数字技术和智能技术的发展，还需要有硬件、软件等配套产业的发展以及相关法律法规等方面的支持。

第六章 "互联网+"与制造业高质量发展：情景评价

第一节 引言

"互联网+"背景下推进制造业转型升级是经济高质量发展的核心，也是构建现代化经济体系的重要一环（任保平，2019）①。在新一轮科技革命和产业变革方兴未艾的背景下，针对美国的"先进制造业伙伴关系计划"、德国的"工业4.0"和"国家工业战略2030"、法国的"新工业法国"、日本的"再兴战略"等发达国家"再工业化战略"导致的制造业回流，以及越南、印度、柬埔寨等发展中国家的动能转换而带来的制造业外流，中国对新形势下制造业如何更好发展提出了新要求，进行了新部署。比如，2018年12月19日，中央经济工作会议将"推动制造业高质量转型升级"列为2019年七项重点工作的首位。2019年4月19日，中央政治局分析研究经济形势指出，要发挥新一代互联网信息技术的作用，增权赋能制造业转型升级。随着人类社会大步迈入数字社会，以及互联网基础设施的不断完善、互联网信息技术的持续创新，"互联网+制造业"成为数字经济时代制造业的创新形式。2019年12月10日，中央经济工作会议再次聚焦制造业转型升级和高质量发展问题，提出要发展数字经济，提升产业基础能力和产业链现代化水平，推动制造业优化升级，打造具有国际竞争力的先进制造集群，促进产业高质量发展。2020年

---

① 任保平. 新时代我国制造业高质量发展需要坚持的六大战略 [J]. 人文杂志，2019（7）：31－38.

5 月 22 日，《政府工作报告》提出，要全面推进"互联网＋"，发展工业互联网，推动智能制造。

事实上，改革开放以来，中国制造业之所以发展迅猛，国际地位之所以快速提升，很大程度上在于探索制造业转型升级的新路径，在于不断寻求新优势、培育新动能。但与德国、美国、日本等国家相比，中国制造业整体呈现产业结构单一、制造产品附加值低、制造模式比较粗放等特点，还有很大的提升空间。特别是随着移动互联网、物联网、区块链、大数据、人工智能等新一代互联网信息技术在制造业的广泛应用，不同省市区制造业转型升级的水平更是表现不一，制造业高质量转型升级也被赋予了不同的新内涵。因此，如何把握"互联网＋"大背景下制造业高质量转型升级的新内涵？如何构建能够反映数字经济新特征的评价指标体系？测度各省市区制造业高质量转型升级水平，以及在此基础上如何探索影响中国制造业高质量转型升级的因素？显然，深入研究这些问题，无论是对当前及今后相当长时间内中国经济高质量发展的重点推进，还是对不同区域、不同省市区制造业的"换轨变道"，以及制造业国际竞争力、影响力的整体提升均具有重大意义。

第二节　文献回顾

"互联网＋"背景下对制造业高质量转型升级水平进行科学合理的评价，已经成为一个亟待研究的重大理论和实践问题。然而，测度制造业高质量转型升级水平，必须明确新时代下制造业高质量转型升级的内涵及其外延特征，必须解决从什么角度、选择什么指标进行评价的问题。从理论源流看，制造业的高质量转型升级来自经济高质量发展。在党的十九大报告中习近平总书记明确指出，"中国特色社会主义进入了新时代，我国经济已进入了由高速增长阶段转向高质量发展的新阶段"。至此，高质量发展成为中国经济转型升级、产业发展提质增效的主要方向，也成为近年来学术界探索的焦点。从现有文献看，经济高质量转型升级有广义和狭义之分。广义的内涵是体现"创新、协调、绿色、开放、共享"五大新发展理念，是更高水平、更有效率、更加公平、更可持续，能够满足人民不断增长的美好生活需要的发展（金碚，2018）①，即从规模的"量"到结构的"质"、从"有没有"转到"好不好"，从经济高速度转向经济高质量（张军扩等，2019）②，主要包括经济效益、社会效益、生态效益和经济运行状态的高质量（简新华和聂长飞，2020）③；狭义的定义是以产品和服务的高质量为特点的生产发展（李金昌等，2019）④。其中，是否有利于解决我国社会主要矛盾、是否有利于解决发展不平衡不充分问题、是否有利于满足人民日益增长的美好生活需要的"三个有利于"，是判断"互联网＋"时代经济高质量转型升级的根本标准。在此概念释义的基础上，有学者对经济高质量转型升级的评价指标体系进行了探索。比如，马茹等（2019）⑤从高质量供给、高质量需求、发展效率、经济运行和对外开放等维度构建了中国区域经济高质量转型升级评价体系，并进行了相应的实证分析；田鑫（2020）⑥则从经济活力、经济创新、绿色发展、民生发展等维度构建评估指标，对长三角城市高质量发展的程度进行了研究；等等。但进一步深入聚焦制造业高质量转型升级的文献还不多，有关定量方面的探讨也相对不足。

制造业高质量转型升级是通过制造业结构升级、技术创新、新动能培育，提高制造业综合效率和竞争力的动态发展过程，是在党的十九大报告"五大新发展理念"的指导下，制造业生产制造销售全过程实现生产要素投入低、资源配置效率高、品质提升实力强、生态环境质量优、经济社会效益好的高水平发展（余东华，2020）⑦。新形势下推进制造业高质量转型升级，就是要以提高供给质量为着力点，以技术创新为核心动力，以先进制造、智能制造、

①　金碚. 关于"高质量发展"的经济学研究［J］.中国工业经济，2018（4）：5－18.

②　张军扩，侯永志，刘培林，等. 高质量发展的目标要求和战略路径［J］.管理世界，2019（7）：1－7.

③　简新华，聂长飞. 中国高质量发展的测度：1978－2018［J］.经济学家，2020（6）：49－58.

④　李金昌，史龙梅，徐蔼婷. 高质量发展评价指标体系探讨［J］.统计研究，2019（1）：4－14.

⑤　马茹，罗晖，王宏伟，等. 中国区域经济高质量发展评价指标体系及测度研究［J］.中国软科学，2019（7）：60－67.

⑥　田鑫. 长三角城市经济高质量发展程度的评估——基于因子K值均值方法的实证分析［J］.宏观经济研究，2020（3）：92－100＋119.

⑦　余东华. 制造业高质量发展的内涵、路径与动力机制［J］.产业经济评论，2020（1）：13－32.

高端制造与绿色制造为主要抓手，坚持新发展理念和质量效益相结合，促进制造业质量、效率和动力变革。基于此，有关制造业高质量转型升级的评价指标体系可从经济效益、技术创新、绿色发展、质量品牌、两化融合、高端发展等方面进行构建和衡量（江小国等，2019）①。然而，新一代互联网信息技术的发展彻底改变了制造业原有的基础设施及竞赛规则，提供了全新的赛道（尚会永和白怡珺，2019）②，使得制造业高质量转型升级的内涵有了新变化。比如，有学者认为"高新化"是互联网时代制造业高质量转型升级的应有之义。所谓的"高"是指产业内部结构和产业价值链定位的高级化，对应制造业升级；"新"是指产业发展形态和生产技术工艺的新型化，对应制造业转型（余东华等，2017）③，并可从要素集约化、技术绿色化、价值链攀升、生产智能化这四个方面构建制造业高质量转型升级的评价指标体系。也有学者认为制造业的高质量发展就是制造业智能化转型升级，可从智能技术、智能应用和智能效益三个层面构建智能化发展程度的评价指标（李健旋，2020）④。足见，经过学者的不断探索，有关制造业高质量转型升级的内涵得以丰富和完善，相应的评价指标体系也在不断改进和发展，但总体而言这方面的理论研究滞后于实践，还难以全面反映"互联网＋"背景下制造业高质量转型升级的内在要求，需要进行超前研究。基于此，本章将重点研究两方面的内容：第一，界定"互联网＋"背景下制造业高质量转型升级的科学内涵，进而构建评价指标体系，并对中国制造业高质量转型升级水平进行综合评价和省际比较。第二，精准识别"互联网＋"背景下影响制造业高质量转型升级的因素，并对这些因素的内在影响机理进行剖析。

---

① 江小国，何建波，方蕾. 制造业高质量发展水平测度、区域差异与提升路径［J］.上海经济研究，2019（7）：70－78.

② 尚会永，白怡珺. 中国制造业高质量发展战略研究［J］.中州学刊，2019（1）：23－27.

③ 余东华. 制造业高质量发展的内涵、路径与动力机制［J］.产业经济评论，2020（1）：13－32.

④ 李健旋. 中国制造业智能化程度评价及其影响因素研究［J］.中国软科学，2020（1）：154－163.

第三节 制造业高质量转型升级评价
指标与评价方法

一、制造业高质量转型升级的内涵

"互联网＋"下制造业高质量转型升级的内涵应该充分体现数字经济时代产业发展的新要求。《关于积极推进"互联网＋"行动的指导意见》《国家创新驱动发展战略纲要》《关于深化制造业与互联网融合发展的指导意见》《智能制造发展规划（2016－2020）》《新一代人工智能发展规划》《"十四五"数字经济发展规划的通知》等有关推进互联网、数字技术与制造业深度融合的政策和文件对数字经济形势下中国制造业高质量转型升级的方向进行了明确，提出要大力实施"互联网＋"协同制造，要把制造业数字化、网络化、智能化、绿色化作为提升产业竞争力的技术基点，推进制造业质量变革、效率变革和动力变革，实现更高质量发展。基于此，结合智能制造、大规模个性化定制、网络化协同、服务型制造、绿色制造、柔性制造，制造业高质量转型升级可以从数字化、网络化、智能化和绿色化"四化"并进的维度来进行解读和阐释，或者说"四化"并进就是数字经济时代制造业高质量转型升级的基本要义。

具体而言，制造业高质量转型升级的数字化维度是利用互联网、物联网、大数据、区块链、人工智能等新一代互联网信息技术，打造数字化工业平台，形成用数据说话、用数据管理、用数据营销、用数据决策、用数据创新的生产经营管理模式。从本质上看，数字化维度的核心在于"数据"，包括数据收集、数据存取、数据处理、数据挖掘、数据预测和数据表达等方面的能力。如红领服饰将客户有关西服领型、袖型、扣型、口袋等数据积累起来，与款式数据、工艺数据相结合，形成一个大数据中心，满足用户的个性化定制需求。网络化维度是指随着制造业与互联网融合程度的加深，传统意义上的企业边界、产销边界、时空边界变得日益模糊甚至趋于消失，企业与企业之间更多是一种融合共生的关系，更加注重价值链中相关利益主体的协作生产和信息共享。如海尔提倡的"企业无边界、供应链无尺度""外去中间商，内去隔热层"就是企业组织网络化变革的典型案例。从本质上看，网络化维度的核心在于"链接"，包括协同、合作、共享能力。智能化维度是将新一代人工智能技术与先进制造技术结合在一起，共同赋能企业生产经营系统，强调新一代智能工业机器人对人脑与体力的替代，以此实现人、机、网的高度融合和互动，降低生产风险，节约劳动力成本，提升生产效率。从本质上看，智能化的核心在于"智能"，主要包括自感知、自决策、自适应、自执行等能力。如当前的智能工厂、智能车间、智能生产线、智能设备等就属于此类范畴。而绿色化则注重新一代信息技术与绿色制造技术的融合，强调生产制造过程中的节能减排和环境保护，以及"烟熏火燎"的粗放型增长向"蓝天白云"集约型发展模式的转变，这也是绿色发展新理念下厚植绿色基因，促进制造业高质量转型升级的一个关键维度。从本质上看，绿色化维度的核心在于"环保"，包括清洁生产、绿色营销等方面的能力。虽然制造业高质量转型升级"四化"的内容各有侧重，都反映了高质量的不同层面，但实际上它们并非独立的个体，而是相辅相成、协同并进的关系，共同构成了制造业高质量发展。

二、制造业高质量转型升级的评价指标体系

根据制造业高质量转型升级的内涵，构建制造业"四化"并进的评价指标体系，涵盖了数字化、网络化、智能化和绿色化四个维度的 16 项指标，具体如表 6 - 1 所示。

表 6 - 1　制造业"四化"并进评价指标体系

一级指标	二级指标	指标解释	单位	属性
数字化	数字化人才储备情况	软件和信息技术服务业从业人数	万人	正向
	数字化软件应用情况	软件产品收入、信息服务收入与嵌入式系统软件收入之和	亿元	正向
	数据处理与存储能力	信息系统集成服务收入、数据处理和存储服务收入之和	亿元	正向
	数字化设备投入情况	信息传输、软件和信息技术服务业固定资产投资总额	亿元	正向

续表

一级指标	二级指标	指标解释	单位	属性
网络化	互联网端口覆盖度	互联网宽带接入端口数/国土面积	个/平方千米	正向
	长途光缆建设水平	长途光缆线路长度/国土面积	千米/100平方千米	正向
	企业互联网可及性	制造业企业互联网普及率	%	正向
	电子商务发展水平	电信业主营业务收入	亿元	正向
智能化	智能制造企业规模	智能制造企业主营业务收入/制造企业主营业务收入	%	正向
	智能生产从业情况	电子及通信设备制造业从业人数/制造业从业人数	%	正向
	智能技术创新能力	制造业有效发明专利数/制造业R&D人员全时当量	件/人	正向
	智能产品销售收入	制造业新产品销售收入/制造业主营业务收入	%	正向
绿色化	单位增加值能源消耗量	制造业能源消耗量/制造业增加值	万吨标准煤/亿元	逆向
	单位增加值电力消耗量	制造业电力消费量/制造业增加值	亿千瓦时/亿元	逆向
	单位增加值废水排放量	制造业废水排放量/制造业增加值	万吨/亿元	逆向
	单位增加值废气排放量	制造业废气排放量/制造业增加值	亿标立方米/亿元	逆向

（一）数字化维度

制造业的数字化主要是通过软件和信息服务业与制造业的深度融合来实现的。基于此，用软件和信息服务业的部分指标来衡量制造业数字化发展状况，具体包括四个指标：数字化人才储备情况、数字化软件应用情况、数据处理与存储能力、数字化设备投入情况。其中，数字化人才储备情况用软件和信息技术服务业从业人数来表示；数字化软件应用情况用软件和信息技术服务业的软件产品收入、信息服务收入与嵌入式系统软件收入之和来度量；数据处理与存储能力用软件和信息技术服务业的信息系统集成服务收入、数据处理和存储服务收入之和来考察；数字化设备投入情况用信息传输、软件和信息技术服务业固定资产投资总额表示。

（二）网络化维度

与"道路"和"电力"类似，互联网也是一种重要的人造战略型资源。这个维度主要反映了以工业互联网、移动互联网、物联网、5G 网络等为代表的网络基础设施建设情况，选取互联网端口覆盖率、长途光缆建设水平、企业互联网可及性、电子商务发展水平这四个指标来测度。其中，互联网端口覆盖率用互联网宽带接入端口数与国土面积比值来度量；长途光缆建设水平用长途光缆线路长度与国土面积比值来衡量；企业互联网可及性用制造业企业互联网普及率表示，该指标等于有电子邮箱和企业网址的样本企业数除以样本企业总数，相关数据来自中国工业企业数据库；电子商务发展水平用电信业主营业务收入来刻画。

（三）智能化维度

制造业企业的智能化主要体现在智能产品研发、智能生产制造和智能营销管理等方面。本维度包含四个指标：智能制造企业规模、智能生产从业情况、智能技术创新能力、智能产品销售收入。其中，智能制造企业规模使用智能制造企业的主营业务收入占制造业企业主营业务收入的比重来衡量；智能生产从业情况用电子及通信设备制造业从业人数占制造业从业人数的比重来表示；智能技术创新能力用制造业有效发明专利数与制造业 R&D 人员全时当量的比值来表征；智能新产品销售收入用制造业新产品销售收入占制造业主营业务收入的比重来度量。

（四）绿色化维度

该维度反映的是绿色发展新理念下制造业清洁生产和资源效率综合利用的状况，根据相关研究，主要选取单位增加值能源消耗量、单位增加值电力消耗量、单位增加值废水排放量以及单位增加值废气排放量这四个指标来进行考量。其中，单位增加值能源消耗量、单位增加值电力消耗量分别用制造业能源消耗量、制造业电力消费量与制造业增加值的比重来表示；单位增加值废水排放量、单位增加值废气排放量分别用制造业废水排放量、制造业废气排放量与制造业增加值的比重来表示。

三、制造业高质量转型升级水平的测算方法

制造业高质量转型升级评价的关键在于确定权重。本部分采用熵权法进行赋权，该方法属于客观赋权方法，可以避免如德尔菲法（专家咨询法）等主观赋权法在分析问题时产生的偏差。在此基础上，再进行综合评价和客观分析。运算步骤如下：

（一）各评价指标的归一化处理

为了消除不同量纲的影响，在计算权重之前需要对评价体系的各项指标进行归一化处理，用归一化后的相对数值替代原先的绝对数值，使得不同计量单位和数量级的指标具有可比性。计算公式如式（6-1）~式（6-2）所示：

$$Y_{ij} = \frac{x_{ij} - \min(x_{1j}, \cdots, x_{nj})}{\max(x_{1j}, \cdots, x_{nj}) - \min(x_{1j}, \cdots, x_{nj})} \quad \text{正向指标} \quad (6-1)$$

$$Y_{ij} = \frac{\max(x_{1j}, \cdots, x_{nj}) - x_{ij}}{\max(x_{1j}, \cdots, x_{nj}) - \min(x_{1j}, \cdots, x_{nj})} \quad \text{逆向指标} \quad (6-2)$$

假设评价对象有 n 个样本，其中每个样本存在 m 个指标，则 x_{ij} 代表第 i 个样本的第 j 个指标的原始值；Y_{ij} 表示处理后的标准值。

（二）各评价指标熵值的确定

在各指标归一化的基础上，计算第 j 个指标下第 i 个样本值的比重：

$$p_{ij} = \frac{Y_{ij}}{\sum_{i=1}^{n} Y_{ij}}, i = 1, \cdots, n; j = 1, \cdots, m \quad (6-3)$$

进一步计算得出第 j 个指标的熵值：

$$e_j = -k \cdot \left(\sum_{i=1}^{n} p_{ij} \cdot \ln p_{ij} \right), i = 1, \cdots, n; j = 1, \cdots, m; e_j \geq 0, k = \frac{1}{\ln n} > 0$$

$$(6-4)$$

（三）各评价指标权重的确定

第 j 个评价指标的权重 W_j 为：

$$W_j = \frac{\gamma_j}{\sum\limits_{j=1}^{m} \gamma_j}, j = 1, \cdots, m \qquad (6-5)$$

式（6-5）中，$(\gamma_j = 1 - e_j, j = 1, \cdots, m)$ 为根据熵值计算的信息熵冗余度。

最后，对各个指标的权重进行加权，得到综合指数，用 Z_i 表示第 i 个评价对象的综合指数，则：

$$Z_i = \sum\limits_{j=1}^{m} W_j \cdot Y_{ij}, i = 1, \cdots, n; j = 1, \cdots, m \qquad (6-6)$$

第四节　制造业高质量转型升级的评价结果

基于解决实际问题的需要及数据可获得性的考虑，选取 2009～2017 年为样本区间，运用上述实证测算方法，从数字化、网络化、智能化、绿色化"四化"并进的视角对中国制造业高质量转型升级的趋势、特征进行分析判断和省际比较。

一、制造业"四化"并进的态势分析

从制造业"四化"并进的各个维度发展态势看，第一，2009～2017 年中国制造业数字化指数不断提高，持续向好的态势明显，数字化技术在生产过程中有了广泛应用，制造业企业对数字化研发设计工具、数字化生产装备、信息系统集成与优化管理软件等方面的需求大幅激增。比如，根据全国两化融合平台实时监测数据显示，截至 2020 年第一季度，中国制造业数字化研发设计工具普及率达到了 70.8%，关键工序数控化率上升到 50.5%，可见中国制造业数字化转型升级已见成效。第二，2009～2017 年制造业网络化转型升级水平分为两个阶段，前一个阶段的总体特征是波动式上升；后一个阶段，即 2014 年之后，上升态势平稳且有"稳中快进"的特点。这种走向与 2015 年"互联网＋"上升为国家战略有紧密联系。比如，国家层面发布的《关于积极推进"互联网＋"行动的指导意见》《关于深化制造业与互联网融合发展的指导意见》以及全国各个省市区先后出台的具体实施方案和细则，都把

"互联网＋"作为驱动制造业转型升级的内在动力，不断加大互联网基础设施方面的建设力度。截至 2019 年底，中国移动电话基站已达到了 841 万个，光缆线路总长度 4750 万公里，固定互联网宽带接入用户 4.49 亿户，4G 用户总数 12.8 亿户，这为中国各地区制造业企业"上云上平台"提供了强有力的保障。第三，2009～2017 年中国制造业智能化转型升级水平稳步上升，并随着近年来新一代人工智能技术发展及《新一代人工智能发展规划》《促进新一代人工智能产业发展三年行动计划（2018－2020 年）》等相关政策的出台和落地，人工智能与制造业融合的进程提速，进而使得中国制造业智能化转型升级水平有了明显提高。比如，从全国智能工厂建设情况看，根据《2017～2018 年中国智能制造发展蓝皮书》的统计数据，中国已经建成了 200 多个智能工厂；另外，从工业智能机器人产量及增长情况看，2017 年全国工业智能机器人产量突破 132 万套，2019 年达到了 147.87 万套，连续 7 年成为全球第一大应用市场。第四，2009～2017 年中国制造业绿色化指数高位运行，发展成效显著，样本区间内的分值均保持在 0.7 以上，表明"绿水青山就是金山银山"的绿色发展新理念正成为中国制造业绿色化转型升级的"快进键"，越来越多的制造业企业收获了产值增长与环境保护协调发展的低碳红利。

从制造业"四化"并进的整体发展态势看，2009～2017 年中国制造业"四化"并行发展平稳上升，尤其近年来上扬趋势更是明显，但"四化"内部发展不平衡，其中，绿色化发展水平最高，数字化、网络化、智能化这"三化"的水平相对较低，且三者之间比较靠近，由此可以判断中国制造业总体上还是处于低水平、低质量的"协调并进"阶段。如图 6－1 和表 6－2 所示，2009～2017 年中国制造业"四化"并进指数均值仅为 0.2202，其原因主要在于，与制造业绿色化转型相比，中国制造业数字化、网络化、智能化进程相对缓慢，还有很大加速空间。事实上，制造业的数字化、网络化、智能化发展也能在很大程度上推进制造业绿色化转型。而制造业的绿色化根本上也是制造业数字化、网络化、智能化的应有之义。因此，要走制造业数字化、网络化、智能化和绿色化"同时并举，融合发展"的新路，需在稳步推进绿色化转型升级的同时，重点加快制造业数字化网络化智能化发展。

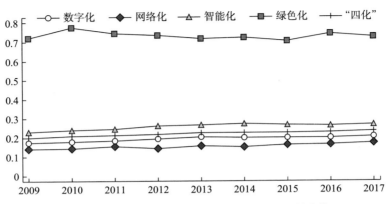

图 6 - 1　2009～2017 年制造业"四化"并进的态势

表 6 - 2　制造业"四化"并进水平的省际比较

序号	省份	数字化	网络化	智能化	绿色化	"四化"程度
1	广东	0.9143（1）	0.4089（2）	0.9067（1）	0.9418（2）	0.7695（1）
2	江苏	0.8610（2）	0.3171（4）	0.5658（4）	0.8930（4）	0.6363（2）
3	北京	0.8091（3）	0.3312（3）	0.6259（3）	0.8850（6）	0.6319（3）
4	上海	0.4212（4）	0.7912（1）	0.7177（2）	0.8934（3）	0.6177（4）
5	浙江	0.3650（7）	0.2623（5）	0.2879（10）	0.8637（9）	0.3381（5）
6	山东	0.3979（6）	0.2321（6）	0.1863（16）	0.8756（8）	0.3198（6）
7	辽宁	0.4002（5）	0.1487（11）	0.1603（17）	0.7813（18）	0.2868（7）
8	四川	0.2842（8）	0.1288（14）	0.3494（7）	0.8533（14）	0.2793（8）
9	天津	0.1169（13）	0.1958（7）	0.4909（5）	0.9709（1）	0.2649（9）
10	福建	0.2509（9）	0.1569（10）	0.3040（8）	0.8559（12）	0.2621（10）
11	重庆	0.1362（12）	0.0849（19）	0.4298（6）	0.8569（11）	0.2222（11）
12	湖北	0.1408（11）	0.1392（12）	0.2291（12）	0.8433（16）	0.1909（12）
13	湖南	0.0788（14）	0.1263（15）	0.2988（9）	0.8619（10）	0.1780（13）
14	陕西	0.1470（10）	0.0943（17）	0.1583（18）	0.8816（7）	0.1654（14）
15	安徽	0.0513（19）	0.1292（13）	0.2547（11）	0.8417（17）	0.1554（15）
16	河南	0.0555（16）	0.1755（8）	0.1501（20）	0.8557（13）	0.1459（16）
17	广西	0.0374（20）	0.0931（18）	0.2123（14）	0.7182（20）	0.1238（17）
18	河北	0.0531（18）	0.1644（9）	0.0858（25）	0.6888（22）	0.1193（18）

续表

序号	省份	数字化	网络化	智能化	绿色化	"四化"程度
19	江西	0.0292（21）	0.0811（20）	0.1953（15）	0.8510（15）	0.1183（19）
20	吉林	0.0779（15）	0.0664（24）	0.1081（23）	0.8924（5）	0.1159（20）
21	山西	0.0151（26）	0.1047（16）	0.1504（19）	0.5469（24）	0.0954（21）
22	海南	0.0113（28）	0.0432（26）	0.2146（13）	0.4534（27）	0.0877（22）
23	贵州	0.0200（25）	0.0768（21）	0.1477（21）	0.5097（25）	0.0873（23）
24	黑龙江	0.0534（17）	0.0679（23）	0.0453（29）	0.7748（19）	0.0858（24）
25	云南	0.0252（22）	0.0717（22）	0.1150（22）	0.6095（23）	0.0845（25）
26	内蒙古	0.0234（24）	0.0433（25）	0.0241（30）	0.6891（21）	0.0571（26）
27	甘肃	0.0131（27）	0.0358（28）	0.0872（24）	0.4745（26）	0.0567（27）
28	新疆	0.0245（23）	0.0354（28）	0.0670（26）	0.4236（28）	0.0545（28）
29	青海	0.0017（30）	0.0090（30）	0.0491（28）	0.3254（29）	0.0287（29）
30	宁夏	0.0047（29）	0.0363（27）	0.0591（27）	0.0319（30）	0.0279（30）
31	西藏	－	－	－	－	－
平均值		0.1940	0.1550	0.2559	0.7315	0.2202

注：（ ）内的数值表示各省份对应的排名情况。

二、制造业"四化"并进的省际比较

从制造业"四化"各个维度看，中国制造业区域分布广阔，不同省份制造业转型升级程度差异化明显（见表6－2）。第一，制造业数字化转型升级全国最高的三个省份分别为广东、江苏、北京，而制造业较为发达的天津却排在十名以外，处于西部的陕西却挤入前十名，究其原因在于这些地区数字化硬件设备、工业软件和数字化人才投入存在差距。比如，2017年广东、江苏、北京三个省份信息传输、软件和信息技术服务业固定资产投资总额为1435.1亿元，占全国的21%；软件和信息技术服务业从业人数为284.68万人，占全国的46.1%，另外2017年陕西制造业数字化维度各个指标的表现均要好于天津。第二，制造业网络化转型升级排在全国前五名的分别是上海、广东、北京、江苏、浙江，这些地区不仅是经济发达省份，同时也是工业互联网应用的先行区，电子商务发展始终走在全国前列。从衡量电子商务发展水平的电信业务收入指标看，2017 年这些省份的电信主营业务收入达到了 4473.82 亿元，占全国的 35.4%。第三，制造业智能化转型升级进入全国前十的省份分别是广东、上海、北京、江苏、天津、重庆、四川、福建、湖南、浙江，其中西部的重庆、四川和中部的湖南也进入了前十，原因可能与这些地区高等教育资源丰富有关，这为智能化新产品的研发和智能新技术的创新发展提供了人才支撑。比如，2017 年重庆制造业新产品销售收入高达 5322.70 亿元，四川、湖南的 R&D 人员全时当量高达 71968 人年、94228 人年，均位居全国前列。第四，制造业绿色化转型升级水平全国排名靠前的省份分别是天津、广东、上海、江苏、吉林、北京等，其中东北老工业基地的吉林也进入了全国前十，原因在于该省近年来以食品、石化、冶金、建材、能源等传统行业为重点，在能源利用效率提升、"三废"综合治理、环保产业发展、绿色工匠队伍培育等方面发力，推进全省传统工业体系向绿色工业体系转换，使得单位能源消耗量、电力消耗量、废水和废气排放量等指标显著下降，工业绿色化水平提高明显。

从制造业"四化"并进整体水平看，虽有个别中部省份超越东部省份、西部省份赶上中部省份的情况，但"四化"并进总体特征并没有发生实质变化，仍然遵循东中西梯度空间分布格局。具体可分为三个梯队：第一梯队的省份分别是广东、江苏、北京、上海、浙江、山东、辽宁、四川、天津和福建，除辽宁、四川外均是东部制造业发达或比较发达的省份。东部地区经济发达，互联网基础设施完善，且拥有丰富的高等教育资源，有利于制造业高质量转型升级。其中，辽宁工业基础雄厚，尤其是装备制造业十分发达，是中国装备制造业的重要集聚地，而且近些年来随着振兴东北老工业基地战略的推进，辽宁制造业转型升级的力度也在不断加大；四川不仅装备制造业发达，而且它的电子信息产业在海内外都享有良好的声誉，这也为制造业与互联网的融合创新提供了有力支撑。第二梯队的省份分别是重庆、湖北、湖南、陕西、安徽、河南、广西、河北、江西、吉林、山西，绝大多数属于发展中的中部地区。这一梯队的显著特征是"四化"内部发展不平衡。比如，重庆制造业智能化转型升级水平在全国排在第六位，但其数字化、网络化和绿色化方面的转型升级却没能挤入全国前十；河南制造业网络化转型升级的进程虽进入了全国前十，但智能化发展比较靠后，影响了该省"四化"并进整体排名的前移。第三梯队的省份分别是海南、贵州、黑龙江、云南、内蒙古、甘肃、新疆、青海、宁夏，以实现经济赶超的西部地区为主。其中，甘肃、新疆、青海、宁夏等西部地区无论是地理位置、气候条件、工业基础、网络设施，还是人才储备、营商环境，都不及大多数东、中部省份，在很大程度上限制了这些地区制造业的高质量转型升级，因此需从基础条件、政策供给等多个方面入手综合推进拉升。

第五节　制造业高质量转型升级的影响因素分析

"互联网＋"下制造业能否实现高质量转型升级受企业、产业等内外部多种因素的影响。在已有文献研究的基础上，本部分将影响因素归纳为技术、市场和政府这三大关键因素，并对其在制造业高质量转型升级中的影响程度和作用机理进行分析。

一、变量描述与数据说明

被解释变量使用制造业"四化"并进综合指数（SH）来刻画制造业高质量转型升级水平。具体解释变量的描述与说明如下。

（一）技术因素

包括技术研发和人力资本两个变量。技术研发（RD）能够有效促进新一代智能装备的创新和应用，对制造业的"四化"并进起到促进作用。而新一代智能装备将创造虚拟劳动力，改变劳动力的就业结构，对"低技能劳动力"群体产生"挤出效应"（孙早和侯玉琳，2019）[①]。研究表明，未来十年，运输工具、计算机和电子产品、电气设备和机械设备等制造行业中有85％的生产工作将被工业智能机器人替代；这四个行业的工业智能机器人装机量将占制造业整体装机量的3/4，其中，运输工具制造行业约占40％，计算机和电子制造行业约占20％，电气设备和机械设备制造行业约占15％（罗序

---

① 孙早，侯玉琳. 工业智能化如何重塑劳动力就业结构［J］. 中国工业经济，2019（5）：61-79.

斌，2019)①。制造业"四化"并进需要高技能劳动力作为支撑，而人力资本的高低是劳动力技能水平的重要体现。技术研发（*RD*）使用专利申请受理数量表示，人力资本水平（*HR*）以就业人数中大学生占比来衡量。

（二）市场因素

包括市场集中（*SCALE*）、市场竞争环境（*MKT*）、金融发展（*FD*）和外商直接投资（*FDI*）四个变量。制造业"四化"并进的广度和深度会受市场因素的影响。一般企业规模越大，市场集中度就相对越高，虽然有利于上下游企业的共生协作，但不利于激活市场活力。良好的市场竞争环境能充分发挥市场在配置资源中的决定性作用。保护市场竞争就是保护生产力，有利于制造业"四化"并行发展。此外，购置数字化设备、建设智能工厂、引进清洁生产技术，具有收益不确定性，需要适时转型金融结构，提供融资支持。外商直接投资除能缓解本土制造业企业自有资本不足的困境，还有利于技术模仿能力强的企业更加有效地利用和吸收外资企业的技术（詹江和鲁志国，2019)②。市场集中状况（*SCALE*）用大中型工业企业主营业务收入占规模以上工业企业主营业务收入的比重来度量，市场竞争环境（*MKT*）用私营工业企业就业人数占工业从业人数的比重来衡量，金融发展（*FD*）采用金融机构存贷款总额表示，外商直接投资（*FDI*）以外商直接投资总额来表征。

（三）政府因素

政府因素包括财政支持（*GOV*）、环境规制（*ER*）、产权保护（*PT*）三个变量。完全依靠市场机制来引导制造业"四化"并进可能会出现"市场失灵"，因而需要政府通过财政补贴、税收优惠等政策来进行干预。当前，环境保护问题成为政府关注的焦点，环保高压之下制造业企业认识到减少能源消耗和污染物排放，能让企业收获政府信任和"口碑红利"，创造无形资产价值。在"互联网＋"时代，产权保护是政府治理现代化的重要体现。然而，

---

① 罗序斌."互联网＋"背景下中国传统制造业转型升级研究 [J].金融教育研究，2019（1）：18－29.

② 詹江，鲁志国.自主创新能力、技术差距和外商直接投资溢出效应——基于中国制造业企业的实证研究 [J].云南社会科学，2019（1）：95－101.

近年来遍及网页、普通软件、安全软件、即时通信、游戏、输入法等互联网应用领域的知识产权之争，凸显了中国产权保护的不足，这不仅制约了产业互联网的快速发展，而且也不利于互联网与制造业的深度融合。财政支持（*GOV*）用财政支出占 GDP 的比重来衡量，环境规制（*ER*）用污染治理投资完成额与工业总产值的比值表示，产权保护（*PT*）用技术市场成交额占 GDP 的比重来测量。

基于上述变量，选取 2009 ~ 2017 年中国省级面板数据进行实证研究。数据来源于官方公布的相关统计年鉴，部分省份的年度缺失数据通过查询各地方统计局官网获得以及通过 EPS 数据系统搜索补充。为了消除物价变动的影响，对部分原始数据进行了价格平减处理。制造业"四化"并进影响因素的描述性统计如表 6 – 3 所示。

表 6 – 3 制造业"四化"并进影响因素的描述性统计

变量	样本数	平均值	标准差	极小值	极大值
lnSH	270	– 1.8711	0.8625	– 3.7749	– 0.2359
lnRD	270	10.2613	1.4935	6.2126	13.3500
lnHR	270	– 1.9563	0.4931	– 3.4353	– 0.5821
lnSCALE	270	– 0.4127	0.1478	– 0.8064	– 0.1381
lnMKT	270	– 1.2981	0.4495	– 2.4654	– 0.5183
lnFD	270	10.5332	0.8639	8.0707	12.4721
lnFDI	270	5.0181	1.3474	– 1.6418	7.7002
lnGOV	270	– 1.5080	0.3818	– 2.3392	– 0.4670
lnER	270	– 5.9682	0.7327	– 7.9411	– 3.6477
lnPT	270	– 5.4384	1.3286	– 8.5877	– 1.8316

二、回归分析

为了对制造业高质量转型升级的影响因素进行深入分析，运用面板数据进行回归分析。回归分析之前，使用 HT 检验法检验面板数据平稳性，并分别进行混合回归（OLS）、固定效应（FE）、随机效应（RE）估计。首先，通过 LSDV 法（最小二乘虚拟变量）检验模型，应采用个体效应而不是混合回归；其次，从 Hausman 的检验结果看，模型在 1% 的显著性水平上拒绝了随机扰动项与解释变量无关的原假设，说明应建立固定效应（FE）模型而非随机效应（RE）模型；最后，还采用广义最小二乘法（FGLS）对模型进行了估计，因为 FGLS 方法可消除随机扰动项可能存在的异方差性和序列相关性。表 6－4 列示了混合回归（OLS）、固定效应（FE）、随机效应（RE）、广义最小二乘法（FGLS）和相应的检验结果（限于篇幅，HT 检验法和 LSDV 法的检验结果未在表中呈现）。依照上述检验结果，对照固定效应（FE）和可行的广义最小二乘法（FGLS）回归结果，可看出两者的符号一致且系数大小差别较小，说明回归结果是稳健的。

表 6－4　制造业"四化"并进影响因素的回归分析结果

被解释变量：$lnSH$				
解释变量	OLS	FE	RE	FGLS
$lnRD$	0.0653	0.0513*	0.0502	0.0558***
	(1.64)	(1.67)	(1.48)	(3.50)
$lnHR$	− 0.0035	0.0798*	0.0007	0.0483**
	(− 0.07)	(1.95)	(0.02)	(2.15)
$lnSCALE$	0.354**	0.107	0.221*	0.0721
	(1.98)	(0.96)	(1.79)	(0.94)
$lnMKT$	− 0.162**	0.181***	0.0917	0.147***
	(− 2.52)	(2.87)	(1.39)	(4.03)
$lnFD$	0.323***	0.0541	0.237***	0.0651*
	(4.74)	(0.80)	(3.46)	(1.65)
$lnFDI$	0.238***	0.0078	0.0451***	0.0029
	(8.04)	(0.53)	(2.77)	(0.28)
$lnGOV$	− 0.329***	− 0.497***	− 0.860***	− 0.361***
	(− 3.65)	(− 4.89)	(− 10.35)	(− 6.47)

续表

解释变量	被解释变量：$lnSH$			
	OLS	FE	RE	FGLS
$lnER$	− 0.118***	0.0146	0.0200	0.0131
	（− 3.87）	（1.14）	（1.36）	（1.60）
$lnPT$	0.0854***	0.0464***	0.0682***	0.0462***
	（4.61）	（2.90）	（3.98）	（4.31）
_cons	− 7.943***	− 2.982***	− 5.707***	− 2.997***
	（− 15.93）	（− 4.45）	（− 9.90）	（− 7.56）
Hausman 检验		77.30***		
		[0.0000]		
N	270	270	270	270
R^2	0.8926	0.7645	0.8169	

注：括号内的数为 t 统计量；[ ] 内的数为 p 值；*、** 和 *** 表示通过了在 10%、5% 和 1% 水平上的显著性检验；N 为样本数量。

回归表明，绝大多数解释变量与制造业"四化"并进之间呈现相关关系。第一，从技术因素看，技术研发水平（RD）在推进制造业"四化"并进中的作用最为突出，这表明新技术的研发和应用，有利于优化企业生产流程，增强工业生产体系的灵活性，提升企业管理质量、服务质量和产品质量；有利于突破产业的要素资源禀赋，提高生产要素的配置与转换效率，重塑产业价值链，培育产业间的内生比较优势。人力资本（HR）的影响系数在 5% 的水平上显著为正。人力资本是知识、劳动、技能、管理等方面的综合反映，也是形成技术创新潜力的重要因素，有助于智能设施设备改善以及智能生产潜力释放。第二，从市场因素看，表征市场集中的企业规模（SCALE）变量影响系数虽为正但并不显著，说明规模化的组织惯例和发展路径一定程度上已经不能完全适应"互联网＋"时代的产业发展要求，需与时俱进，进行组织扁平化、小微化和网络化变革。市场竞争环境（MKT）的影响力突出，说明强化中小微企业、民营企业参与产业竞争，能让大批具有创新精神的优质企业成长起来，加快制造业"四化"并进步伐。金融发展（FD）的影响系数在

10%的水平上显著为正，说明完善、发达的金融市场能够对企业"四化"并进产生支撑作用。外商直接投资（*FDI*）对制造业"四化"并进发展具有正效应，但促进结果不显著。第三，从政府因素看，财政支持（*GOV*）这个变量的影响系数在1%的水平上显著为负，这意味着政府补贴、税收减免与低利率贷款等财政支持政策在一定程度上虽有利于制造业"四化"并行发展，但也可能造成不正当竞争，破坏市场竞争的公平性，打击中小微企业参与"四化"转型升级的积极性，整体上不利于市场发挥资源配置的决定性作用，反而会抑制制造业高质量转型升级。一方面，从财政支持政策获取的渠道来看，中小微企业无法与大企业相竞争；另一方面，从各地区政府投入"四化"并进的财政实力来看，中西部地区也难与东部地区相比。因此，减少选择性的财政支持，体现普惠性与促进市场竞争的政策更能激励企业创新（戴小勇和成力为，2019）[①]，更有利于推进企业"四化"并进。环境规制（*ER*）对制造业"四化"并进具有正向影响，但是效果并不显著，究其原因可能是政府制定的环境规制政策在实践中存在执行难和微观上执行不到位等问题。产权保护（*PT*）影响系数在1%的水平上显著为正，说明需要政府转变职能，加大产权保护力度。

第六节　本章小结

"互联网＋"背景下制造业高质量转型升级是新时代中国经济高质量发展的核心。从数字化、网络化、智能化和绿色化"四化"并进视角构建制造业高质量转型升级的评价指标体系，并以熵权法作为衡量方法，测度制造业"四化"并进的程度和省际差异，在此基础上从技术、市场和政府三个层面分析影响制造业"四化"并进的因素。研究结果显示：①制造业"四化"并进呈现逐年上扬的发展态势，但"四化"内部发展不平衡，总体处于低水平、低质量的"协调并进"阶段。②制造业"四化"并进存在显著的区域差异，

[①]　戴小勇，成力为. 产业政策如何更有效：中国制造业生产率与加成率的证据［J］. 世界经济，2019（3）：69－93.

虽有个别中部省份超越东部省份、西部省份赶上中部省份的情况，但总体仍然遵循东中西梯度空间分布格局。③技术研发、人力资本、市场环境、金融支持、产权保护在制造业"四化"并进中的作用显著。根据实证研究结果，可以从以下五个方面发力：

第一，加快新一代信息技术创新和应用，发力"新基建"，为制造业高质量转型升级提供持续动力。"互联网＋"背景下，技术创新特别是新一代信息技术创新是驱动制造业"四化"并进的关键。要建立制造业技术创新网络，加大5G网络设备、智能网联装备、智能工业机器人、工业互联网云平台、工业应用软件等软硬件技术的协同研发和联合攻关，加快新一代互联网信息技术与制造业的交叉融合，着力推进计算机视角、智能语音处理、新型人机交互、虚拟现实、增材制造、制造工艺仿真优化、智能决策控制等智能制造、低碳制造技术创新及成果转化。要加强以人工智能、云计算、区块链为代表的新技术基础设施，以工业互联网、物联网、卫星互联网为代表的通信网络基础设施和以大数据中心、智能计算为代表的算力基础设施等新型信息和融合基础设施建设，构建设备安全、网络安全、平台安全和数据安全"四位一体"的网络安全风险防范机制，加速推进新一代互联网信息技术在制造业中的渗透和应用。

第二，以培养高素质技能型人才为重点，优化人才供给结构，为制造业高质量转型升级提供人才支撑。制造业"四化"并进对劳动者自身业务能力和知识水平提出了更高要求，需要大量既懂信息技术又懂生产规律的高素质人才，需要根据制造业高质量转型升级的前瞻性需求，不断优化现有人才供给结构。从人才市场供给来看，工业设计、数据存储、数据分析、人工智能等方面还有较大的人才缺口。技能型人才占比偏低，是创新能力不足的关键原因之一。因此，需支持企业通过内部培训、校企合作、社会办学等形式，丰富企业与技能院校、培训机构合作，做大做强职业教育，培养大批高素质、高技能的技师和工程师，为制造业转型升级和高质量发展建设一支优质的工匠队伍。要鼓励高校开设交叉专业，培养物联网、大数据、人工智能等方面的复合型全产业链人才，建立与数字经济时代相适应的终身学习和就业培训体系，增强应用新技术、新理念的人力资本贡献。要弘扬企业家精神，打造一支具有创新意识和冒险精神的优秀企业家队伍。

第三，形成中小微企业"四化"协同的推进机制，为制造业高质量转型升级提供产业体系保障。制造业"四化"并进指的是整个产业体系，既包括大型制造业企业，也涵盖更多中小微制造业企业。虽然目前中国很多大型企业的数字化智能化水平较高，甚至有些在国际上处于领先地位，但占企业总数99%的中小微企业仍处于起步和探索阶段，数字化水平还很低。比如，调研中发现，目前中国企业数字化转型升级比例约为25%，远低于欧洲的46%和美国的45%，特别是中小微企业，这个比例更低，超过55%的企业目前还没有完成基础设备的数字化改造升级。由此可见，重点和难点都在中小微企业。要构建以大型企业，特别是平台型企业为核心的产业联盟，打造以共生为特征的新产业生态系统，形成中小微企业"四化"并进转型升级的外在压力。要培育壮大共享制造、协同制造、服务型制造等制造新业态、新模式，搭建数字化平台，强化网络、计算和安全等技术资源的服务支撑以及数据资源的共享和开发利用，帮助中小微企业彻底打通产业链、供应链、融资链，拓展外部资源利用范围，激活其实现高质量转型升级的内生动力。

第四，构建科技与金融利益共同体，加大金融创新力度，为制造业高质量转型升级提供融资支持。"四化"并进具有前期投入大、投资回报周期长、技术迭代快、投资失败风险高等特点，需构建科技与金融利益共同体，加大金融创新力度，为制造业高质量发展提供融资支持。要加大科技金融创新力度，试点产业互联网银行，促进新技术、新手段在整个工业制造体系中的应用，增强制造业"四化"并进发展的能力。要支持一批优质企业直接上市融资，引导符合条件的制造业企业在主板、创业板和科创板上市融资，充实企业中长期资本实力。要以产业链上的核心制造业企业为依托，针对产业链的各个环节，设计个性化的金融服务产品和综合解决方案，大力发展产业链金融，满足产业链上制造业企业的融资需求，降低融资成本。要鼓励商业银行增加信用贷、首贷、无还本续贷，支持制造企业扩大债券的融资规模，鼓励和引导风险投资基金多用于制造业企业技术改造升级。

第五，释放市场活力，深化政府治理改革，为制造业高质量转型升级提供良好的营商环境。充分发挥好政府与市场功能的互补性，政府要在制定更具普惠性的产业政策，更能激活市场活力、保护市场公平竞争、营造良好的营商环境方面有所作为。当前，"技术＋商业模式＋知识产权"已经成为市场竞争取胜的通用法宝。因此，要从政府外部推动向市场内部驱动升级，完善以利益为导向的知识产权激励机制，引导企业加强"互联网＋""大数据＋""人工智能＋"等领域的知识产权储备与布局，鼓励商业服务模式创新，促进创新成果商业化。要维护公平竞争，加大节能减排环境治理力度，推进清洁生产，发展绿色制造，促进有限工业资源的循环利用。要融合线上线下服务，搭建数据交换平台，明确信息共享的标准、种类和流程，实现跨层级、跨业务、跨部门、跨地区数据信息共享，增强政府数字化治理能力。

第七章 "互联网+"与制造业高质量发展：传导效应

第一节 引言

改革开放 40 多年来，中国制造业因国内超大市场规模优势和嵌入全球产业价值链而实现高速增长，成为世界第一制造大国。但与美国、德国等工业强国相比，中国制造业在全球分工体系中长期处于价值链低端，"大而不强"的问题至今仍然突出，特别是近年来以美国制裁华为、中兴等制造业企业为典型事例的中美贸易摩擦，更加凸显了中国制造业转型升级中存在的不足，亟待实现高质量发展。那么经历了长期高速增长的中国制造业如何换轨变道，从以往的粗放型增长模式转向集约化发展，如何从注重规模速度的提升转向质量效益竞争，如何培育新动能，寻找新引擎，促进"中国制造"成功迈向"中国创造"？对此，党的十九大报告中，习近平总书记指出，"中国经济已由高速增长阶段转向高质量发展阶段，在新的形势下必须要把发展经济的着力点放在实体经济上，必须着力推动互联网、大数据、人工智能和实体经济的融合，加快发展先进制造业，建设制造强国"。近年来，无论是中央经济工作会议还是政府工作报告，都把加快推进制造业转型升级和高质量发展摆在突出位置，提出要用足"互联网红利"，发展数字经济，以此驱动中国制造业高质量转型。目前互联网已经成为数字经济时代的新动能，而"互联网+"战略的实施也被认为是供给侧结构性改革和现代化经济体系构建的重要举措，有助于制造业企业数字化转型升级和高质量发展（黄群慧等，2019）①。

---

① 黄群慧，余泳泽，张松林．互联网发展与制造业生产率提升：内在机制与中国经验 ［J］．中国工业经济，2019（8）：5－23．

当前，制造业高质量转型升级因数字经济、智能经济的发展而被赋予了全新内涵。根据《关于积极推进"互联网＋"行动的指导意见》《关于深化制造业与互联网融合发展的指导意见》《智能制造发展规划（2016－2020）》《国家创新驱动发展战略纲要》《新一代人工智能发展规划》等相关政策和文件要求，尤其是结合近年来中国制造业企业数字化转型中涌现的智能制造、个性化定制、网络化研发、柔性化生产等模式，数字化、网络化、智能化、绿色化"四化"并进是制造业转型升级和高质量发展的核心要义（罗序斌和黄亮，2020）①。大力促进制造业与互联网加速融合，推动制造业整体质量变革、效率变革和动力变革则是"弯道超车"的基本政策取向。然而，互联网与制造业进一步的深度融合需在理论上进行诠释，多年来推动工业化和信息化"两化融合"的重大战略、相关政策以及中国实践也需进行阶段性评估。

基于此，需要进一步深入探究的是，互联网是否能够显著促进中国制造业高质量转型升级？如果答案是肯定的，那么互联网对中国制造业高质量转型升级的影响效应是否存在显著的行业和区域差异？如果存在，那么形成这些差异的原因有哪些？此外，中国近年来的制造业转型升级和工业经济高质量发展，很大程度是通过市场机制驱动的互联网创新来推进的。那么这种互联网创新或者创造性破坏又是如何通过市场化机制对制造业高质量转型升级产生具体影响的？显然，对这些问题进行深入且系统的研究，进而精准评估互联网的影响及其促进制造业高质量转型升级的过程逻辑，无论是对于中国数字经济高质量发展的重点推进，还是对于"十四五"期间进一步完善制造业与互联网深度融合的政策，打破制造业全球价值链强弱秩序，提升中国制造业国际竞争力，都具有十分重要的现实意义。

第二节 理论分析与研究假说

一、互联网与制造业高质量发展

互联网的诞生是一场颠覆性技术革命，对制造业的影响效应随着时间的

---

① 罗序斌，黄亮. 中国制造业高质量转型升级测度与省际比较——基于"四化"并进视角[J]. 经济问题，2020（12）：43－52.

不断推移以及外部发展条件的优化而不断加强（罗序斌和余璨，2020）①。比如，1987 年罗伯特·索洛（Robert Solow）提出了著名的"信息技术生产率悖论"，即信息技术无处不在、随处可见，但它对制造业生产率的推动作用微乎其微。之后，世界主要工业国家，尤其是美国制造业生产率增长的源泉主要来自互联网的广泛应用，从实践层面破解了"索洛悖论"。目前，互联网以新型基础设施和生产要素的"双重角色"正在全球范围内、在各个领域内重塑制造业的产业结构和发展模式，进而引领产业生产力和生产关系变革，驱动制造业向更高质量更高层次跃迁。具体表现在：一是从微观层面看，互联网与企业产品研发、生产制造、质量控制、流程再造和产品营销等价值链上的不同创新环节融合，促进企业高质量发展。比如，企业互联网化一方面有利于培育企业家互联网思维、优化企业家创新方式，激发企业家创业精神的发挥和创新意愿的产生（沈国兵和袁征宇，2020；陈维涛等，2019）②③，促进企业技术创新和跨界经营（王文娜等，2020）④；另一方面也有利于加强企业与外部的信息沟通，降低其在商品市场、金融市场、要素市场、国际贸易市场等各类市场中的搜寻成本，拓展商业合作伙伴的选择范围，提高企业专业化和国际化分工水平（施炳展和李建桐，2020）⑤。二是从宏观层面看，互联网诱发产业内部结构改善，加速新旧产业更替。比如，数字技术的创新及云平台的发展有助于制造业企业在全球价值链竞争中获取先动优势，突破价值链的"低端锁定"（卢福财和金环，2019）⑥，强化制造业的服务化转型（李

① 罗序斌，余璨."互联网＋"驱动传统制造业创新发展的研究进路与议题［J］.金融教育研究，2020（4）：30－37.

② 沈国兵，袁征宇.企业互联网化对中国企业创新及出口的影响［J］.经济研究，2020（1）：33－48.

③ 陈维涛，韩峰，张国峰.互联网电子商务、企业研发与全要素生产率［J］.南开经济研究，2019（5）：41－59.

④ 王文娜，刘戒骄，张祝恺.研发互联网化、融资约束与制造业企业技术创新［J］.经济管理，2020（9）：127－143.

⑤ 施炳展，李建桐.互联网是否促进了分工：来自中国制造业企业的证据［J］.管理世界，2020（4）：130－148.

⑥ 卢福财，金环.互联网对制造业价值链升级的影响研究——基于出口复杂度的分析［J］.现代经济探讨，2019（2）：89－97.

琳和周一成，2019）①，促进制造业高水平高质量"走出去"（卓乘风和邓峰，2019）②。

制造业是互联网应用和创新的主要场域。越来越多的中国制造业企业充分认识到"互联网红利"在企业核心竞争力提升和自身智能化改造中所起到的重要作用。然而，长期以来，由于多种因素的影响，中国制造业发展极不平衡，各个行业、各个地区的制造业发展水平存在明显差异，既有处于工业1.0、工业2.0发展阶段的企业，也有从工业3.0向工业4.0转型的企业。尤其是随着物联网、大数据、区块链、5G、人工智能等新一代信息技术和智能技术的不断创新及其创新成果在不同行业、不同地区制造业中的差异化应用，制造业高质量转型升级更是表现不一。已有研究表明，互联网对中国制造业转型升级有显著正向影响，但不同行业的促进效应不同（邓峰和任转转，2020）③。曾繁华和刘淑萍（2019）基于行业异质性，进一步发现相对于劳动密集型制造业，互联网对中国资本密集型和技术密集型制造业的提升作用要更为显著④。而就互联网与制造业融合的区域比较看，虽有个别中部省份超过东部省份、西部省份赶上中部省份的情况，但总体上仍然遵循东中西梯度分布格局（罗序斌和黄亮，2020）⑤。其中，中西部地区无论是经济发展阶段、互联网普及水平、硬软件产业一体化，还是制造业与互联网融合所需的人力资本、制度改革和营商环境（胡俊，2019）⑥，与东部省份相比，还存在较大差距，从而掣肘了这些地区制造业的转型升级。

基于此，提出假设7－1。

---

① 李琳，周一成. "互联网＋"是否促进了中国制造业发展质量的提升？——来自中国省级层面的经验证据 [J]. 中南大学学报（社会科学版），2019（5）：71－79.

② 卓乘风，邓峰. 互联网发展如何助推中国制造业高水平"走出去"？——基于出口技术升级的视角 [J]. 产业经济研究，2019（6）：102－114.

③ 邓峰，任转转. 互联网对制造业高质量发展的影响研究 [J]. 首都经济贸易大学学报，2020（3）：57－67.

④ 曾繁华，刘淑萍. "互联网＋"对中国制造业升级影响的实证检验 [J]. 统计与决策，2019（9）：124－127.

⑤ 罗序斌，黄亮. 中国制造业高质量转型升级测度与省际比较——基于"四化"并进视角 [J]. 经济问题，2020（12）：43－52.

⑥ 胡俊. 地区互联网发展水平对制造业升级的影响研究 [J]. 软科学，2019（5）：6－10＋40.

假设 7 - 1：互联网能够显著推动制造业高质量转型升级，且存在一定的行业和地区差异。

二、基于市场化进程的中介效应

中国经济转型时期的特征决定了制造业面临的市场环境对其转型升级和高质量发展产生重要影响。相关文献证实了市场化程度的提高与中国制造业高质量转型升级之间的内在关系（孔令池等，2017[①]；全文涛和顾晓光，2019[②]；韩峰等，2020[③]）。第一，从需求侧看，市场化进程的加快能够强化市场竞争机制在资源配置中的决定性作用，倒逼制造业转型升级。比如，随着市场化程度的不断加深，消费者的需求日益多样化，产品市场和价格竞争日趋激烈，这会使得企业的市场势力和垄断利润减少，有利于提升整个行业的生产技术水平。第二，从供给侧看，市场化程度的提高有利于制造业科技创新，增强产品供给能力，推动制造业转型升级。比如，全面深入的市场化改革能够降低政府干预市场创新活动的行为，有利于制造业特别是中低端制造业将有限的科技资源向满足消费者最终需求的新产品研发集中；有利于降低制造业企业技术引进成本，发挥国外技术外溢与知识外溢对本国制造业科技创新的促进作用（叶祥松和刘敬，2020）[④]。而互联网在制造业中的加速应用以及互联网平台的引入，不仅能够显著提升全要素生产率（潘毛毛和赵玉林，2020）[⑤]，更为重要的是有助于加快市场开放，优化市场资源配置机制。相应地，一个地区市场化进程的推进又可以为该地区制造业的转型升级提供更好的创新氛围和市场服务，创造更加公平有序的营商环境，释放市场主体活力，保障企业转型升级收益，

① 孔令池，高波，黄妍妮. 中国省区市场开放、地方政府投资与制造业结构差异 [J]. 财经研究，2017（7）：133 - 144.

② 全文涛，顾晓光. 市场分割对制造业升级的影响效应研究 [J]. 现代经济探讨，2019（11）106 - 112.

③ 韩峰，庄宗武，李丹. 国内大市场优势推动了中国制造业出口价值攀升吗？[J]. 财经研究，2020（10）：4 - 18.

④ 叶祥松，刘敬. 政府支持与市场化程度对制造业科技进步的影响 [J]. 经济研究，2020（5）：83 - 98.

⑤ 潘毛毛，赵玉林. 互联网融合、人力资本结构与制造业全要素生产率 [J]. 科学学研究，2020（12）：2171 - 2182.

可以进一步促进制造业国内和国外两个市场的一体化。其中，市场化包括产品市场化和要素市场化两个部分（谢呈阳和刘梦，2020）[①]。产品市场是线上线下出售产品和劳务的场所，而要素市场则是资金、劳动力、技术、信息等生产要素流通和交换的场所。因此，互联网推进制造业转型升级和高质量发展主要是通过影响产品市场和要素市场发挥具体作用的。

（一）产品市场的中介效应

产品市场的中介效应主要表现在：第一，互联网的广泛应用大大拓宽了人们的需求视野，能够使得多层次的产品市场需求具有满足的可能，并且通过"需求结构引致创新"和"需求规模引致创新"的作用机制，促进企业产品创新（钱学锋等，2021）[②]，拉动制造业转型升级。第二，互联网的广泛应用能够突破时间和空间的硬性约束（李兵和岳云嵩，2020）[③]，减少商品交换的中间环节，拓展商品交换地域，促进制造业产品质量升级（卢福财和金环，2019）[④]。比如，互联网在贸易中的应用可以在一定程度上规范市场秩序，有效淘汰劣质产品（张奕芳，2019）[⑤]。目前，互联网贸易正成为世界各国产品进出口的主要方式，是对外贸易的新增长点。据海关部门统计，2020年中国跨境电商进出口总额为1.69万亿元，增长31.1%，远远高于同期1.9%的全国外贸增长速度。其中，出口1.12万亿元，增长40.1%；进口0.57万亿元，增长16.5%。第三，互联网的广泛应用催生了线上线下、网订到家、"无接触"配送、在线支付等新兴消费模式，加剧了产品市场竞争，推动了制造业产品市场的繁荣和发展。比如，据奥维云网2020年公布的数据显示，空调、冰箱、洗衣机等传统家电产品线下渠道零售额分别下滑了31%、19%、17%，

---

① 谢呈阳，刘梦．市场化进程能否促进中国制造业升级——来自106家上市公司的证据［J］．东南大学学报（哲学社会科学版），2020（6）：56－84．

② 钱学锋，刘钊，陈清目．多层次市场需求对制造业企业创新的影响研究［J］．经济学动态，2021（5）：97－114．

③ 李兵，岳云嵩．互联网与出口产品质量——基于中国微观企业数据的研究［J］．东南大学学报（哲学社会科学版），2020（1）：60－70．

④ 卢福财，金环．互联网对制造业价值链升级的影响研究——基于出口复杂度的分析［J］．现代经济探讨，2019（2）：89－97．

⑤ 张奕芳．互联网贸易、产品质量改善及本地市场效应——一个新的理论模型及来自中国的经验证据［J］．当代财经，2019（5）：108－118．

而线上渠道的销售额却分别增长了 95%、57%、31%；另外，中国人民银行发布的数据表明，2020 年产品销售市场中网络电子商务平台支付业务达到了 879.31 亿笔，金额为 2174.54 万亿元，同比分别增长 12.46% 和 1.86%，其中移动支付业务发展迅猛，达到了 1232.20 亿笔，金额为 432.16 万亿元，同比分别增长 21.48% 和 24.50%。

（二）要素市场的中介效应

要素市场的中介效应主要表现在：第一，互联网的广泛应用加快了要素市场的资源流动，提高了资源配置效率。长期以来，中国市场化改革的不完全性、不深入以及地方保护、市场分割的持续存在，使得生产要素在不同部门、不同区域间难以自由流动（余文涛和吴士炜，2020）①，要素资源在制造业不同细分行业间的错配现象十分突出，进而导致制造业实际全要素生产率和潜在全要素生产率存在较大缺口。研究表明，倘若中国制造业资源配置效率达到美国的标准，那么整个制造业全要素生产率将提升 30% ~ 50%（潘毛毛和赵玉林，2020）②。而互联网平台在一个虚拟的空间内将厂商与厂商、厂商与消费者、厂商与其他市场经济主体连接起来，能够大幅度提高要素资源的配置效率，减少市场扭曲，改善资源错配状况，从而激发厂商的创新活力（周申和海鹏，2020）③。此外，作为一种新的要素资源配置机制，互联网平台的发展本质上就是消费者参与、生产者参与、信息技术发展等市场化选择的结果。第二，数据成为新型的生产要素，赋能制造业高质量发展。"互联网＋"时代数据既是一种新型的基础性战略资源，也是一种新的生产要素。然而，与资本、劳动、土地等传统的生产要素不同，数据这个新要素具有非竞争性、非排他性和低成本复制性三项技术经济特征（蔡跃洲和马文君，2021）④。它

---

① 余文涛，吴士炜. 互联网平台经济与正在缓解的市场扭曲 [J]. 财贸经济，2020（5）：146 – 160.

② 潘毛毛，赵玉林. 互联网融合、人力资本结构与制造业全要素生产率 [J]. 科学学研究，2020（12）：2171 – 2182.

③ 周申，海鹏. 资源错配与企业创新——来自中国制造业企业的微观证据 [J]. 现代经济探讨，2020（5）：99 – 107.

④ 蔡跃洲，马文君. 数据要素对高质量发展影响与数据流动制约 [J]. 数量经济技术经济研究，2021（3）：64 – 83.

不仅可以供不同企业在多个场景下同时使用，更为重要的是还可以在多次重复使用后能够实现保值甚至增值，可以赋能劳动、资本等传统的生产要素，使其效率提升和增值升级，并增强知识创造和价值创造中各种要素的协同性。

基于此，提出假设 7－2、假设 7－3。

假设 7－2：互联网通过产品市场化的中介效应推动制造业高质量转型升级。

假设 7－3：互联网通过要素市场化的中介效应推动制造业高质量转型升级。

第三节 计量模型、变量选取与数据说明

一、计量模型

为了深入考察互联网对制造业高质量转型升级的影响，验证假设 7－1，设定如下计量模型：

$$MTU_{it} = \alpha_0 + \alpha_1 INT_{it} + \sum \alpha_j X_{jit} + \lambda_i + \varepsilon_{it} \qquad (7-1)$$

式（7－1）中，MTU_{it} 为被解释变量，即制造业生产率增长水平；INT_{it} 代表解释变量，即互联网发展水平；X_{jit} 表示一系列可能影响制造业生产率增长的相关控制变量，其中，i 表示地区，t 表示年份；α_0 为截距项，α_1、α_j 为待估参数，λ_i 代表省份个体的控制变量，ε_{it} 为随机扰动项。

为了验证假设 7－2 和假设 7－3，从市场化角度进一步分析制造业高质量转型升级的影响机制，构建如下中介效应模型：

$$CP_{it} = \beta_0 + \beta_1 INT_{it} + \sum \beta_j X_{jit} + \lambda_i + \varepsilon_{it} \qquad (7-2)$$

$$YS_{it} = \theta_0 + \theta_1 INT_{it} + \sum \theta_j X_{jit} + \lambda_i + \lambda_{it} \qquad (7-3)$$

$$MTU_{it} = \gamma_0 + \gamma_1 INT_{it} + \gamma_2 CP_{it} + \gamma_j \sum X_{jit} + \lambda_1 + \varepsilon_{it} \qquad (7-4)$$

$$MTU_{it} = \eta_0 + \eta_1 INT_{it} + \eta_2 YS_{it} + \eta_j \sum X_{jit} + \lambda_1 + \varepsilon_{it} \qquad (7-5)$$

式（7－2）~式（7－5）中，CP 和 YS 分别表示产品市场化和要素市场化的中介变量，其他模型所涉及的控制变量、符号表达含义、固定效应均与模型（7－1）保持充分一致。对于中介效应的检验，通常分为如下三个阶段进

行：第一阶段，通过模型（7-1）基准回归模型中的系数 α_1 进行检验，如果 INT_{it} 系数显著，再进行下一阶段检验，否则中介效应就不存在；第二阶段，分别对模型（7-2）和模型（7-3）进行检验，如果 INT_{it} 系数 β_1 与 θ_1 显著，那么表明互联网对中介变量存在显著影响，则继续进行下一阶段的检验，否则中介效应不成立；第三阶段，分别对模型（7-4）和模型（7-5）进行检验，若 γ_1 不显著，γ_2 显著，或者若 η_1 不显著，η_2 系数显著，说明存在完全的中介效应；若 γ_1 和 γ_2、η_1 和 η_2 系数显著为正，说明存在部分的中介效应。在中介效应模型中，α_1 表示总效应，γ_1 和 η_1 代表直接效应，$\beta_1 \times \gamma_2$ 和 $\theta_1 \times \eta_2$ 表示中介效应。

二、变量选取

（一）被解释变量：生产率增长水平（MTU）

衡量制造业高质量转型升级的指标有很多，可以分为单一指标和综合指标两大类。基于数据的可获得性，本部分用制造业生产率增长水平这个单一指标作为制造业高质量转型升级的衡量指标。那么何为制造业生产率增长？现阶段普遍认为其是制造业从低劳动生产率领域向较高劳动生产率领域增长升级的过程，而技术创新在其中发挥了重要的作用，是劳动生产率转换的内生驱动力量。即技术创新推动技术密集型、资本密集型制造业对劳动密集型制造业的替代，或技术密集型制造业对后两者的替代，或通过水平技术创新和垂直技术创新，引致产品种类扩大、产品质量改进、产出能力增强，推动制造业增长升级进入高质量发展阶段。其中，劳动生产率是反映制造业这一发展过程的核心指标，其提高也常常被认为是生产力发展的本质（王家庭等，2019）[①]。制造业生产率增长动能转换与当前中国经济高质量增长动能的转换在本质上是一致的。基于此，劳动生产率更能精准反映一个地区制造业的转型升级水平，故将制造业劳动生产率作为制造业高质量转型升级的代理变量，具体通过制造业总产值与制造业从业人数的比值加以衡量。

[①] 王家庭，李艳旭，马洪福，等. 中国制造劳动生产率增长动能转换：资本驱动还是技术驱动［J］. 中国工业经济，2019（5）：99-117.

（二）核心解释变量：互联网发展水平（INT）

企业所处的内外部互联网环境很大程度上决定了其互联网化发展的综合水平，进而影响企业获取内外部信息和知识的能力。基于此，以制造业所在省份的互联网发展水平为制造业互联网化的代理变量。目前主要有两种互联网发展水平的测量方法：一种是单一指标法，另一种是综合指数法。单一指标法主要是用光缆长度、邮政快递量、网民数量等指标进行衡量，而综合指数法则主要采用互联网普及率、光缆线路长度、邮政业务总量、移动电话交换机容量等指标，并运用投影寻踪模型进行度量（卓乘风和邓峰，2019）①。基于已有的研究及数据可获得性方面的考量，参考黄群慧等（2019）② 的做法，着重从互联网应用和产出两个角度选用互联网相关从业人员、互联网普及率、互联网相关产出、移动互联网用户数四个指标，运用主成分分析法合成一个综合指数来表示互联网综合发展水平。

（三）中介变量

市场化程度是制造业企业选择其转型升级和高质量发展路径的重要影响因素。比如，市场化改革有利于提高制造业的科技水平，其内在机制是：第一，市场化改革有利于降低政府对制造业科技创新活动的干预，发挥市场机制在科技资源配置与科技成果转换中的决定性作用，有利于中低端制造业将有限的科技资源向满足消费者最终需求的新产品研发集中，促进科技进步。第二，市场化改革有利于提高经济外向度，降低国际先进产品进入本国市场的门槛，为产品与工艺仿制提供更多模仿对象；降低技术引进成本，有利于发挥国外技术外溢与知识外溢对本国中低端制造业科技进步的促进作用。第三，市场化程度提高有利于打破行政垄断与地区分割，强化市场竞争，为企业开展科技创新活动提供动力和压力，倒逼企业通过技术进步提高生产效率，从而维持其在市场竞争中的领先地位和市场份额。基于此，用市场化指数衡

---

① 卓乘风，邓峰．互联网发展如何助推中国制造业高水平"走出去"？——基于出口技术升级的视角［J］．产业经济研究，2019（6）：102-114.

② 黄群慧，余泳泽，张松林．互联网发展与制造业生产率提升：内在机制与中国经验［J］．中国工业经济，2019（8）：5-23.

量各地区市场化进程的发展情况，具体采用产品市场化程度（*CP*）和要素市场化程度（*YS*）这两个指标。这方面的数据取自《中国分省份市场化指数报告（2018）》，对于个别缺损数据，根据历年的平均增长幅度进行估算。

（四）控制变量

参考已有文献，将企业规模（*SCALE*）、研发投入（*RD*）、人力资本水平（*HR*）、外商直接投资（*FDI*）、环境规制（*HJGZ*）等作为控制变量。其中，使用制造业大中型企业主营业务收入与制造业企业主营业务收入的比重来衡量企业规模；用规模以上制造业企业 R&D 经费的对数表示研发投入（冯华和韩小红，2020）①；人力资本水平（*HR*）采用平均受教育年限来进行衡量；外商直接投资（*FDI*）使用规模以上制造业企业实际利用外商直接投资额与制造业总产值的比重来进行度量；环境规制（*HJGZ*）以污染治理投资总额与 GDP 的比值来进行表征。

三、数据说明

首先，为了更好地反映互联网在推进制造业高质量转型升级中的行业差异，依据 OECD（经济合作和发展组织）分类，借鉴叶祥松和刘敬（2020）②的做法，将制造业分为中低技术制造业和高技术制造业两类（见表 7－1）。其中，中低技术制造业多为资源密集型产业，技术复杂度相对较低，其技术进步路径主要是通过引进技术的模仿以及产品性能提高就可获得丰厚的利润。这类行业由农副食品加工业、食品制造业、纺织业、纺织服装与服饰业、皮革（毛皮、羽毛）及其制品和制鞋业、家具制造业等传统制造业组成。高技术制造业主要为技术密集型产业，技术复杂度相对较高，技术模仿的门槛以及 R&D 投入强度较高，决定了需要漫长的自主研发与技术积累才能实现技术超越。这类行业包括化学原料和化学制品制造业、化学纤维制造业、医药制造业、专用设备制造业、通用设备制造业等。其次，研究样本是 2009～2018

---

① 冯华，韩小红. 外商直接投资对中国工业创新绩效的影响研究——基于三个中介效应的分析[J]. 经济与管理研究，2020（7）：18－30.

② 叶祥松，刘敬. 政府支持与市场化程度对制造业科技进步的影响[J]. 经济研究，2020（5）：83－98.

年中国 30 个省份（不包含西藏和中国港澳台地区）的 300 个观察值。相关数据来源于《中国工业统计年鉴》《中国统计年鉴》，部分年度的市场化指数和互联网发展的原始数据来自 Wind 数据库。最后，为了消除物价波动的影响，对部分变量的原始数据进行价格平减处理，所涉及变量的描述性统计结果如表 7 - 2 所示。

表 7 - 1　制造业分类

行业类型	包含的细分行业
中低技术行业	农副食品加工业；食品制造业；纺织业；纺织服装与服饰业；皮革（毛皮、羽毛）及其制品和制鞋业；木材加工和木（竹、藤、棕、草）制品业；家具制造业；印刷和记录媒介复制业；文教（工美、体育和娱乐）用品制造业；橡胶和塑料制品业；金属制品业；非金属矿物制品业；酒与饮料及精制茶制造业；烟草制品业；黑色金属冶炼和压延加工业；石油加工和炼焦及核燃料加工业；有色金属冶炼和压延加工业；造纸和纸制品业
高技术行业	化学原料和化学制品制造业；化学纤维制造业；医药制造业；专用设备制造业；汽车制造业；铁路（船舶、航空航天）和其他运输设备制造业；计算机、通信和其他电子设备制造业；仪器仪表制造业；通用设备制造业；电气机械和器材制造业

表 7 - 2　变量的描述性统计

变量类别	变量符号	变量名称	变量指标选取或计算方法	样本数	平均值	标准差	极小值	极大值
被解释变量	MTU	生产率增长水平	制造业劳动生产率取对数	300	4.5936	0.3269	3.7625	5.4004
解释变量	INT	互联网发展水平	主成分分析法	300	0.7323	1.0173	-1.7743	5.0759
中介变量	CP	产品市场化	产品市场化指数	300	7.7860	1.2947	1.46	9.79
中介变量	YS	要素市场化	要素市场化指数	300	5.3988	2.3064	0.37	12.23
控制变量	SCALE	企业规模	制造业大中型企业主营业务收入/制造业企业主营业务收入	300	0.6701	0.0971	0.4464	0.8842

续表

变量类别	变量符号	变量名称	变量指标选取或计算方法	样本数	平均值	标准差	极小值	极大值
控制变量	RD	研发投入	规模以上制造业企业 R&D 经费取对数	300	12.3774	1.3666	8.4875	15.9297
	HR	人力资本水平	平均受教育年限	300	9.0846	0.992	6.764	13.2268
	FDI	外商直接投资	规模以上制造业企业实际利用外商直接投资额/制造业总产值	300	0.1233	0.1147	0.0044	0.4835
	HJGZ	环境规制	污染治理投资总额/GDP	300	0.333	0.2965	0.0356	2.6051

第四节　实证结果与分析

一、基本回归结果

表 7-3 描述的是互联网影响制造业高质量转型升级的基本回归结果，其中第（1）列、第（3）列、第（5）列未加入控制变量，第（2）列、第（4）列、第（6）列加入了控制变量。从总体估计结果看，无论是否加入控制变量，互联网发展水平（INT）对制造业高质量转型升级（MTU）的影响系数均在1%的水平上显著为正，为此假设 7-1 得到初步验证，即互联网的广泛应用有利于降低企业生产经营成本，改善产品质量，提升劳动生产率，促进制造业高质量发展。从分行业估计结果看，互联网对中低技术制造业的影响程度明显大于高技术制造业。可能的解释是中低技术制造业大多是要素密集型行业，以生产消费资料、最终产品为主，长期以来主要依靠"劳动力红利"实现利润增长，与互联网的融合有利于引入移动互联网、大数据、云计算、人工智能、区块链等新一代数字信息技术，改进生产工艺，更新现有生产线，推动以劳动、资本等传统生产要素为增长源泉的传统制造模式向以数字技术为内在驱动力的智能制造、数字化商业等高端制造模式转变，进而提升其劳动生产率。而以生产生产资料、中间产品为主的高技术制造业与互

联网融合具有天然的内生性，自身技术层级较高，因此这类产业劳动生产率提升的空间较窄，更多需要应用科学研究前沿成果，通过"蛙跳式"技术进步，突破生产率增长上限。

此外，就控制变量看，企业规模（SCALE）对制造业高质量转型升级的影响系数显著为负，这表明以往规模化的组织惯例已不适应数字经济时代的产业发展要求，企业规模越大，市场集中度越高，虽然有利于促进上下游制造业企业之间的协作共生，但不利于激活市场活力。研发投入（RD）与人力资本（HR）对制造业高质量转型升级的影响系数均在1%的水平上显著为正，这表明新技术的研发应用和人力资本的投入，有助于制造业释放生产力潜能，提升经营管理水平和服务质量，持续增强产业发展的后劲。外商直接投资（FDI）的影响系数显著为负数，说明现阶段的外商直接投资虽然会带来新的技术，但也会强化中国制造业在全球价值链和产业链中的低端锁定效应，挤占本土企业的市场份额，不利于本国制造业技术赶超。环境规制变量（HJGZ）影响系数为负但并不显著，这说明征税、约谈制度、人事更替、中央环保督察（赵海峰等，2021）① 等国家和地方层面出台的各种环境规制措施在短期内会增加企业的显性和隐性成本，但从长期看会倒逼企业加速数字化转型，优化产品和要素结构，从而达到降低生产成本、树立良好企业形象、提高竞争力的目的。

表7-3 互联网影响制造业高质量转型升级的基本回归结果

变量	制造业总体行业		中低技术制造业		高技术制造业	
	（1） MTU	（2） MTU	（3） MTU	（4） MTU	（5） MTU	（6） MTU
INT	0.394***	0.243***	0.402***	0.269***	0.444***	0.225***
	（0.0122）	（0.0213）	（0.0127）	（0.0234）	（0.0211）	（0.0376）
SCALE		−0.339***		−0.161*		−0.505**
		（0.0835）		（0.0916）		（0.1476）

① 赵海峰，李世媛，巫昭伟. 中央环保督察对制造业企业转型升级的影响——基于市场化进程的中介效应检验 ［J］. 管理评论，2021（5）：79－89.

续表

变量	制造业总体行业		中低技术制造业		高技术制造业	
	（1） MTU	（2） MTU	（3） MTU	（4） MTU	（5） MTU	（6） MTU
RD		0.136***		0.118***		0.145***
		(0.0329)		(0.0361)		(0.0581)
HR		0.333***		0.252***		0.727***
		(0.0775)		(0.0850)		(0.1369)
FDI		−0.100***		−0.120**		−0.175**
		(0.0235)		(0.0258)		(0.0416)
HJGZ		−0.014		−0.031		−0.029
		(0.0137)		(0.0139)		(0.0223)
_cons	4.594***	2.760***	4.660***	2.977***	4.404***	2.851***
	(0.0070)	(0.4152)	(0.0072)	(0.4553)	(0.0120)	(0.4731)
省份效应	控制	控制	控制	控制	控制	控制
N	300	300	300	300	300	300
R^2	0.793	0.867	0.789	0.846	0.721	0.743

注：括号内为标准误；＊、＊＊和＊＊＊分别表示10%、5%和1%的水平上显著。

二、稳健性检验与内生性问题

（一）稳健性检验

为了保证上述基本回归模型回归结果的有效性和可靠性，根据通用做法，尝试采用替换核心解释变量的方法来进行稳健性检验。采用国际互联网用户数来反映地区制造业互联网使用状况，并将该指标以取对数的形式替换原来的互联网发展综合指数。具体的检验结果如表7－4所示，第（1）～（6）列中互联网发展水平（INT）影响系数的符号、显著性与前文基本保持一致，证明了基本回归结果的可信性。

表7-4 稳健性检验结果

变量	制造业总体行业		中低技术制造业		高技术制造业	
	(1) MTU	(2) MTU	(3) MTU	(4) MTU	(5) MTU	(6) MTU
INT	0.924***	0.661***	0.928***	0.688***	0.980***	0.644***
	(0.0431)	(0.0512)	(0.0449)	(0.0582)	(0.0850)	(0.0863)
_cons	− 2.211***	− 2.921***	− 2.180***	− 3.130***	− 3.771***	− 3.411***
	(0.1801)	(0.6328)	(0.3308)	(0.6961)	(0.6266)	(0.7016)
控制变量		控制		控制		控制
省份效应	控制	控制	控制	控制	控制	控制
N	300	300	300	300	300	300
R^2	0.842	0.878	0.816	0.849	0.751	0.786

注：括号内为标准误；* 、** 和 *** 分别表示10% 、5% 和1% 的水平上显著。

（二）内生性问题

互联网发展与制造业高质量转型升级可能互为因果，而这种解释变量与被解释变量之间的交互影响会导致回归结果出现偏差。首先，采用互联网发展综合指数（INT）滞后一期作为核心解释变量进行回归，其逻辑起点是当期制造业高质量发展水平的提升对互联网发展指数滞后一期不存在影响，且互联网发展指数滞后一期对当期制造业劳动生产率的影响存在，那么就能证明在双向因果关系中互联网发展是主因。其次，考虑到稳健性，采用工具变量的方法继续检验内生性问题，由于互联网对制造业高质量发展的影响可能存在时滞效应，那么选择互联网发展指数的滞后一期作为当期互联网发展指数的工具变量进行回归，能够有效控制内生性问题。再次，从表7-5的结果看，第（1）~（3）列中互联网发展综合指数的参数估计结果与表7-3的基本回归结果基本保持一致。最后，从表7-5第（4）~（6）列的结果可以看出，滞后一期互联网发展综合指数作为工具变量得到的回归结果仍然在1% 的水平上显著为正，说明内生性问题不足以对基本回归结果产生影响，再次证明互联网与制造业高质量发展因果关系中互联网是主因。以上实证检验结果均表明互联网是增长的动力源泉，对制造业高质量发展具有显著的提升作用。

表 7 - 5　内生性检验结果

变量	制造业总体行业	中低技术制造业	高技术制造业	制造业总体行业	中低技术制造业	高技术制造业
	（1）MTU	（2）MTU	（3）MTU	（4）MTU	（5）MTU	（6）MTU
INT	0.221***	0.238***	0.216***	0.249***	0.273***	0.255***
	(0.0223)	(0.0209)	(0.0393)	(0.0258)	(0.0259)	(0.0456)
_cons	3.141***	3.114***	2.959***	3.294***	3.123***	3.310***
	(0.4249)	(0.3985)	(0.7492)	(0.4381)	(0.4389)	(0.7735)
控制变量	控制	控制	控制	控制	控制	控制
省份效应	控制	控制	控制	控制	控制	控制
模型选择	FE_roubst	FE_roubst	FE_roubst	IV_fe	IV_fe	IV_fe
N	270	270	270	270	270	270
R^2	0.810	0.851	0.697	0.828	0.807	0.692

注：括号内为标准误；＊、＊＊和＊＊＊分别表示10％、5％和1％的水平上显著。

三、分地区回归结果

在上述实证研究的基础上，将中国分成东部地区和中西部地区，进一步分析互联网对制造业高质量转型升级可能存在的地区差异。其中，东部地区主要包含北京、上海、广东、浙江、福建、山东、天津、江苏、海南、河北和辽宁11个省份，中西部主要包含其余19个省份。对模型（7－1）进行分组回归，结果如表7－6所示。

从表7－6的回归结果看，各个地区的互联网发展水平（INT）对制造业高质量转型升级的影响系数均在1％的水平上显著为正，表明互联网已成为"普适性红利"，制造业与互联网融合能够提高各个地区制造业的劳动生产率。然而，进一步分析发现，互联网对中西部地区制造业高质量转型升级的促进作用要大于东部地区。可能的解释是，尽管东部地区无论是互联网基础设施水平，还是制造业与互联网融合的外部环境，都要优于中西部地区，但相对于东部地区制造业的发展阶段而言，中西部地区制造业发展的基础还较薄弱，总体发展水平偏低，正因如此，制造业与互联网融合提升的空间更大，融合的边际效应更高，更有助于充分挖掘新兴数字技术手段的潜力。此外，从第（3）列可以发现，在所有控制变量中研发投入（RD）和人力资本（HR）这两个变量对东部地区制造业，尤其是东部地区高技术制造业转型升级和高质量发展的影响显著为正，其中人力资本的影响系数高达0.668，表明随着制造业与互联网融合度的提高及产业迁移，经济较为发达的东部地区高技术制造业占比逐步增加，这些地区越来越多地通过增加研发投入、提升人力资本水平等方法推进制造业高质量发展。而对于中西部地区而言，过高的研发投入和人力资本投入会加重企业负担，目前这些地区更多是通过依托工业互联网平台，借助其相对低廉的使用成本，促进制造业转型升级。外商直接投资（FDI）这个控制变量的回归系数均为负，其中东部地区仅有高技术制造业通过了显著性检验，这与外商直接投资的地区转移有很大关系。此现象也在环境规制这个控制变量（HJGZ）上得到了补充性解释。根据表7-6的回归结果，环境规制对东部地区制造业高质量转型升级的回归系数为正，而对中西部地区为负，究其原因可能是东部地区已经充分认识到制造业环境规制所带来的绿色福利效应，在产业结构调整和企业实践中不断加大环境污染企业转移以及企业的更替力度，加速推进制造业绿色低碳转型，而处于发展追赶中的中西部地区在环境规制标准的认识和执行上还不到位，这也为环境污染企业通过跨区域转移回避环境治理提供了空间。

表7-6　互联网影响制造业高质量转型升级的分地区回归结果

变量	东部地区			中西部地区		
	制造业总体行业	中低技术制造业	高技术制造业	制造业总体行业	中低技术制造业	高技术制造业
	（1）MTU	（2）MTU	（3）MTU	（4）MTU	（5）MTU	（6）MTU
INT	0.178***	0.221***	0.132***	0.302***	0.298***	0.384***
	(0.0267)	(0.0324)	(0.0314)	(0.0355)	(0.0378)	(0.0668)

续表

变量	东部地区			中西部地区		
	制造业总体行业	中低技术制造业	高技术制造业	制造业总体行业	中低技术制造业	高技术制造业
	（1）MTU	（2）MTU	（3）MTU	（4）MTU	（5）MTU	（6）MTU
SCALE	− 0.514***	− 0.337*	− 0.630***	− 0.241**	− 0.058	− 0.324
	（0.1481）	（0.1796）	（0.1739）	（0.1072）	（0.1141）	（0.2018）
RD	0.230***	0.197***	0.162***	0.090**	0.089**	0.171***
	（0.0442）	（0.0536）	（0.0519）	（0.0483）	（0.0514）	（0.0909）
HR	0.294**	0.177**	0.668***	0.228*	0.217*	0.165*
	（0.1350）	（0.1637）	（0.1585）	（0.1201）	（0.1279）	（0.2260）
FDI	− 0.063	− 0.081	− 0.112*	− 0.111***	− 0.132***	− 0.190***
	（0.0504）	（0.0611）	（0.0592）	（0.0273）	（0.0290）	（0.0513）
HJGZ	0.027	0.012	0.003	− 0.032	− 0.053	− 0.029
	（0.0177）	（0.0215）	（0.0208）	（0.0172）	（0.0183）	（0.0324）
_cons	1.463***	1.871***	2.365***	3.305***	3.361***	1.792***
	（0.5715）	（0.6928）	（0.6708）	（0.6063）	（0.6457）	（0.6912）
省份效应	控制	控制	控制	控制	控制	控制
N	110	110	110	190	190	190
R^2	0.890	0.856	0.818	0.867	0.850	0.781

注：括号内标准误；＊、＊＊和＊＊＊分别表示10%、5%和1%的水平上显著。

四、中介效应检验

以制造业总体行业、中低技术制造业和高技术制造业为样本，进一步检验产品市场和要素市场在互联网影响制造业转型升级过程中的中介效应，具体的研究结果如表7－7所示。

表7 - 7 中介效应检验结果

行业类型	检验对象	变量	（1）第一阶段	（2）第二阶段	（3）第三阶段	（4）检验结果
制造业总体	产品市场中介效应	INT	0.243***	0.530***	0.202***	中介效应 = 0.0403 中介效应/总效应 = 0.1658
			(0.0213)	(0.0885)	(0.0216)	
		CP			0.076***	
					(0.0141)	
	要素市场中介效应	INT	0.243***	0.910***	0.213***	中介效应 = 0.0301 中介效应/总效应 = 0.1235
			(0.0213)	(0.2021)	(0.0211)	
		YS			0.033***	
					(0.0062)	
中低技术制造业	产品市场中介效应	INT	0.269***	0.530***	0.219***	中介效应 = 0.0307 中介效应/总效应 = 0.1141
			(0.0234)	(0.0885)	(0.0247)	
		CP			0.058**	
					(0.0161)	
	要素市场中介效应	INT	0.269***	0.910***	0.238***	中介效应 = 0.0218 中介效应/总效应 = 0.0812
			(0.0234)	(0.2021)	(0.0238)	
		YS			0.024***	
					(0.0070)	
高技术制造业	产品市场中介效应	INT	0.225***	0.530***	0.159***	中介效应 = 0.0652 中介效应/总效应 = 0.2898
			(0.0376)	(0.0885)	(0.0384)	
		CP			0.123***	
					(0.0251)	
	要素市场中介效应	INT	0.225***	0.910***	0.197***	中介效应 = 0.0319 中介效应/总效应 = 0.1416
			(0.0376)	(0.2021)	(0.0386)	
		YS			0.035***	
					(0.0113)	

注：括号内标准误；*、** 和 *** 分别表示10%、5%和1%的水平上显著。

（一）制造业总体行业的中介效应分析

首先，表7 - 7 中的第（1）列为基本回归结果，与表7 - 3 互联网发展指数的回归系数保持一致。其次，从第（2）列的结果来看，产品市场化中介效应检验中互联网发展（INT）对产品市场化的影响系数在1%的水平上显著为正；对比表7－7第（1）列和第（3）列结果，发现互联网发展（INT）的影响系数在1%的水平上从0.243下降到0.202，且第（3）列产品市场化的影响系数在1%水平上显著为正，说明产品市场化在互联网影响制造业高质量转型升级过程中存在部分中介效应，假设7－2得到验证。再次，从第（2）列的结果来看，互联网发展（INT）对要素市场化的影响系数在1%水平上显著为正；进一步对比第（1）列和第（3）列，发现互联网发展（INT）影响系数在1%水平上从0.243降到0.202，且第（3）列要素市场化的影响系数在1%水平上显著为正，说明要素市场化也存在部分中介效应，假设7－3得到验证。最后，从第（4）列产品市场化和要素市场化的贡献看，产品市场化的中介效应大于要素市场化，其中，产品市场化的中介效应为0.0403，可以解释总效应的16.58%；要素市场化的中介效应为0.0301，可以解释总效应的12.35%，表明制造业与互联网的融合创新对产品市场的推动作用大于生产要素市场。

（二）制造业不同行业的中介效应分析

首先，对比表7－7第（1）列和第（3）列产品市场中介效应，发现中低技术制造业互联网发展（INT）的影响系数在1%的水平上从0.269下降到0.219，高技术制造业从0.225下降到0.159，且第（3）列产品市场化影响系数在1%的水平上为正，说明产品市场化在互联网驱动中低技术和高技术制造业转型升级过程中存在部分中介效应。其次，对比第（1）列和第（3）列要素市场中介效应，中低技术制造业的互联网发展（INT）影响系数在1%水平上从0.269下降到0.238，高技术制造业从0.225下降到0.197，且第（3）列要素市场化的影响系数在1%水平上显著为正，说明要素市场化也存在部分中介效应。再次，从第（4）列中介变量的贡献看，中低技术制造业产品市场化中介效应为0.0307，可以解释总效应的11.41%，而要素市场化中介效应为0.0218，可以解释总效应的8.12%；高技术制造业产品市场化中介效应则为0.0652，可以解释总效应的28.98%，而要素市场化中介效应则为0.0319，可以解释总效应的14.16%，表明无论是中低技术制造业还是高技术制造业，产品市场化所带来的中介效应都要明显大于要素市场化。最后，对比分析发现，市场化进程对中低技术制造业的中介作用要大于高技术制造业。而基于互联网创新驱动的市场化程度提高可能难以显著促进高技术制造业的科技进步，在当前日益开放的背景下反而会产生抑制作用。比如，互联网引起的中间产品自由化贸易及技术市场的国际化，一方面可能会促进发达国家向发展中国家转移落后技术，造成中国高技术制造业对技术引进的严重依赖；另一方面促进企业应用而不是自主研发先进制造技术，致使中国制造业自主创新能力弱化。

第五节　本章小结

互联网是制造业转型升级的新动能。基于2009~2018年全国30个省份的样本数据，从行业和区域两个维度考察了互联网对制造业转型升级的促进效应，并从市场化视角深入探究了互联网影响中国制造业高质量发展的内在机制。研究结论：第一，互联网能够显著推进制造业转型升级，对中低技术制造业的促进效应要大于高技术制造业，对中西部地区的提升作用要高于东部地区。第二，无论是中低技术制造业，还是高技术制造业，产品市场化中介效应要大于要素市场。第三，市场化程度的加深，更有利于推进中低技术制造业高质量转型升级，但不利于高技术制造业科技创新水平向国际先进水平攀升，相反可能会产生一定的抑制作用。

基于此，从以下层面提出相应的优化建议。

（1）行业层面：发力点在于促进中低技术制造业全方位、全角度、全链条的智能化改造和数字化升级。一是推进中小微制造业数字化转型。数字经济时代，中低技术制造业高质量转型升级的重点和难点都在中小微制造业。为此，要大力实施"上云用数赋智"行动，引导中小微制造业企业加速推进数字化、网络化、智能化、绿色化改造，促进研发设计、生产制造、经营管理、市场服务等环节的数据赋能和转型升级。二是发展共享制造、协同制造、智能制造、服务型制造等新场景、新模式，创新全景式制造业体系，提升全要素生产率，加快推进中低技术制造业价值链向高端制造业跃升。三是在国内国际双循环新发展格局下，要充分发挥行业龙头企业的示范带动作用，构建大中小企业参与、上下游协同有序的发展共同体，增强产业链和供给链的韧性和弹性。

（2）区域层面：发力点在于推进中西部地区制造业与互联网的深度融合。要制定针对性、差异化的政策，"一地一策"，缩小东部地区和中西部地区互联网发展的差距，全面提升我国制造业高质量转型升级水平。一是加快中西部地区互联网基础设施建设。围绕强化数字转型、智能升级、融合创新支撑，重点加大以5G、人工智能、云计算、区块链为代表的新技术基础设施，以工业互联网、物联网、卫星互联网为代表的网络基础设施和以大数据中心、智能计算为代表的算力基础设施等新型信息和融合基础设施方面的建设。二是推进新一代数字技术在中西部地区新产业的布局和产业结构调整上的应用，加快工业智能机器人安装投入量，建立资源共享和网络交换平台，增强中西部地区自主创新能力。三是引培一批能够突破制造业与互联网融合关键技术、重点领域的高技能人才，培养一批具备生产制造、互联网等跨领域知识的融合型管理人才；发挥互联网作用，激发企业家创业创新精神，缩小不同区域间企业家精神的差距，打造一支优秀的企业家队伍，为中西部地区制造业高质量发展增加人力资本贡献。

（3）企业层面：发力点在于全面升级工业互联网平台。传统的创新模式多是在一种封闭的状态下开发新产品、新技术，创新成果也多由创新者垄断，而工业互联网平台广泛应用，打破了这一"定律"，使得制造业企业的创新模式逐步从以往的"内部封闭式创新"转变为今日的"外部协同式创新"或"开放协同式创新"（平新乔，2019）[①]。工业互联网平台是互联网信息技术产业化、商业化应用的核心载体，自然而然也要随着外部市场竞争环境、企业内外部技术条件的变化而不断改造升级。为此，要不断强化大数据、物联网，特别是5G、人工智能等新一代信息技术和智能技术的典型应用，升级工业互联网平台，拓展"智能＋"，为产品创新、生产技术创新、经营模式创新和制造系统集成创新增效。要构建以主体多元化、领域跨界化、结构扁平化、组织开放化为特征的生产制造创新网络，打造数字化生产线、数字化车间以及

---

① 平新乔．"互联网＋"与制造业创新驱动发展［J］.学术研究，2019（3）：76－80＋177.

智能化工厂，不断提升企业整合内外部资源的能力，促进产品研发、生产制造、营销管理等创新环节的智能化转型。

（4）政府层面：发力点在于优化竞争环境，激活微观主体活力。一是构建开放、竞争、有序的一体化市场。要以互联网为手段，以要素市场化配置改革为突破口，大力推动市场化改革向纵深发展。强化企业在制造业与互联网融合中的主体地位，明确竞争性政策的基础性地位，打破区际壁垒和市场分割，释放错配资源，促使生产要素从低质低效领域向优质高效领域流动。二是反互联网垄断，发挥好政府与市场功能的互补性。加大互联网平台监管与反垄断执法力度，保障"数字红利"能够普惠到不同的微观市场主体。

第八章 "互联网+"与制造业高质量发展：影响机制

第一节 引言

互联网及其创新为制造业的转型升级，进而实现高质量发展带来了巨大的契机[①]。与"机器"和"电力"类似，互联网也是一种新的人造战略型资源，以及现代产业创新发展中不可或缺的技术要素。就当前而论，互联网的创新成果已全面融入企业生产经营全过程，对产品设计、生产制造、市场营销等环节的再造产生了深刻影响[②]。

2015年以来，基于世界大趋势和中国实际，党中央和国务院把"互联网+"上升到国家战略层面，将其作为赋能制造业高质量发展的新引擎。目前，"互联网+"已经成为制造业技术进步、效率提升和组织变革的核心力量。但现阶段，还存在诸多亟待突破的制约因素。因此，探索"互联网+"影响制造业高质量发展的关键因素，深入分析其内在作用机理，并提出制造业互联网化升级的路径，意义重大。

第二节 影响因素

2000年之后，美国工业生产率增长的实践破解了"索洛悖论"。中国经

---

① 石喜爱，李廉水，刘军."互联网+"对制造业就业的转移效应［J］.统计与信息论坛，2018（9）：66-73.

② 杨善林，周开乐，张强，等.互联网的资源观［J］.管理科学学报，2016（1）：4-7.

验也表明，互联网是实现工业产值增加和全要素生产率提升的重要技术要素①，是促进制造业跃迁升级的内在动力。但在"互联网＋"时代，要充分发挥互联网要素的资源效应，促进制造业与互联网融合，还面临一些内部和外部因素的制约（孟凡生和赵刚，2018）②。

从企业内部的影响因素看，有以下三种代表性观点：一是能力论。有学者认为，技术创新能力是企业能否进入高附加值产业，进而获取高收益率的决定性因素。而数据获取和应用能力是"互联网＋"时代企业技术创新水平提升的基础。因此，促进企业互联网化转型升级，需要增强大数据分析能力，实现供应链柔性（吉峰和张婷等，2016）③。除此之外，能力论还包括识别市场机会、整合多方力量、提升互联网应用水平的动态能力（吉峰和牟宇鹏，2016）④。二是资源论。戴勇（2013）研究发现，包括企业家精神在内的人力资源、财务资源、知识资源、信息技术资源等是制约传统制鞋业从"微笑曲线"低端制造环节向研发和制造服务化两端延伸的影响因素⑤。孔伟杰（2012）认为，随着企业资源的不断丰富和经营规模的持续扩大，企业转型升级行为会趋缓，转型升级内容也会有所变化；大型企业倾向于产业转型，而中型企业更加注重类型转型⑥。三是观念论。"互联网＋"时代创造性思维成为第一要素。比如，以传统的手机制造行业为例，在模拟时代摩托罗拉领先手机市场，但2011年谷歌收购了摩托罗拉的手机业务；数码时代诺基亚一跃成为手机行业的标杆，但2013年微软收购诺基亚手机业务；"互联网＋"时代苹果以"自我革命式"的颠覆式创新成为全球手机霸主，但是这一领先地

---

① 蔡银寅."互联网＋"背景下中国制造业的机遇与挑战 [J].现代经济探讨，2016（11）：64－68.

② 孟凡生，赵刚.传统制造向智能制造发展影响因素研究 [J].科技进步与对策，2018（1）：66－72.

③ 吉峰，张婷，巫凡.大数据能力对传统企业互联网化转型的影响——基于供应链柔性视角 [J].学术界，2016（2）：68－78.

④ 吉峰，牟宇鹏.基于扎根理论的传统企业互联网化转型影响因素研究 [J].湖南社会科学，2016（6）：141－146.

⑤ 戴勇.传统制造业转型升级路径、策略及影响因素研究——以制造企业为例 [J].暨南学报（哲学社会科学版），2013（11）：57－62.

⑥ 孔伟杰.制造企业转型升级影响因素研究——基于浙江省制造业企业大样本问卷调查的实证研究 [J].管理世界，2012（9）：120－130.

位也在发生变化①。在移动互联网和人工智能时代，企业的一切都将被重新塑造。互联网应用扩展不仅改变了人与数据、数据与数据之间的关系，而且改变了企业与企业之间的竞争模式，要求企业进行一场结构性变革，即用大数据思维再造企业的运营模式②。过去，一个企业的消亡，最终是被竞争对手打败；现在，一个企业的消亡最先是被这个时代所淘汰。"没有成功的企业，只有时代的企业。"尽管高质量发展已成为新时代的主题，但"重数量、轻质量"的倾向在一些企业中仍很严重，对互联网的认识也有偏差，还是延续过去的经验，没有将"互联网红利"用于企业生产经营的选择行为和操作程序中来。

外部因素主要是指"互联网＋"影响制造业高质量发展的产业环境。企业所处的产业环境对企业互联网转型升级的绩效有直接影响③。已有研究主要从以下方面分析了企业互联网化的产业发展环境问题：一是需求决定论。在互联网浪潮的冲击下，消费者的需求正从过去的大批量排浪式消费、"千层一面"的消费向个性化消费需求转变。而这种市场需求的变化必然要求企业进行数字化、网络化、智能化改造，变革生产方式，发展大规模个性化定制；必须创新商业模式，实施线上线下协同式营销④。二是供给决定论。包括"互联网＋"的技术研究与开发、网络基础设施、网络安全技术等方面。其中，传感设备、智能装备和大数据服务是推进制造业与互联网融合创新的核心要素。而正是因为这些核心要素方面的研发创新力度不足、技术发展滞后，中国制造业高质量转型升级的进程才一直"停滞不前"。此外，高质量的网络基础设施也是企业高质量推进互联网化的一个重要前提。刘金山和李雨培（2017）研究认为，工业互联网的大范围普及对制造业的产业集聚有显著影

---

① 李海舰，田跃新，李文杰. 互联网思维与传统企业再造［J］.中国工业经济，2014（10）：135－146.

② 何大安. 互联网应用扩展与微观经济学基础——基于未来"数据与数据对华"的理论解说［J］.经济研究，2018（8）：177－192.

③ 任声策，范倩雯. 产业环境不确定性对产品转型绩效的影响［J］.产业经济评论，2015（1）：48－56.

④ 杜传忠，杨志坤，宁朝山. 互联网推动我国制造业转型升级的路径分析［J］.地方财政研究，2016（6）：19－24＋31.

响，且随着工业互联网普及率的不断加深，不同的细分制造行业最终都将集聚，仅有的差异只是表现在网络普及率的转折点上①。比如，造纸和纸制品业在互联网发展水平达到 20% 时开始集聚，食品制造业、农副食品加工业、通用设备制造业、化学原料和化学制品制造业、交通运输设备制造业、医药和化学纤维制造业的转折点位于 40%～50%，而酒、饮料和精制茶制造业及专用设备制造业在互联网普及率达到 80% 以上才从扩散转为集聚。金属制品业和通信设备、计算机和其他电子设备制造业、电气机械及器材制造业的行业集聚转折点均在互联网普及程度处于 24%～29% 之间。然而，这方面还存在诸多问题，比如，互联网基础设施建设还很薄弱，工业互联网普及率也不是很高，还难以满足企业在线研发、营销和服务等方面的大规模需求。此外，还有一些学者从网络安全技术的供给角度进行了研究，得出了一些有价值的结论，认为计算机病毒、网络攻击、垃圾邮件、系统漏洞、网络窃密、虚假有害信息等网络安全方面的技术供给不足，加上网络立法的滞后，使物联网、云计算、大数据等新技术新应用、数据和用户信息泄露等互联网安全问题日益突出，从而严重制约了制造业企业互联网化步伐的加快。三是配套决定论。制造业与互联网融合是一个复杂的系统，涉及互联网企业、网络运营商、制造业企业等多个市场行为主体，但由于信息互联互通、接入技术标准等方面还没有完全统一，缺乏标准规范、业务流程、管理模式的全面集成，容易形成"信息孤岛"。复合型人才的缺乏，也不利于企业互联网化转型，比如，懂制造技术的不懂软件控制，而懂软件控制的又不懂制造技术。此外，服务商虽重视信息化产品研发与销售，但大多缺乏细分行业的整体方案，在为企业提供总体设计、客户化开发、软件系统配置和运行维护管理等整体服务方面存在不足。

综上，"互联网＋"影响制造业高质量转型升级及其创新发展的因素主要有内部和外部两个方面，且每个方面包含的因素众多、重要程度不一，为此还需对其做进一步的系统梳理。通过文献统计分析，发现长期以来存在的传

① 刘金山，李雨培．"互联网＋"下制造业集聚：行业差异与类型细分［J］．产经评论，2017（3）：17－19.

统工业化路径依赖、"互联网＋"的盲目从众以及认识偏差、技术规范与标准化、知识产权保护、互联网信息技术、互联网基础设施、互联网法治建设、个性化需求、企业内部资源整合能力、网络风险与网络安全、市场竞争环境、产业生态体系、企业家精神、企业的行业与类型差异、智能制造政策、人才资源这16个因素对制造业与互联网融合的影响较大。然而，在这些诸多的影响因素之中，哪些因素更为关键，哪些因素有重叠之处，为此还有必要运用探索性因子分析方法进行更为深入的精准识别。

第三节　作用机理

一、探索性因子分析

探索性因子分析是一种从错综复杂的变量中提取少数几个核心因子的降维技术。首先，根据上述文献研究的结果，将爬梳出来的16个影响因素作为变量依次进行编码，设计"互联网＋"影响制造业高质量发展的调查表，并采用专家打分法获取探索性因子分析的原始数据。其中，在问卷调查中，专家的选择是高质量探索关键影响因子的重要环节。经过多轮筛选，最终遴选出来的专家有以下特点：一是专家的来源范围较广，既有制造业发达的江苏、浙江和广东等东部沿海地区，也有制造业快速发展的中西部地区；既有在各地省级政府政策研究室、宣传部门从事理论研究和实际工作的人员，也有在综合类、专业类报纸期刊杂志社的主编，更多的还是来自全国各地高校、社科院的相关科研人员。二是选取的专家主要从事发展经济学、产业经济学、区域经济学和技术经济管理、数字经济学、管理科学与工程等学科专业方面的研究，研究领域关联度高，对制造业与互联网融合这一个研究主题较为熟悉。三是职称都在副教授以上且拥有博士学位，其中既有博士生导师，也有长江学者、全国和省级层面百千万工程、教育部新世纪优秀人才计划等各类人才计划的入选者，专家的学术水平和能力相对而言较高。四是年龄段主要分布在30～50岁，这部分人群对"互联网＋"的感触较深，对量表中的相关问题更具感性认识。因此，问卷调查的质量相对较高。

问卷调查主要采用线上和线下相结合的方式进行调研。一是通过电子邮件、微信客户端和 QQ 等媒介发送问卷，进行线上调查。二是通过学习培训和参加国际国内学术会议的机会，结识一些同行专家学者，并采用个别访谈、座谈会、小组会的形式进行线下调查。以问卷调查获得的数据为基础，进行探索性因子分析。问卷调查历时 2 个月，并按照"四个一律不采用"原则对回收的问卷进行整理和筛选，即如果存在漏答，没有全部填写完全的问卷，一律不采用；问卷答案如果呈现规律性作答，一律不采用；如果问卷答案中全部选择一个量级值的问卷，一律不采用；针对问卷中全部影响因素，如果答案都仅选择很弱、较弱或者很强、较强这两个极端量值的问卷，一律不采用。本次调查发放的问卷量和有效问卷回收率均符合要求。

其次，以问卷调查数据为基础，进行探索性因子分析。具体包括以下几个步骤：

第一，进行 KMO 样本测度和 Bartlett 检验（见表 8 - 1），以此判断所获得的问卷数据是否适合进行因子分析。结果显示，"互联网 +"驱动制造业转型升级与高质量发展影响因素的 KMO 测试系数为 0.907，表明问卷数量符合要求，适合探索性因子分析；从 Bartlett 检验结果来看，样本分布的球形 Bartlett 卡方检验值达到 896.00，显著性值为 0.000，小于 0.001，表明调查问卷获得的数据质量也满足探索性因子分析的前提条件。

表 8 - 1 影响因素的 KMO 和 Bartlett 检验

KMO 测试系数		0.907
Bartlett 检验	Chi-Square 值	896.00
	Sig.	0.000

第二，通过载荷矩阵方差分析和因子旋转，提取"互联网 +"驱动制造业高质量发展的公共影响因子。根据因子特征值大于 1 的选取原则，提取前面 5 个因子为公共影响因子，这些公共影响因子累计方差贡献率达到了 95.023% 。而且为了能够更好地解释各个公共影响因子的经济含义，让

互联网与制造业融合影响因素的实证分析结果更加符合客观现实，在保持原有影响变量与公共影响因子内在结构不变的前提下，有必要对初始载荷矩阵进行因子旋转。因子旋转主要有正交旋转和斜交旋转两种方法。其中，正交旋转由于具有容易解释和表示因子分析的结果，更多地被研究者所采用，但因其假定因子间不相关，故正交旋转的结果往往并不符合客观实际；斜交旋转法既容易解释因子，同时也确保了因子间的简单结构，更为重要的是，这一方法允许因子之间可以相关，所以更为符合现实。到底选择哪一种方法，没有孰优孰劣之分，关键是要考虑数据本身的特点，尤其是要根据实证分析结果的可解释性来进行选择。在此，运用斜交旋转法来进行探索性因子分析，旋转之后不仅使每个指标只在少数公共因子上有较大的载荷，而且使得每个公共因子上各指标的载荷系数向 0 和 1 两极转化，每个公共因子也有了更好的现实意义。旋转后公共因子的累计方差贡献率与没有旋转前一样，反映原始变量的信息比重没有发生变化，但公共因子的数量分布却更为科学，经济意义也更为清晰，从而为后面的因子命名奠定了基础。

第三，公共因子归类和命名。根据因子载荷值，将"互联网＋"影响制造业转型升级及其高质量发展的因素进行归类。其中，技术规范与标准化、新一代互联网信息技术、互联网基础设施属于信息技术；个性化需求、产业生态体系、行业与类型差异、人才资源等因子反映了"互联网＋"时代的产业生态系统；知识产权保护、市场竞争环境、智能制造政策等因子反映的是市场和政府关系；传统工业化路径依赖、"互联网＋"的盲目从众与认识偏差、企业内部资源整合能力、企业家精神等因子是企业微观层面因素，反映了企业自身互联网化能力；互联网法治建设、互联网风险等因子与网络安全有关，表征的是制造业与互联网融合的环境。因此，根据分类结果和各个影响因素因子载荷值的大小，表 8－2 中第一个公共因子可命名为新一代信息技术因子，第二个为产业生态体系影响因子，第三个为竞争政策因子，第四个为企业家精神因子，第五个为网络安全因子。

表8－2 因子载荷矩阵

影响因素	公共因子	公共因子	公共因子	公共因子	公共因子
传统工业化路径依赖	0.131	0.153	0.112	0.850	0.342
"互联网＋"认知偏差	0.110	0.197	0.233	0.602	0.218
技术规范与标准化	0.703	0.194	0.127	0.161	0.445
知识产权保护	0.029	0.371	0.610	0.333	0.130
新一代信息技术	0.935	0.396	0.362	0.528	0.292
互联网基础设施	0.854	0.111	0.196	0.002	0.390
互联网法治建设	0.380	0.023	0.008	0.512	0.719
个性化需求	0.089	0.847	0.277	0.393	0.231
企业内部资源整合能力	0.220	0.041	0.360	0.749	0.118
网络安全	0.041	0.235	0.178	0.097	0.833
竞争政策	0.199	0.030	0.903	0.050	0.393
产业生态体系	0.433	0.970	0.384	0.129	0.256
企业家精神	0.309	0.078	0.023	0.949	0.235
行业与类型差异	0.004	0.787	0.404	0.310	0.240
智能制造政策	0.221	0.435	0.736	0.156	0.417
人才资源	0.366	0.681	0.024	0.327	0.311

二、内在机理分析

既然新一代信息技术、产业生态系统、竞争政策、企业家精神、网络安全这五个公共因子构成了"互联网＋"影响制造业高质量发展的"五力"驱动因子分析理论模型，那么需要进一步研究的是，这些公共因子与"互联网＋"影响制造业高质量发展之间又存在何种内在逻辑？抑或各个影响因子对制造业企业互联网化转型的内在作用机理到底是什么？为此，本部分将进一步深入考察这些内容。

（一）新一代信息技术影响因子的作用机理

从技术上说，"互联网＋"是大数据、云计算、物联网、移动互联网等新一代信息技术与传统产业融合发展下的产物，是先进技术集成融合创新的结果。其中，人工智能技术是新一代信息技术近年来增进和发展的中心。当前，美国、欧盟、日韩等国家或地区都在布局人工智能，比如，美国的《再工业化战略》《先进制造伙伴计划》《机器人技术路线图：从互联网到机器人》，欧盟的《第七框架计划》《机器人地球计划》，日本的《机器人技术长期发展战略》，韩国的《服务机器人发展战略》等都把人工智能技术的创新发展作为制造业高质量转型升级的新引擎。近年来，中国为了深入推进"互联网＋"战略，增强"互联网＋"的产业驱动力，也高度重视人工智能产业，无论是国家层面还是地方层面都制定了人工智能技术支持政策及相应的产业化发展规划，比如，国家层面的《"互联网＋"人工智能三年行动实施方案》《新一代人工智能发展规划》；地方层面的《浙江省新一代人工智能发展规划》《广东省新一代人工智能发展规划（2018—2030 年）》等。据有关统计数据显示，新一代人工智能企业主要集中于美国、英国、中国等国家，涉及机器学习、计算机视觉、智能机器人等领域，其中，美国、中国、英国三个国家的人工智能企业总数分别是 2905 家、709 家、366 家，全球占比 65.73%；人工智能企业分布最为密集的地区分别是美国的旧金山湾区、美国的纽约与中国的北京，其分别占全球企业总数的 16.9%、4.8%、4.0%[①]。"互联网＋"时代，以人工智能为代表的新一代数字技术和智能技术因具有强大的赋能性，将对制造业企业的生产经营活动产生重大影响。一是移动互联网和物联网技术的迅猛发展、融合创新以及深度应用，能够优化生产经营管理流程，降低人工成本、管理成本、时间成本和交易成本，提升劳动生产效率。二是新一代智能机器人广泛应用于工厂，能够增强劳动者技能，解决人口老龄化带来的劳动力短缺问题。三是先进制造技术能让制造业企业更加注重消费者的个性化需求，实现大规模个性化定制。据此提出如下假设：

假设 8-1：新一代信息技术在"互联网＋"影响制造业高质量发展中具有显著的正向影响。

（二）产业生态系统影响因子的作用机理

"互联网＋"推动制造业高质量发展不仅要依赖新一代信息技术，也要有

---

① 尹丽波. 人工智能发展报告（2016-2017）[M].北京：社会科学文献出版社，2017.

产业配套和支持体系。制造业与互联网融合的产业生态系统强调以工业互联网为平台，整合上下游企业，跨越多个关联产业，构成一个相互依存、相互影响的生态系统①。在这个新的产业生态系统中，具备以下几个条件：一是如同生物群落一样，企业也有企业群落，即有大量相关联、相支撑的各类企业为满足消费者的特定需求有序分工、汇聚到一起。二是核心制造业企业与上下游企业间是一种共生协作关系，这个核心型企业可以是一个，也可以是多个。三是软硬件一体化。软硬件一体化的产物一个是智能硬件产品，另一个是与智能硬件产品同样重要的互联网软件服务，它们两者共同构成了新产业生态系统的用户体验。比如，在智能手机制造商以互联网操作应用系统为核心构建的新产业生态系统中，上游支撑性企业主要是芯片、屏幕及各类硬件元件或传感器的生产商，而下游应用性企业主要是手机硬件制造商和 APP 应用开发商。另外，在特斯拉智能汽车产业生态系统中，由辅助驾驶技术、无人驾驶技术、车联网技术等构成的车载互联网智能操作系统是核心，悬挂系统、电池、车身等关键性零部件是上游，而充电网络、应用 APP、硬件外设等则是下游。"互联网＋"背景下，制造业的互联网化升级是整个产业生态系统共同作用的结果。只有完整的产业生态系统才能发挥"互联网＋"的配置效应、驱动效应和扩展效应，才能促进制造业与互联网融合共生系统的"协同进化"，进而带动全产业链的价值增长，构建现代新型制造业体系。据此提出如下假设：

假设 8－2：产业生态系统在"互联网＋"影响制造业高质量发展中具有正向影响。

（三）竞争政策影响因子的作用机理

竞争政策是发挥市场配置资源的决定性作用，调节微观市场主体互联网化行为选择的政策、法律法规和监管机制的总和，是市场经济条件下政府规范市场经济秩序、改善企业营商环境、提高资源配置效率的重要政策工具。一个公平有序的竞争环境，是"互联网＋"驱动制造业高质量发展的"基础设施"。确定竞争政策，保护市场竞争，就是增强"互联网＋"，保护生产力。

① 吴炜峰，杨蕙馨. 新产业生态系统竞争——兼对智能手机和智能汽车新产业生态系统图的绘制［J］. 经济社会经济体制比较，2015（6）：157－166.

实际上，竞争政策一直存在于制造业与互联网融合的经济政策体系之中，但相关产业保护政策常常处于主导地位，甚至当两种政策发生严重冲突的时候，产业保护政策往往也会优先适用，"凌驾"于竞争政策之上。"互联网+"时代制造业正转向高质量发展阶段，产业实现跟跑、并跑和领跑并重，市场主体数量与日俱增，倘若再用产业政策鼓励特定产业和个别企业急速发展，就可能造成产业选择失误，人为地形成市场垄断、造成不正当竞争，加剧重复生产和资源配置的根本扭曲。当前，无论是从经济发展的客观规律来看，还是从客观现实来看，经济政策体系从产业政策为主导转换到以竞争性政策为基础的需求十分迫切。只有"破旧立新"，在制造业领域内确立竞争性政策的基础性地位，强化市场竞争，才能倒逼企业提高产品和服务质量，才能让市场在资源配置中真正起到决定性作用，才能让落后企业退出、优质企业成长，才能驱使制造业创新发展，进而驱使制造大国向制造强国转变。其中，深化供给侧结构性改革，实施创新驱动发展战略，也要求确立竞争政策的基础性地位。有竞争，才会促进新一代信息技术在企业中的广泛应用，有竞争才能最大限度地激发企业家的活力，有竞争才会促进企业螺旋式创新，更大幅度提升消费者的福祉。众所周知，"互联网+"时代，企业组织小微化、柔性化特征十分明显，互联网企业的数量众多，市场垄断、不正当竞争不利于产业创新。比如，近年来几大电商平台的寡头垄断和几乎遍及网页、普通软件、安全软件、即时通信、游戏、输入法等互联网应用领域的不正当竞争，极大制约着产业互联网的发展，不利于制造业与互联网深度融合①。因此，确立竞争性政策的基础性地位，强化市场机制的调节作用，有助于加快企业互联网升级步伐。但在此也需要注意，以竞争政策为基础并不意味着不要产业政策。竞争政策与产业政策本身是有机统一体。产业政策是竞争政策的补充，主要针对一些关系国计民生，但暂时需要各方扶持的民族工业、幼稚工业，主要限定在市场机制失灵的领域。据此提出如下假设：

假设8-3：竞争政策的基础性地位在"互联网+"影响制造业高质量发展中具有显著的正向影响。

① 李晓琳.市场经济体制背景的竞争政策基础体系解构［J］.改革，2017（3）：99－109.

（四）企业家精神影响因子的作用机理

企业家精神理论是阐释和解读"互联网＋"时代制造业演化变迁的一个重要理论。"互联网＋"战略之所以能够成为国家级战略，正是中国一大批具有敢为人先创新精神的优秀企业家先行先试的结果。关于企业家精神在制造业发展中的作用，国内外诸多学者进行了广泛而深入的研究，比如，马克斯·韦伯认为资本家刻苦勤奋的劳动天职与禁欲精神促进了原始资本的积累，推动了资本主义工业的崛起和发展。约瑟夫·熊彼特在《经济发展理论》一书中提出的观点最具影响力，他认为工业增长的原动力在于企业家的创新实践，正是优秀企业家的"创造性毁灭"，推动了工业转型升级以及经济发展的波浪式上升①；市场活力来自人，特别是来自企业家的企业家精神；企业家的主体作用贯穿整个工业企业转型升级的全过程。比如，在海尔转型升级及其互联网化发展过程中，集团主席张瑞敏就敏锐意识到"互联网＋"给传统制造业带来的威胁和机遇，率先在行业内建立智能工厂，先试先行，果断打破制约效率提升的科层管理制度，大胆推行扁平化的组织结构，取得了显著成效。那么"互联网＋"时代优秀的企业家到底具有哪些精神特质？企业家身上的这些精神特质又是如何驱动企业互联网化转型？毫无疑问，"互联网＋"时代的企业家精神被赋予了时代新内涵，主要表现为企业家身上的一种内在的精神特质，包括创新精神、冒险精神、市场洞察力和强大的执行力等。就这些精神特质而言，创新精神是企业家精神的核心，反映了企业家精准识别企业面临的机遇与威胁、把握转型发展的时机和方向，以及开发数字化智能化的新产品新技术、构建网络化柔性化的组织结构、创新线上线下一体化的商业模式等诸多活动的一种心理倾向。具备高创新精神的企业家能够在瞬息万变的市场中大胆决策，持续获取新的竞争优势。此外，冒险精神也是决定一个企业能否取得成功的重要因素。从某种程度上说，创新就是冒险，或者说冒险是创新的代名词。冒险精神本身就属于极其稀缺的资源要素。美国经济学家约瑟夫·熊彼特曾经指出，以冒险的精神将原来尚未投入生产的各类

---

① 陈江，刘志成，吴能全. 企业家精神与经济变迁——一个分析框架［J］. 福建论坛·人文社会科学版，2015（5）：52－59.

要素和资源引入新组合体系或实现新的创新组合，是企业家精神的本质。那些具有高冒险精神的企业家不仅能将新的互联网资源引入生产体系，而且能够承担互联网化转型的风险，面对转型升级的不确定性，也能够着眼长远，敢于自我颠覆。据此提出如下假设：

假设 8 - 4：企业家精神在"互联网＋"影响制造业高质量发展中具有显著的正向影响。

（五）网络安全影响因子的作用机理

互联网既能变革企业的生产方式和商业模式，促进制造业高质量发展，也会让企业面临网络安全风险的冲击。特别是随着万物互联进程的不断加快，这个问题显得日益突出。据 2018 年 1 月 31 日中国互联网络信息中心（CNNIC）发布的第 41 次《中国互联网络发展状况统计报告》，截至 2017 年 12 月，中国的网民规模已经达到了 7.72 亿，互联网普及率为 55.8%，要比全球平均水平高 4.1 个百分点，比亚洲地区要高 9.1 个百分点。然而，根据世界经济论坛发布的《2016 年全球信息技术报告》显示，在全球 139 个国家和地区中，中国网络就绪指数得分偏低，仅为 4.2，名列第 59 位，这表明虽然中国是名副其实的网络大国，但互联网发展环境还不完善，尤其以网络安全问题为最。比如，以 2014 年为例，中国网民中有 46.3% 遭遇过网络安全问题，其中，电脑或手机中病毒或木马、账号或密码被盗的情况最为严重，分别为 26.7% 和 25.9%，在网络平台上遭遇到消费欺诈比例也很高，达到了 12.6%。另据《"互联网＋"企业网络安全生态研究报告》公布的相关数据显示，近年来中国移动互联网安全问题日趋增多，2005～2015 年网络恶意程序数量急剧增长，从 52 个飙升到 147.7 万个，其中恶意扣费攻击尤为严重。据中国国家信息安全漏洞库（CNNVD）统计，2015 年互联网新增漏洞达 7754 个，新增应用软件漏洞达 5142 个，约占漏洞总数的 2/3，可见应用软件漏洞成为影响网络安全的主要威胁。数字经济时代"网络攻击""病毒木马""APT 攻击""信息泄露"等网络安全问题严重影响着制造业数字化网络化智能化发展的步伐。此外，近年来一些国家的石化、电力、通信等重点行业内的网络安全事件频发就是有力佐证。2015 年 12 月，乌克兰的电力生产部门遭受到网络攻击，导致至少 3 个电力区域 30 个变电站出现故障，8 万用户断电，断电时间超过 30 分钟。2016 年 8 月，伊朗多个重要化工厂遭到恶意软件网络攻击，引发石化公司起火。2016 年 10 月，黑客控制了 10 万多台物联网设备，对域名服务商发起攻击，造成美国大面积网络瘫痪，对企业的生产经营活动造成了重大影响。2017 年 5 月，英国、意大利、俄罗斯等全球 150 多个国家和地区遭受了勒索病毒锁定，能源、通信、制造业等一些重点制造业行业受到了攻击感染，引发产线停摆，造成的经济损失达 80 亿美元。卡巴斯基实验室发布的《2016—2017 勒索软件报告》也称，2017 年第一季度勒索软件攻击数量激增，与 2016 年同期相比增长了 3.5 倍。更为重要的是，西方国家对信息技术的垄断越来越严重，致使中国面临极大的知识产权威胁和"互联网+"经济安全挑战。与世界先进技术相比，中国通用芯片、集成电路设计和制造等核心技术的研发能力还很薄弱，近年来联网工业设备、工业控制系统、云平台被网络攻击的次数也在显著提高。在网络安全排查中发现，中国发电企业采用的进口燃机设备的核心控制系统被安装了后门木马程序，可以通过互联网远程控制和关闭发电机组。资料显示，中国制造业领域重点行业 82% 的服务器、73.9% 的存储设备、95.6% 的操作系统、91.7% 的数据库都来自国外，这使得中国制造业的互联网化升级面临着极大的网络安全威胁①。因为，网络安全不仅会造成企业的数据丢失、业务中断、工厂停产、技术泄漏，而且会让制造业企业失去知识产权，影响企业生存甚至国家的经济安全，严重制约制造业互联网化升级的步伐。据此提出研究假设：

假设 8-5：网络安全因素在"互联网+"驱动制造业高质量发展中具有显著的正向影响。

第四节 实证检验

一、验证性结构方程模型构建

结构方程模型可以分为结构模型和测量模型两个部分。测量模型描述潜

---

① 孙会岩. 习近平网络安全思想论析 [J]. 党的文献，2018（1）：21-32.

变量 ξ、η 与观测变量 X、Y 之间的关系。

$$Y = \Lambda Y \eta + \varepsilon \qquad (8-1)$$

$$X = \Lambda X \xi + \sigma \qquad (8-2)$$

式（8-1）~式（8-2）中，Y 为内生观测变量组成的向量；X 为外生观测变量组成的向量；η 为内生潜变量；ξ 为外生潜变量；ΛY 为内生观测变量在内生潜变量上的因子负荷矩阵，它表示 η 和 Y 之间的关系；ΛX 为外生观测变量在外生潜变量上的因子负荷矩阵，它表示 ξ 和 X 之间的关系；ε 和 σ 为测量方程的残差矩阵。结构方程模型说明外生潜变量和内生潜变量之间的关系，这种关系以图形的形式表达出来就形成路径图。

$$\eta = B\eta + \Gamma\xi + \zeta \qquad (8-3)$$

式（8-3）中，B 为结构系数矩阵，它表示结构模型中内生潜变量 η 的构成因素之间的互相影响；Γ 为结构系数矩阵，它表示结构模型中 ξ 对 η 的影响；ζ 为结构模型的残差矩阵。根据上述研究假设，新一代信息技术、产业生态系统、企业家精神、竞争政策、网络安全以及制造业高质量发展构造了影响因素的结构方程模型。其中，前五种因素为外生潜变量，制造业高质量发展为内生潜变量，如图 8-1 所示。

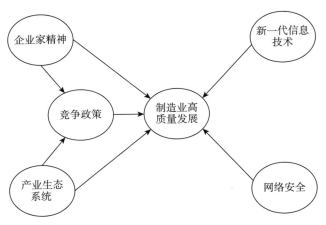

图 8-1 "互联网＋"影响制造业高质量发展的因素模型

二、问卷设计、样本选取和数据来源

本部分是理论假设的实践验证，因此调查问卷设计和样本的选取与上述探索性因子分析部分存在以下两个不同之处：一是问卷调查的设计步骤不同，更加注重与企业的互动。这部分的问卷设计以探索性因子分析得出的"互联网＋"影响制造业高质量发展的因素为理论基础，结合已有研究文献，设计问卷初稿，并通过与高校修读 MBA 学位的企业管理人员进行交流沟通，走访石化、制药、汽车等行业内的代表性企业进行实地调研，以及召开企业高层管理人员座谈会等方式，对调查问卷的内容进行增补删减、修改完善，最终形成"互联网＋"对制造业的影响因素操作变量表，如表 8－3 所示。二是调查的样本不同。既然是从理论到实践，进行落地式验证，那么调查对象就不应该是纯粹的理论工作者，更多应是工作在第一线的员工和管理者。因此，本调查样本除了石化、制药、汽车等行业外，还扩展到钢铁、食品加工、纺织、家具制造等行业。本次共发放 1200 份调查问卷，主要涉及江西、湖北、浙江、广东等省份，收回有效问卷 920 份，问卷回收率 77%。

表 8－3　影响因素操作变量

潜在指标	观测指标
新一代信息技术（JS）	企业研究与开发（R&D）经费投入占比
	智能传感器研发和应用
	面向云端训练和终端执行的开源开发平台
	神经网络芯片实现量产
	工业机器人和服务机器人的规模化应用
产业生态系统（CS）	基于工业互联网核心平台的企业共生群落
	计算机与软件人员队伍建设
	网络基础设施体系完善程度
	人工智能产业标准规范体系
	软件、硬件、数据、应用协同的产业业态
	技术创新中的知识产权保护

续表

潜在指标	观测指标
企业家精神（QJ）	企业家"互联网＋"思维
	包括工作经验在内的企业家人力资本存量
	企业扩张倾向
	高管团队创新创业动机
	企业电子商务转型水平
竞争政策（JZ）	公平竞争营商环境
	强化反垄断法执行
	民营企业的市场主体地位
	市场准入负面清单制度
	企业间的固定价格协议
网络安全（WA）	专门的网络安全管理机构
	系统的网络安全防范文件
	网络安全事件历史发生频率
	网络攻击者驻留时间
	企业信息安全团队对攻击事件作出有效反应的速度
	企业信息安全团队消除网络安全风险的速度
"互联网＋"在制造业高质量发展中的作用（ZN）	生产效率的提升
	技术创新的加速
	组织变革的推进

三、系数与模型检验

　　衡量量表质量的重要指标之一是 Cronbach's α 系数检验，它是指测验分数的特性或测量结果，而非指测验或测量工具本身，检验量表的信度和效度即检验量表的可靠性程度或测量的一致性程度。Cronbach's α 系数是度量信度的一种重要方法，它是利用各题得分的方差、协方差矩阵或相关系数矩阵来计算同质性，得出唯一的系数。Cronbach's α 系数越高，代表其测量的内容越趋于一致，量表越稳定。虽然不同研究者对信度系数的界限值有不同看法，但多数观点认为，系数值介于 0.60 ~ 0.65 为不可信；0.65 ~ 0.70 为最小可接受值；0.70 ~ 0.80 为相当好；0.80 ~ 0.90 就是非常好。本部分研究接受等于或者大于 0.70 的 *Cronbach's α* 系数值。通过 SPSS 统计软件分析，所有的潜变量的 *Cronbach's α* 系数值均大于 0.7，且整个量表的 *Cronbach's α* 系数值达到了0.901（见表 8 - 4），说明量表质量高，符合结构方程的要求。

表 8 - 4 潜变量与量表的 *Cronbach's α* 系数

潜变量	系数	可测变量数	系数
新一代信息技术	0.879	5	
产业生态系统	0.955	6	
企业家精神	0.934	5	0.901
竞争政策	0.806	5	
网络安全	0.870	5	
"互联网 +"驱动制造业高质量发展	0.917	3	

运用 AMOS21.0 对上述假设进行结构方程模型检验，根据 P 值分析判断原假设是否通过检验。一般认为，结构方程模型 P 值小于 0.05 为显著，P 值小于 0.01 为非常显著。结构方程模型检验的 P 值和假设检验结果如表 8 - 5所示。从这个结果来看，一是"互联网 +"驱动制造业高质量发展的影响因素探索得到了实践层面的验证，所有的影响因素都非常显著。二是影响"互联网 +"驱动制造业高质量发展的 5 个影响因子，显著性最大的是产业生态因子和网络安全因子。这两个影响因子与制造业的互联网化之间关联度高。

表 8 - 5 结构方程模型检验结果

原假设	P 值	显著性
JS→ZN	0.012	影响显著
CS→ZN	0.001	影响显著
QJ→ZN	0.013	影响显著
JZ→ZN	0.090	影响显著
WA→ZN	0.005	影响显著

第五节　本章小结

　　"互联网＋"时代，作为一种新的人造战略资源和现代产业创新发展不可或缺的技术要素，互联网已全面融入企业生产经营全过程，从实践层面破解了"索洛悖论"，成为驱动中国制造业高质量发展的重要力量，但就现阶段而言还存在内部和外部两方面的制约因素。对制造业与互联网深入融合的影响因素进行探索性因子分析，发现新一代信息技术、产业生态系统、竞争政策、企业家精神、网络安全是关键影响因子，在此基础上对各个影响因子的内在机理进行分析，并构建结构方程从实践层面进行检验。基于实证结果，可从互联网与制造业融合的技术位、产业位和生态位"三位一体"视角，优化"互联网＋"驱动制造业高质量发展的路径。

　　第一，技术位视角：聚焦人工智能科技创新、工业互联网平台和网络安全技术，增强"互联网＋"融合的技术内驱力，为"互联网＋"驱动制造业高质量发展赋能。一是在先进技术层面，要构建以人工智能为核心的新一代信息技术创新和应用体系。人工智能在新一代信息技术创新中具有很强的头雁效应。要把增强技术原创能力作为重点，以企业为主体，围绕关键核心技术，建立新一代人工智能基础理论和关键共性技术协同创新体系，不断强化新一代信息技术创新能力。要发挥海量数据和巨大市场应用规模优势，培育以人工智能为代表的新一代信息技术创新产品和服务，打造以大数据、物联网、云计算、人工智能等新一代信息技术焊接创新为内驱力的工业互联网集成平台。要构建跨行业、跨领域和面向特定行业、区域的工业 APP，促进工业全要素、全产业链、全价值链的泛在连接、弹性供给和高效配置。要引导企业利用工业互联网平台与上下游企业加强合作，打破组织边界，实现资源共享、价值共创、风险共担。二是在安全技术层面，要构建网络安全技术自主创新体系，提升网络安全指数。要围绕重点产品和重点领域加强攻击防护、漏洞挖掘、入侵检测、态势感知、安全审计、可信芯片等网络信息安全产品的自主研发和产业化。要推广区块链技术在工业互联网平台建设中的重点应用，避免数据泄露及数据污染，建立设备安全、网络安全、平台安全和数据安全的网络安全保障体系。要构建网络安全防范长效机制，鼓励企业加大网络安全技术的研发投入，建立休戚与共的深度连接，加强数据与技术互通以及信息共享，形成产业链协防机制。

第二，产业位视角：因势利导有步骤分阶段推进企业互联网化升级，构建以共生协同为特征的产业体系，为"互联网＋"驱动制造业高质量发展提供有力支撑。一是产业集群层面要形成大中小微企业协同发展、差序发展的新格局，因势利导有步骤分阶段推进制造业互联网化集群升级。其一，在地理空间上促进大中小微企业集成发展与升级。"互联网＋"时代，制造业的创新发展指的是整个行业，而不仅仅是某一个或某一类企业。要充分发挥各类企业的作用，从横向企业群落和纵向价值链方面构建以平台型龙头企业为核心的产业联盟，形成大中小微企业优势互补、国有企业和民营企业协调发展的产业体系。要进一步整合并优化资源，打造制造业与互联网融合的新型工业园区，实现产业集群发展与整园升级。其二，分步推进企业互联网化转型升级。企业互联网化转型升级不能搞"一刀切"，需根据企业实际，因势利导，注重数字化、网络化、智能化升级改造的分阶段推进。在优势企业、龙头企业或重点国资企业，可以率先开展智能制造的应用试点，鼓励企业加快建设智能车间、智能工厂，加强整个企业生产经营流程的智能优化，并对业务链条全环节实施数字化网络化智能化改造。而对一些中小微企业，要注重引导和扶持，不断激发这些企业互联网化升级的内在需求，可以先从"机器换人计划"等单项任务的智能化改造升级入手，逐步逐项推进。二是在产业配套层面，构建以共生协同为特征的产业生态体系。其一，要以制造业企业为主体，发展工业软件服务业，扶持现有知名软件企业做大做强，引导中小微软件厂商向专业化、服务化方向发展，打造核心软件产业链，强化"互联网＋"驱动制造业创新发展的软件支撑。其二，要重点支持国内一些大型工业企业、独角兽企业依靠自身实力或与一些大型软件公司、高校、科研机构等单位合作，协同创新、自主开发，加大工业软件自主开发力度。其三，加大芯片产业发展。"互联网＋"离不开软件，尤其离不开半导体芯片。2018年中兴半导体芯片事件就折射出中国芯片产业的先天不足和后天失调。要利用国内人才、资金和政策等方面的优势，努力在芯片局部领域实现超越；要发挥国内市场优势，围绕自主标准、知识产权研发芯片，推进芯片的核心关键技术、零部件集中攻关和产业化应用。

第三，生态位视角：用"市场之手"推进有序竞争，激活市场活力，推进服务侧改革，为"互联网＋"驱动制造业高质量发展创造良好的营商环境。一是在市场竞争方面，加强产业标准和知识产权保护建设，用"市场之手"推动制造业与互联网深度融合，推进行业有序竞争。其一，加强互联网化标准建设，引领制造企业智能化升级。只有标准得到统一，互联互通和信息融合才能实现。要分类别、分模块制定"互联网＋制造业"的产业融合标准体系和标准化路线实施施工图。鼓励上下游企业之间就互联网化转型升级加强交流与合作，实现上下游产品的标准对接，增强标准兼容性和集成水平。其二，加强知识产权保护工作。"互联网＋"时代，知识产权已经成为一种增长要素。谷歌、苹果、英特尔、高通等世界知名企业的案例和研究均表明"技术＋商业模式＋知识产权"已经成为当前市场竞争取胜的通用方程式。要从政府外部推动向市场内部驱动升级，完善以利益为导向的知识产权激励机制。二是在公共服务层面，以推进科技创新和行政管理方面的服务为重点，推进服务侧改革创新，营造良好的营商环境。其一，建立跨界协同创新中心，促进实验室技术向产品技术的转移。要构建由政府牵头、重点企业为主导的集共性关键技术研发、成果转化、人才培养等为一体的产业融合创新平台，提高创新成果的商业化率。推进制造业与互联网融合领域的关键零部件、关键性技术的研发众创，将基础操作系统软件的开发、标准的制定纳入共性技术联合攻关的顶层设计中来。其二，加强政策扶持和引导。要做好规划，建立产业创新联盟、大数据中心、行业协会等行业组织服务平台，加强工业移动互联网等网络基础设施建设。设立专项基金，以项目竞标方式，扶持企业数字化、网络化、智能化改造。要做好牵线搭桥工作，引导企业与大型互联网企业深度合作，打造智慧企业样板。其三，要清理废除妨碍企业家精神培育的各种做法，实行权力清单、责任清单、投资清单、财力清单管理，"守护"企业家的预期，营造企业家干事创业的社会氛围。

第九章 "互联网＋"与制造业高质量发展：政策设计

第一节 引言

产业政策不可或缺。自经济大萧条以来，各国政府借助特定产业政策促进产业增长的做法十分普遍。比如，美国借助系列产业增长的刺激计划走出经济泥潭，日本更是凭借产业政策由产业全线崩溃的局面迅速跻身世界经济强国之列。20 世纪 80 年代日本学者小宫隆太郎编写的《日本的产业政策》一书是一个划时代事件，标志着产业政策研究从碎片化、零散化转为系统化、科学化，从表面上的经验认知转向深层次的理论分析。产业政策的早期研究经历了单一论到复合、多元论的演进过程①。初始的单一论代表是由 Hamilton 提出的"幼稚产业论"。该理论认为尚未成熟起来的产业需要保护，否则难以在竞争中成长壮大，而保护的最好方法就是政策扶持。当然，也有学者持不同观点，甚至对产业政策的积极效应进行全盘否定。

产业政策在中国经济高速增长过程中功不可没。近年来，受国内外多种因素的影响，中国经济下行压力趋大、增速趋缓。尤其是在新一轮科技革命和产业革命孕育新突破、形成新拐点的宏观形势下，支撑中国经济增长的"人口红利"趋于消失，企业成本快速攀升，资本边际回报率不断下降，这迫切需要加快制造业与互联网融合，要从生产方式、组织管理和商业模式等维度重塑产业竞争力，激发企业创新活力、发展潜力和转型动力。因此，如何借助产业政策，撬动解决制造业转型升级突破难、国际竞争力提升难的"两难问题"；产业政策如何融入制造业发展全过程，精准发力，保持最适宜的力

---

① 张明志，姚鹏．产业政策与制造业高质量发展［J］．科学学研究，2020（8）：1381－1389．

度区间，已经成为制造业与互联网下一步融合亟待面临的新挑战。无论是何种产业推进路径或发展模式，都需要匹配相应的产业政策来予以保障。基于此，本部分主要从"供给、需求、政策"三维政策工具视角入手，构建"互联网＋"内生驱动制造业高质量发展的政策体系。

第二节　政策模型选择

一、政策工具理论

何为政策工具呢？国内外学者从功能论、资源论和策略论三个角度，以及工具主义、过程主义、权变主义和建构主义四种途径对政策工具展开了丰富研究（谭海波等，2021）[①]。有学者将政策工具视为政府实现政策目标的技术和手段；有学者认为政策工具是政府的行为方式和调节政府行为的机制；也有学者认为，政策工具是通过行动策略达到政策目标的过程。简而言之，政策工具就是决策者为了实现既定的政策目标，解决特定产业增长问题，而采用的行动策略或实施方案，包含政策主体、政策目标和政策手段。近年来，政策工具的研究主要集中在政策工具属性、工具分类和模型选择、工具运用和绩效研究等领域，但由于缺乏统一的分类标准且分析视角不同，产业政策工具理论研究中出现了不同分类标准。比如，有学者基于政策工具本身的属性将政策工具划为"自愿型工具、强制性工具和混合型工具"[②]；有学者根据政府引导目标群体行为的方式将政策工具划分为"权威型工具、诱因型工具、能力型工具、象征及劝说型工具、学习型工具"[③]"命令工具、报酬工具、职能拓展工具、报酬工具、权威重组工具、劝告工具"[④]；还有学者不仅关注政

① 谭海波，郑清清，王海函. 地方政府大数据产业政策：工具偏好及其匹配——基于贵州省政策文本的分析［J］. 中国行政管理，2021（1）：52－58.

② 迈克尔·豪里特，M·拉米什. 公共政策研究：政策循环与政策子系统［M］. 庞诗，译. 上海：三联书店，2006.

③ Schneider A., Ingram H. Behavioral Assumptions of Policy Tools［J］. The Journal of Politics，1990（2）：510－529.

④ Mcdonnell L. M., Elmore R. F. Getting the Job Done：Alternative Policy Instruments［J］. Educational Evaluation and Policy Analysis，1987（2）：133－152.

策的工具特性，还考虑政策应用的环境，并将政策工具划分为"供给面政策工具、需求面政策工具和环境面政策工具"①。

目前，学术界对产业政策工具分类的认识基本达成了一致，普遍认为从政策工具的属性看，还是有规律可循的。比如，命令性产业政策工具具有强制性特点，属于行政手段；报酬性工具带有物质激励性特点，属于经济手段；而正式组织工具的变革性特点十分突出，属于组织手段。可以看出，政策工具的综合使用往往是政策价值、工具理性与制度策略相耦合的体现，不同的政策工具对产业的影响也存在差异，因此采用合理的政策分析工具是提高解释力的前提。需要强调的是，没有任何一种产业政策工具分类方法能够囊括所有的工具类型。不同的产业政策分类方法、标准反映了不同产业政策工具的侧重点，具有不同的适应范围和限制条件。因此，要在"互联网＋"背景下提出促进制造业与互联网高质量融合发展的产业政策工具，除了要考虑政策工具本身与政策目标达成是否相匹配之外，还需对各类政策工具进行优化和组合，构建产业政策"工具箱"，以期发挥政策的最大效用。

二、政策工具模型

纵览现有文献，与"互联网＋"影响制造业竞争力提升和高质量发展相关的政策模型主要有两种：一是迈克·波特的"钻石结构模型"。该产业政策模型描述了产业竞争环境及其竞争力提升的要素组成，揭示在某一个国家或某一个特定的领域内影响产业生产率和竞争优势形成的各个因素，可以用来解释一国的经济环境、组织、机构、政策在产业竞争中扮演的角色，并从中找出维持产业竞争优势的关键性因素，为政策决策者制定有针对性的产业政策提供参考。二是罗斯威尔和菲尔德提出的"供给、需求、环境"三位一体分析模型。供给面政策工具是指政府在人才、资金、技术等创新要素的供给上对企业给予政策支持，推动制造业竞争能力的形成，实现高质量发展；需求面政策工具是指政府通过降低市场进入门槛、减少进入阻力、帮助企业开

---

① 黄剑锋，章晓懿. 中国智慧养老产业政策研究——基于政策工具与技术路线图模型［J］. 中国科技论坛，2020（1）：69－79.

拓国内外消费市场的方式，提高企业创新利润，提升产业发展质量；环境面政策工具指政府通过优化营商环境，间接影响企业创新，并促进新产品、新技术、新服务和新功能的开发。目前产业政策分析的相关文本中，"供给、需求、环境"的政策工具理论应用范围广，因其不仅关注政策工具本身的特性，而且考虑了政策应用的环境，对所要研究的问题具有较强的解释力。基于此，本部分以此模型作为政策分析工具，除此之外，还有以下两个层面的考量：一是该模型源自科技创新与工业再造领域，是从科技创新与产业政策相互影响中提炼出的理论模型，与本章的研究内容相吻合；二是相对于其他政策工具模型，该理论模型的市场化取向、经济性特征较为明显，因此，可操作性更强。

需求面政策工具包括公共采购、价格补贴、对外承包、贸易管制等。它主要直接作用于市场和需求维度，其意义在于通过政府采购或价格补贴，减少创新成果进入市场初期面临的不确定性，激发企业开展创新活动的内生动力。比如，政府的各类补贴是最为直接的产业政策工具，具有明确的"资金增加效应"，能够为企业的技术创新、新产品研发和生产规模的扩大提供激励性的制度安排。企业在政府补贴、优惠措施的支持下，具备更强的资金周转和抗风险能力，会加大投资力度、扩张产业规模、促进科技成果转化。环境面政策工具包括目标规划、标准设计、金融支持、税收优惠、知识产权、法规管制等间接影响制造业与互联网深度融合的环境因素。比如，非关税贸易壁垒政策、绿色技术标准等环境面政策能影响产品性能设计，改变市场偏好；市场准入制度具有约束功能，而政府放松准入条件会激励新创企业进入，强化市场竞争；税收优惠和信贷机制与企业的生产经营活动紧密相关，有助于企业采用先进设备、扩大生产投资。足见，环境面的政策工具突出体现在创造良好的营商环境上。供给面政策工具主要是从产业供给层面，以人才培养、信息支持、设施建设、资源投入、公共服务等方式为制造业与互联网融合提供内驱力。它对制造业与互联网融合演进的影响更多表现为技术研发政策对产业共性关键技术研发的推力上。供给面政策工具还能对稀缺的科技资源进行分配，如通过人才发展规划和教育计划，提供丰富的科技人力资源、建设科技资料库、大数据中心等，为企业创新提供公共信息服务平台，减少和避免信息不对称现象的产生，等等。

政策分析模型的维度、工具及定义见表 9 – 1。

表 9 – 1 政策分析模型的维度、工具及定义

维度	工具	定义
供给面	设施投入	配套基础设施，涵盖交通、安全、通信、医疗、进出口等领域，等等
	科技投入	加强基础技术、共性技术的研发；建设实验室，利用技术辅导与咨询方式为工业互联网技术、先进制造业技术等创新提供支持，等等
	人才培养	健全人才教育培训体系，开辟国际人才交流渠道，储备高端人才资源，等等
	信息支持	搜集前沿技术、新兴产业等信息，强化信息情报网络、资料库建设，等等
	资金支持	对企业、高校、研究机构等创新主体的科研活动和实验室建设提供经费支持，等等
环境面	目标规划	制定制造业与互联网融合发展的中长期发展规划及实施细则，勾勒远景蓝图，等等
	金融支持	通过融资、补助、风险投资、特许、财务分配安排、设备提供及服务、贷款保证、出口信用贷款等措施改善制造业与互联网融合发展的融资环境，等等
	税收优惠	对在制造业与互联网融合创新领域从事工艺创新、产品创新、技术创新的企业和个人提供税收减免支持，包括投资抵减、加速折旧、免税与税收抵扣、研发费用加计扣除，等等
	产权保护	为制造业与互联网融合创新者提供独占市场收益的权利，保护创新和企业家权益，等等
	法律法规	制定企业制度、产业政策、行业标准、技术标准、产品标准等法律法规、操作指南、规制手段来督促市场运行、规范市场秩序，等等
需求面	政府采购	购买制造业与互联网融合创新的新产品及新技术，支持有研发创新能力的企业和新兴产业发展，等等
	消费补贴	对消费者购买行为进行直接补贴，减少购买成本，扩大新产品或新技术的市场需求，等等
	服务外包	提供人为的本地市场需求，构建产业新生态，提高产业分工水平，等等
	海外市场	借鉴国外先进技术和经验，拓展产品海外市场，促进国内外市场一体化，等等
	贸易管制	进出口技术和产品的诸如贸易协定、关税、标准、汇率等各项管制措施，等等

资料来源：根据相关资料整理所得。

第三节　政策体系构建

基于"供给—需求—环境"的产业政策模型，参照表9－1产业政策的主要维度，根据制造业与互联网融合的实际，建构"互联网＋"与制造业高质量发展的政策体系。

一、供给面的政策体系

（一）发力"新基建"，优化空间布局，扩大互联网应用范围，提高互联网普及质量，厚植"互联网＋"赋能增权制造业转型升级以及高质量发展的"数字土壤"

互联网既是一种战略型人造资源，也是一种新的基础设施，这种战略资源和设施在数字经济时代甚至比交通要更为重要。然而，中国互联网基础设施发展中还存在以下两个突出问题：一是"网速慢、资费高"，制约了制造业互联网化的步伐。"互联网＋"时代，互联网应用正在快速渗入实体经济的每一个角落，对网络基础设施水平有更高要求。比如，车联网要求汽车能够链接进入互联网，物联网要求搭载物联网芯片的硬件设备可以随时随地接入互联网，工业4.0要求企业内的所有智能设备能够实现互联互通。但据英国Cable.co.uk 2017年8月对全球各地的宽带下载网速的分析，中国宽带下载网速全球排名134位。二是发展不均衡，表现在城乡"宽带鸿沟"、东中西部宽带发展"左右失衡"。为此，要在互联网基础设施建设均衡发展上发力，增强"互联网＋"驱动制造业高质量发展的能力。

（1）重点发力"新基建"。"新基建"的概念是在2018年中央经济工作会议上首次提出来的。2020年4月，国家发展和改革委对"新基建"的概念和内涵给予了完整解释，提出"新基建"是在"创新、协调、绿色、开放、共享"新发展理念的指引下，以技术变革为内在驱动力，以互联网信息技术发展为基石，提供具备数字化转型、数字化融合、传统基础设施数字化升级等功能的基础设施，能为数字经济厚植"数字土壤"、为技术新模式融合创新以及产业链"强链、补链、延链"提供条件、为驱动基础设施智能改造和传统产业数字化升级提供内生动力。具体而言，"新基建"包括融合基础设施、信息基础设施、创新基础设施等。在推进"新基建"过程中，要抓好"一个核心""一个重点""一个关键"。一是加速推进"新基建"，核心是加快推动5G网络部署。增加5G网络投资规模、扩大5G网络覆盖范围、提高5G网络使用率是互联网基础设施建设的三大重要内容，也是增强制造业高质量发展新动能的重要手段。《数字中国发展报告（2021年）》指出，截至2021年，中国已经建成了142.5万个5G基站，其总量占全球的60%以上；5G用户数也达到了3.55亿户，行政村、脱贫村通宽带率为100%；工业互联网应用覆盖了45个国民经济大类，电子商务交易额从2017年的29万亿元增长到2021年的42万亿元。要建设以通信设备制造商、通信运营商和通信服务商为核心的上下游5G产业链条，形成强大的信息基础设施供给体系。二是加速推进"新基建"，稳步推进传统基础设施的"数字+""智能+"升级。要发挥5G技术在推动产业数字化、网络化、智能化中的作用，依托大数据、物联网、人工智能、云计算等技术，突破既有产业边界，促进传统基础设施与前沿科技关联产业融合发展；统筹信息基础设施、传统基础设施和创新基础设施的网络空间布局，推进新型基础设施资源共享、设施共建、空间共用，构建现代化基础设施体系。三是加速推进"新基建"，关键是前瞻性布局创新基础设施。要发挥创新基础设施在支撑制造业与互联网融合创新中的功能，加快建设一批产学研用创新平台、产学研用云服务平台，实现产业数字化和数字产业化的双向赋能。

（2）合理布局"新基建"。"新基建"具有固定资产投资、数字化基础设施和准公共物品三种属性，相对于以"铁路、公路、机场"为代表的传统基础设施而言，这类基础设施具有明显的技术偏好，需要大量资金投入，能够提升劳动要素向资本、技术要素转换的效率，推动产业创新成果转化、产业结构转型升级、经济高质量发展。一是要以推进"东数西算"工程为着力点，统筹全国"新基建"的布局。目前中国的数据中心大多建设在北京、上海等经济发达但能源紧张的地区，大大限制了数据中心集群进一步发展的空间。因为，一个大型的数据中心集群，涉及的服务器可能达到几百万台、上千万台，耗电量巨大，仅电费就占到数据中心运营维护成本的七成。据测算，

2020 年中国数据中心耗电量已超过 2000 亿千瓦时，约占全社会用电量的 2%。要根据各区域经济社会发展需求和资源禀赋，妥善处理传统基建与"新基建"的空间配置关系，统筹安排、合理布局，防止"新基建"重复建设导致的资源浪费及"空城"现象。要推进"东数西算"工程建设力度，重点在中西部地区能源特别是清洁能源丰富的地区建设大型数据中心集群。要加大中央财政和地方政府对中西部地区"新基建"建设资金的投入。除了要发挥财政专项债、地方政府债券、开放性金融的作用外，还应通过降低进入产业门槛、畅通产业退出渠道、给予产业税收优惠等方式，鼓励和引导民营资本投资参与中西部地区"新基建"。要引导建立"数字新基建"产业园区。二是推进数字乡村建设。要推进乡村信息基础设施数字化转型升级，持续实施电信普遍服务，开展农村地区 5G 基站补盲建设，推进 5G、物联网和光纤网络向乡村尤其是"老少边穷"地区延伸，实施信息进村入户和无线网络全覆盖工程，缩小城乡数字接入和应用鸿沟。要开发适应"三农"新特点的信息终端、技术产品和应用软件，探索形成与数字技术深度融合的新型农村电商模式。要加快推动农村地区水利、公路、电力、冷链物流、农业生产加工等传统基础设施的数字化改造，推进智慧水利、智慧交通、智慧电网、智慧农业、智慧农场、智慧物流等建设。

（二）瞄准"技术、平台、安全"三大法宝，坚持"面向数字技术的纵向升级和横向融合，面向制造业高端化、智能化、绿色化转型"，深耕"互联网＋"创新赋能群

"互联网＋"不是某一项技术，而是一个技术群，需以新一代数字技术和智能技术为支撑。新一代数字技术和智能技术，是指以移动互联网、物联网、云计算、大数据、人工智能为代表的新兴数字和智能技术，它既是数字技术的纵向升级，也是数字技术的横向渗透融合。鉴于此，应坚持深耕"互联网＋"技术创新群，强力发挥其在推动制造业高端化、智能化、绿色化转型发展中的渗透力和融合力作用。

（1）促进互联网技术群的集成创新。要强化企业主体地位，推进创新链产业链资金链人才链深度融合，发挥科技型骨干企业引领支撑作用，促进科技型中小微企业健康成长，提高科技成果转化和产业化水平，打造具有全球

影响力的产业科技创新中心。要统筹衔接大数据、云计算、物联网、人工智能为代表的新一代信息技术研发、成果转化等环节，调动各类创新资源，强化重大科技创新平台建设，促进先进技术的研发布局和协同创新。要在大数据、云计算、物联网、人工智能等新一代信息技术研发应用方面，鼓励企业与高校、科研机构对接合作，畅通创新成果转化通道。要推动制造业与互联网融合创新，围绕重点行业的制造单元、生产线、车间、工厂建设等关键环节进行数字化、网络化、智能化改造，实现全生产过程、全产业链、全生命周期的深度感知、动态监控、数据汇聚和智能决策。

（2）加强工业互联网平台建设。工业互联网平台是工业全要素、全产业链和全价值链连接的枢纽，是面向制造业数字化网络化智能化需求，构建基于海量数据采集、汇聚、分析的服务体系，以及支撑制造资源泛在连接、弹性供给、高效配置的工业云平台，包括边缘、平台、应用三大核心层级。其本质是在传统互联网平台的基础上叠加物联网、大数据、云计算和人工智能等新兴数字技术，建设一体化的云平台，构建更为精准、更为实时高效的工业 APP 应用体系，形成资源集聚、多方参与、合作共赢、协同演进的制造业生态。工业互联网平台可以定位为新工业体系的"核心操作系统"，具有云化服务、知识积累、应用创新等特征。一是要把工业互联网作为提升产业新空间的手段，支持汽车、电子信息、家电、纺织服装等互联网化的重点行业和骨干企业建立工业互联网平台，开展协同创新、网络众包、创业孵化等，促进技术产品、组织管理和经营机制创新。二是要支持企业联合科研院所、互联网企业、基础电信企业、高等院校、产业联盟等建设一批面向特定行业、特定场景的工业互联网平台。三是加大人工智能示范应用场景建设。针对流程制造业、离散制造业工厂中生产调度、参数控制、设备健康管理等业务环节，综合运用工厂数字孪生、智能控制、优化决策等技术，在智能决策、柔性化制造、大型设备能耗优化、设备智能诊断与维护等方面形成可复制可推广的智能工厂解决方案，并在化工、钢铁、电力、装备制造等行业示范应用。针对智能仓储、智能配送、冷链运输等关键环节，运用人机交互、物流机械臂控制、反向定制、需求预测与售后追踪等关键数字技术和智能技术，优化场景驱动的智能供应链算法，构建智能、高效、协同的供应链体系，推进智能物流与供应链技术规模化落地应用，提升产品库存周转效率，降低物流成本。

（3）强化网络安全体系建设。网络安全风险是数字经济时代企业面临的最大风险，亟须加快技术创新，强化网络安全体系建设。一是加强网络安全技术的自主研发。要加强工业互联网安全技术研究，实现工业互联网、大数据、人工智能、云计算、物联网等领域关键安全技术的创新与突破。要不断推动攻击防护、漏洞挖掘、入侵检测、态势感知、安全审计、数据安全、可信芯片等信息安全产品的产业化。要建立涵盖设备安全、控制安全、网络安全、平台安全和数据安全的网络安全保障体系。二是加强数据安全保护。要明确数据安全保护责任和要求，加强数据收集、存储、处理、转移、删除等环节的安全防护，推广使用防泄露、防窃取等数据保护技术。要加强工业互联网数据安全监督检查，严格落实国家工业数据分级分类管理制度。三是完善企业网络安全风险管理体系。要建立安全漏洞、威胁信息、安全事件等数据共享机制，定期发布行业风险报告。要督促相关企业落实网络安全主体责任，加大网络安全投入。要培育发展信息安全服务机构，遴选工业信息安全应急服务支撑机构，建立应急预警和通报机制，提升网络安全隐患排查、攻击发现、应急处置和攻击溯源能力。要整合行业资源，推动工业互联网信息安全仿真测试、评估验证、态势感知、监测预警、安全防护等平台建设，鼓励相关单位创新服务模式，提供安全运维、安全咨询等服务。四是引入网络安全保险机制。要研究制定战略规划，出台网络安全保险法规，健全网络安全事件惩罚制度，促进互联网服务提供商、关键信息基础设施运营者、数据中心等加大网络安全保险投入力度。要面向不同行业差异化风险管理需求，推动网络安全保险场景化并开发专项保险产品。

（三）对接"中国智造""中国创造"，健全人才引培机制、创新产教融合模式，构建集"知识型、技能型、创新型"为一体的"现代工匠"高技能人才培育体系

制造业与互联网融合步伐日益加快，对劳动者的素质和技能提出了更高的要求。然而，目前这方面仍然存在一些深层次的结构性矛盾亟待解决。一是领军人才匮乏，尤其是智能制造、服务型制造、工业互联网等领域的高技

能型领军人才严重缺乏，与高质量建成"技工大国""技能强国""大国工匠"的目标还存在较大差距；技术工人队伍特别是高技能劳动者的数量明显不足；技术工人的能力和水平还跟不上技术进步和产业转型升级的变化；技术工人的供给与需求还不完全匹配。数据显示，2018年中国技能劳动者仅占就业人员总量的21.3%，高技能人才仅占技能劳动者总数的29%，人工智能领域拥有10年从业经历者仅占38.7%。二是人才培养"重理论、轻实践，重模仿、轻创新"等问题突出，学科专业与产业发展、市场需求衔接不紧、传统技能型人才受培养体制机制的束缚较大。三是人才激励、评价机制不健全。对此，需要健全制造业与互联网融合发展的人才培养体系，为拔尖创新型人才的脱颖而出营造良好的发展环境，为跨领域培养结构合理、素质优良的复合型的人才队伍提供强有力支撑。需要大力弘扬精益求精的工匠精神，培养更多大国工匠，为制造业与互联网融合发展凝聚最强动能。

（1）健全人才引培机制。一是以非常之举放权、松绑，激发人才创新、创造、创业活力。要选拔任用一批既懂智能制造，又具企业家精神的年轻干部进入重点国资企业，让内行真正领导内行。要面向全球揽才引凤，加强海内外技术研发、企业经营管理等高端人才引进力度，加速数字化、网络化、智能化产业人才的国际化进程。二是要以市场价值为导向，健全人才激励和评价机制，鼓励制造业与互联网融合发展相关领域的企业、科研院校运用收益分成、股权奖励、股权出售、期权奖励、分红奖励等方式，对在科研成果转化中作出突出贡献的人员进行奖励。三是构建制造业和互联网融合发展的高端人才培育机制。要深入实施国家中长期人才发展规划、创新人才推进计划及高技能人才振兴计划，并结合国家专业技术人才知识更新工程、企业经营管理人才素质提升工程等，开展高端人才遴选引进活动，做到事业留人、待遇留人、感情留人。要推动大中型企业全面普及首席信息官制度。

（2）创新产教融合模式。一是构建学科专业动态调整机制。要及时淘汰过时的学科专业和课程内容，注重将国内外前沿研究成果引入专业教学中，以适应新形势对人才知识结构多元化要求。要根据学校的办学能力、学科方向、行业实践动态，破除专业壁垒，促进5G、人工智能、大数据、区块链等新一代信息技术在传统专业领域的渗透应用，建设一批"互联网+""大数据+"

"人工智能＋"的新兴专业。二是加强政企、校企合作，构建协同育人模式，培养数字化生产、运营、管理等领域的复合型创新人才。要大胆探索建立政府、院校、行业协会、大型企业、产业园区、科研机构等多方主体共同参与的办学新体制机制。要鼓励数字化标杆企业建产教实训基地；要健全企业和院校对接机制，鼓励企业选派工程技术人员、高级经营管理人员等进校园、进课堂。要支持高校派送优秀学生到企业里面实习，鼓励教学科研人员为企业提供项目咨询、技术研发等方面的服务。

（3）构建知识型、技能型、创新型为一体的"现代工匠"高技能人才培育体系。一是建立新型学徒培训制度。要发挥企业在高技能型人才培养中的主体作用，按照"招工即招生、入企即入校"要求，组织企业新招用人员和新转岗人员参加新型学徒培训。要完善学徒教学质量评价体系和考核制度，鼓励和支持学徒利用业余时间分阶段完成学业。要健全企业学徒制培训投入机制，完善职业培训补贴政策。二是推动高技能人才培训基地建设。要以具备高技能人才培训能力和资格的技工院校或高技能人才培养项目为依托，打造特色鲜明、专业突出的高技能型人才培训基地；要支持本科院校的部分应用型学院转设为高技能型人才培养学院，为市场、企业大规模定制高技能型人才。要建设一批技能大师工作室，发挥企业或行业内"八级工"、特级技师、首席技师等高技能人才在带徒传技、技能攻关、技艺传承、技能推广等方面的头雁引领作用。

（四）基于"企业、空间、产业"三位一体视角，打造"互联网＋制造业"的新产业生态系统，推进制造业全产业链、整个产业集群的数字化改造和智能化协同升级

制造业与互联网的融合发展是一个新的产业生态系统构建的过程。以苹果公司为例，其手机销量每年仅占全球智能手机出货量的16％，却能拿走整个市场利润的90％以上，其原因不仅在于苹果公司自身拥有优秀的工艺设计和供应链管理能力，更在于其将手机软件操作系统、手机硬件融为一体的产品开发战略。该战略以各种互联网应用APP为连接点，把手机用户端、软件开发者、上下游硬件制造企业等紧密捆绑在了一起，形成共生共赢的全产业链以及产业生态系统。其中，跨界耦合是这个系统的特征之一。产业跨界耦

合不是简单整合，而是两个或两个以上产业系统在耦合渗透中相互作用而成的关联关系以及产业共生创新网络。要以培育龙头企业为核心，打造企业群落，实现企业全产业链互联网化，以此构建新产业生态系统，为制造业深入对接互联网并向先进制造业迈进提供土壤。

（1）在企业层面，构建以龙头企业（大企业）为核心的企业网络生态，因势利导有步骤分阶段推进企业互联网化，形成大中小微企业协同发展、差序发展的新格局。一是要建立以龙头企业（大企业）为核心的企业网络。产业生态系统最重要的特征就是构建链条网络，需要不同规模、不同类型企业参与，发挥各自的作用。"互联网＋"下制造业高质量发展指的也是整个行业，而不仅仅是某一个或某一类企业。因此，推进制造业与互联网融合，既离不开优势企业的示范引领，也离不开中小微企业的资源互补，既要发挥国有企业的作用，也要激活民营企业活力，还需在横向企业群落和纵向价值链产业方面构建以大企业为核心的产业联盟，形成大中小微企业优势互补、协调发展的产业组织体系，促进全产业链协同升级。二是因势利导，有步骤、分阶段推进制造企业转型发展。由于当前我国大中小微制造业企业发展水平参差不齐，既有处在工业 1.0 时代、工业 2.0 的企业，也有处在工业 3.0 并正向工业 4.0 迈进的企业，所以互联网化转型不能搞"一刀切"，需根据企业发展的客观现实，结合不同行业、企业的实际，注重智能化升级改造的分阶段推进。比如，在制造业的优势行业、龙头企业或重点国资企业，要率先开展智能制造的应用试点，鼓励企业加快建设智能生产线、智能车间、智能工厂，优化生产经营流程；要在研发、产品、经营、制造等业务链条全环节上实施智能化改造升级，大力发展智能制造以及智能生产性服务。对一些中小微制造业企业，要注重引导，激发其互联网化转型升级的内在需求，比如，可以鼓励和支持中小微企业实施机器换人计划，加强标准化智能车间建设；可以从探索企业管理、生产操作或仓储运输等单项任务的智能化改造升级等入手，先局部、后整体，逐步实现企业互联网化发展目标，进而促使整个制造业高质量发展。

（2）在空间层面，打造制造业与互联网融合的新型工业园区。工业园区建设是产业创新发展的载体。当产业在工业园区集聚到一定程度时，企业在产业上的关联、互动、合作就会引发创新行为，催生集群效应，并形成点、线、群、网相结合的集群创新网络。要发挥"互联网＋"的作用，优化产业空间布局，加快新型工业园区及重点项目基地的建设。比如，在机器人产业园区的建设方面，可以整合相关要素资源，依托科研院所、机器人骨干企业等建立机器人产业创新发展基地，打造新型工业园区；也可以吸引各类装备制造业企业进入机器人工业园区，利用各自的企业优势参与机器人制造和系统集成中来，并通过整合延伸、配套分工，提升机器人产业园区集聚的规模水平。要紧密围绕工业机器人的核心零部件、服务机器人两个方面加大国内外招商引资的力度。要面向国内外知名企业，采取投资合作、技术引进和资本收购等模式，在工业用地、园区服务等方面制定入园优惠政策，与国内外工业机器人巨头和科研机构结为战略伙伴，吸引优秀企业进园。要完善上下游产业链，提高机器人产业园区的配套能力，培育人工智能、物联网、可穿戴设备、无人机等新生业态，促进大数据、新材料和物联网等新兴产业与机器人产业融合发展。

（3）在产业层面，构建以共生、协同为发展特征的产业生态网络。一是要发展工业软件服务产业。工业软件产业是"互联网＋"促进制造业高质量发展的产业基础，包括企业资源计划、客户管理系统、质量管理系统、供应链管理等运营管理类，生产制造执行系统、数据采集与监控系统等生产控制类，以及计算机辅助系统、产品数据管理、产品生命周期管理系统等研发设计类等。这类软件具有分析、计划、配置、分工等功能，能够从机器、车间、工厂等层面提升企业生产效率、促进资源配置优化、提升生产线协同水平。但就目前而言，中国工业软件产业发展滞后，严重制约了制造业转型升级的步伐。数据显示，中国工业 APP 总数不到 1000 个，与手机 APP 的 500 多万个相比，差距十分显著。因此，要促进制造业与互联网融合，必须开发能为制造业数字化、智能化升级提供产业配套和支撑的工业 APP。二是加大软件自主开发力度。以波音公司为例，它在研制 787 飞机时，使用了 8000 多种软件，除了不到 1000 种外购的商业软件外，有 7000 多种是自主研发的软件。波音公司关于飞机的设计、技术和知识经验等都凝结在这 7000 多种软件中，是工业技术软件化的典型写照。在此方面，制造业企业尤其是一些大型企业、龙头企业可以依靠自己的研发实力自主开发应用软件，也可与大型软件公司、高校等协同研发。三是要加大芯片产业的发展。芯片产业是信息技术产业的核心。"互联网＋"的发展离不开软件，更离不开半导体芯片产业。根据海关总署 2016 年数据，中国集成电路进口金额达到了 2270.26 亿美元，同期原油进口金额 1164.69 亿美元，可见集成电路进口金额已是原油进口额的近两倍。但中国的芯片产业在全球产业竞争中属于"弱势产业"，大部分芯片依赖进口。中国芯片需求量占到了全球的 50% 以上，是全球最大的半导体芯片市场，而国产品牌芯片自供率只有 7% 左右，且集中在中低端市场。

二、需求面的政策体系

（一）构建具有中国特色的政府采购体系，发挥"有形之手"的调节力量，纠正市场失灵，扶持中小企业创新，提高全社会创新资源配置效率，诱导制造业数字化转型

政府采购既是宏观需求管理的重要手段，也是政府支持制造业与互联网融合创新的政策工具，能够诱导企业乃至整个行业数字化转型。世界大多数国家的政府采购都强调本土化采购标准。比如，2019 年美国联邦政府规定，联邦政府采购中本土材料的使用成本需占产品总成本的 55% 以上，采购的钢铝产品中本土材料成本占比提升至 95% 以上，以扶持本土产业，促进本土工人就业；2022 年 8 月 9 日，美国总统拜登正式签署《芯片和科学法案》，对美国本土芯片生产制造企业提供巨额补贴，并进行大规模采购。类似这种采购规定和要求，一方面意味着总需求扩张的带动作用集中于国内企业，因而能够扩大国内制造业企业的生产规模；另一方面也意味着制造业企业生产的产品必须达到相应的技术和绿色标准。有关资料显示，目前大多数国家的政府采购规模占 GDP 比重均超过了 10%，其中，欧盟地区达到了 14%。而近年来中国的政府采购虽然绝对规模在持续增长，但 GDP 占比仍有较大的上升空间。以 2017 年为例，中国政府采购规模超过了 3.2 万亿元，分别占全国财政支出和 GDP 的 12.2% 和 3.99%，约为 1998 年（中国开始政府采购的第一年）政府采购规模的 1529 倍；2020 年中国政府采购规模扩张到 36970.6 亿元，较2019 年增加 3903.6 亿元，增长 11.8%，占全国财政支出和 GDP 的比重分别

为 10.2% 和 3.6%。政府采购既是一个巨大的市场，也是最大的消费者，在诱导企业数字化转型方面具有一定优势，但也存在一些问题，亟须建立具有中国特色的政府采购体系。

（1）创新政府采购模式。一是构建政府采购"首购"机制，支持专精特新的技术和产品。在制造业与互联网融合创新的技术和产品推向市场的初期，可以通过政府"首购"机制，快速扩大市场需求，之后随着新技术、新产品逐步被市场认可，再缩减政府采购占比。比如，1960 年美国联邦政府为了支持集成电路这一新兴产业的发展，大规模采购了 HP、TI、IBM 等企业研发创新的第一批集成电路产品。二是采取分阶段采购模式，降低创新产品的失败风险。制造业与互联网融合方面的技术创新具有较大的不确定性，一次性的批量采购方式往往无法识别创新的潜在风险。因此，为了提高政府资金的使用效率、降低采购成本，可以借鉴美国政府的采购模式，进行分阶段、分批量采购资助。比如，第一阶段可以最大范围地资助有潜力的企业，进行小规模试采，但是每家企业只能获得较少的资金；第二阶段再进行批量采购，这不仅大大提高了企业创新效率，还能降低财政资金的采购风险。三是建立职业化的政府采购官制度，强化政府采购人主体责任。强化政府采购官持证上岗和培训制度，对招投标师、评审专家、采购监督官开展专业培训，解决政府采购主体责任不明的问题；要全面落实"谁采购、谁负责"的原则，健全技术和产品采购内部决策和管控机制，放开采购方式变更审批权，赋予政府采购人选择评审专家的自主权。四是针对制造业与互联网融合创新的关键共性技术，但研发风险高的"卡脖子"产品，采取"定向采购""精准采购""专项采购"等方式予以支持。五是推动政府采购全流程电子化建设，提升"互联网+政府采购"的融合创新效应。让政府采购相关各方在"政府采购智慧云平台"上的操作全程留痕，实现从采购人发起采购备案开始，到采购合同履约验收、资金支付为止，以及采购物品运输验收等采购业务全领域、各环节在线办理。

（2）扶持中小企业创新。创新过程需要创新者投入较多资金、承担较高风险，且创新溢出效应大。一般仅有实力雄厚的大企业才具备承担能力，从事创新的意愿相对也更高，因此，技术创新市场上经常出现"小企业挤出"

的市场失灵问题（周代数，2021）①。从这个层面看，政府介入创新活动有助于强化创新竞争，纠正市场失灵。创新产品从初步面世、产品试销、培育用户、占领市场一般需要较长过程。政府通过首先采购、远期订购、商业化前采购、共同参与采购等方式进行采购，充当企业尤其是中小企业创新技术以及产品早期的"用户"，可减小中小企业投入风险；可通过"有形之手"弥补创新的外部性，激发中小企业的创新动机、创新意愿、创新活力，提高全社会创新资源配置效率。有关数据显示，2019 年全国政府采购授予中小微企业合同金额达到了 24519.1 亿元，占全国政府采购规模的 74.1%，授予小微企业合同金额为 11922.3 亿元，占授予中小微企业合同金额的 48.6%。为此，应加大政府采购对中小企业的扶持力度：一是推广"拆分大额订单"做法。推广北京和深圳等地的政府采购经验，可以将新技术、新产品等方面的政府采购项目分割成较小的单位或将相应的订单拆分成较小数额的订单等方式，创造中小企业进入政府采购领域的机会。二是运用国家战略性科技需求采购，面向中小企业发布政府采购专项清单，支持中小企业协同研发创新。比如，美国国家航空航天局为了解决空间站人员运输、火箭发射费用居高不下的问题，发布航天领域的政府采购清单，大量采购中小企业、私人企业的技术和产品服务，使航天发射成本降低到原来的 2%，打破了宇航科技高成本铁律。正是通过政府采购项目，以 SpaceX 公司为代表的私人企业才能一步步崛起。

（二）发展第三方服务外包，通过众包众创、云外包、平台外包等新模式，将不具有比较优势的环节外包给更具优势的第三方，专注具有比较优势的业务或价值链高端

第三方服务外包是"互联网＋"时代推进制造业高质量发展的关键路径，即企业专注于具有比较优势的核心生产环节或价值链高端，而将研发设计、生产制造、物流销售、电子商务运营、产品全生命周期管理和合同管理、环境保护、产品回收与利用等不具有比较优势的环节外包给更具优势的第三方，主要包括商业流程外包、知识流程外包和信息技术外包，并衍生众包众创、云外包、平台外包等新模式。发展第三方服务外包，一方面有利于制造业企

---

① 周代数.创新产品政府采购政策：美国的经验与启示［J］.财政科学，2021（8）：133－139.

业整合优势资源、降低生产运营成本、提高企业核心竞争能力，实现产品和服务的"捆绑销售"，促使企业从生产制造为主转向既能满足消费者个性化需求又能获取高额利润的增值服务为主，另一方面也利于驱动上下游产业链、价值链、创新链的全链升级。比如，在第三方服务外包的过程中，发包方通常对承包方交付的产品或服务具有诸多质量要求与技术标准，这就需要事前对接包方进行知识培训，提高接包人员的技术能力和管理素质；发包企业为降低成本，有时也会将价值链中较为高端的研发、设计等部分服务活动再次转包，倘若接包企业的研发能力无法达到质量标准，也会通过转让部分技术专利或转包收益等方式进行合作研发。接包企业不断模仿、学习、吸收发包方的先进制造技术，累积先进的管理经验，也有助于增强自主创新能力。

随着全球数字经济和服务经济的快速发展，第三方服务外包已成为制造业全球价值链攀升的新动力，一些企业纷纷将先前开展的服务性生产活动外包或接受跨国公司的外包，尤其以人工智能服务、信息技术开发应用服务、网络与信息安全服务、云计算服务、知识产权服务、信息技术解决方案服务等方面的增长最为迅猛，但也有短板。比如，服务外包企业的融资、土地、资金、交通、水电等要素成本近年来上升过快，致使外包企业成本负担较重，营业收入虽有所增长，但利润下滑。因此，推动服务外包产业升级，要有新举措。一是引导第三方服务外包产业创新发展。要发挥政府重点产业引导基金的作用，鼓励面向新技术、新模式、新业态、新能源、新材料领域的服务外包业务发展，支持服务外包产业中劳动密集型企业根据自身条件，创新应用新技术和新模式。要以数字车间、数字金融、智慧社区、在线医疗等代表性的应用场景为重点抓手，打造一批服务外包融合产业应用场景的先进示范工程，形成引领推广效应，牵引整个供应链、产业链转型升级，培育一批新型隐形冠军企业。二是以制造业与服务业融合推动产业协同创新。引导外包企业提供技术、市场、功能、咨询等服务，开展跟随服务、技术服务、延伸服务、增值服务。要顺应数字化、网络化、平台化、个性化等新趋势，以服务外包为纽带推动产业链数字化转型升级，促使承包企业获得更为优质的技术支撑、平台搭建以及数据支持服务。要以服务外包带动新技术、新模式的应用创新以及新业态开发为着力点，提升研发、设计、制造、营销、售后服务等各个环节的创新能力，整体提升产业全球价值链，同时激发服务外包市场的需求。

（三）以数字之力发展数字化跨境电商，打造贸易数字化与数字贸易化双向并行的数字化贸易体系，推进消费端的智能化转型，构建国内国际"双循环双促进"的新消费市场

新发展格局下需统筹发展国内国际两个消费市场。近年来，中国数字贸易快速增长，2019 年中国数字贸易进出口总额达 2718.1 亿美元，较 2005 年增长了近 4.56 倍。数字贸易作为数字经济的延伸，其特征是贸易方式的数字化和贸易对象的数字化，不仅减少了地理空间障碍的影响，降低了企业在搜索信息、联系对象、确定价格、谈判沟通、保障产权、签订和执行合约等方面的交易成本（马玥，2021）[①]，还使原本不能够跨国贸易的服务和产品具有了贸易性，有助于传统贸易的数字化转型升级，在促进全球贸易市场一体化发展、强化国内外经济互动中起到了关键作用。

（1）以跨境电商为发力点，推进数字贸易发展。跨境电子商务能够促进数字流的跨境流动与交易，实现贸易方式数字化，有助于提升制造业企业出口产品质量，还可以丰富出口产品种类，有利于非国有企业拓展海外出口市场（袁其刚和王敏哲，2022）[②]；也有助于推动普惠贸易产生，缩短贸易的中间过程，弥补全球供应链断点，减少贸易摩擦。为了顺应国际数字贸易发展大势，发挥跨境电商的作用，2015 年经国务院同意浙江杭州市成为跨境电子商务试点城市，随后试点范围不断扩大。迄今为止，中国已经在 132 个城市和地区设立了跨境电商综试区，覆盖全国 30 个省市区。据海关统计，2017～2021 年中国跨境电商交易规模增长了近 10 倍，其中，2021 年跨境电商进出口额达 1.98 万亿元，比上一年增长了 15%。为此，要坚持创新驱动发展，在全国层面复制推广跨境电商综合试验区成熟经验做法，同时也要进一步完善综试区评估和退出机制。要根据跨境电商零售进口交易信息电子化、可记录、

① 马玥. 数字经济对消费市场的影响：机制、表现、问题及对策［J］. 宏观经济研究，2021（5）：81 - 91.

② 袁其刚，王敏哲. 数字贸易赋能制造业质量变革机制与效应——来自跨境电子商务综合试验区的准自然实验［J］. 工业技术经济，2022（1）：62 - 70.

可追溯的特点，建立健全质量安全风险防控机制、商品质量追溯体系等。除此之外，要发挥数字贸易在优化资源配置、促进要素有序流动中的作用，提高企业技术和产品研发创新水平，增强企业摆脱低端锁定的能力，构建以数字贸易为核心竞争力的国家贸易体系。要加快国际贸易数字化平台建设，强化多方合作，打造贸易数字化与数字贸易化双向并行的数字贸易体系。

（2）以消费数字化为发力点，促进消费市场升级。数字经济发展带来的生产方式变化必然会引起消费市场变化。一是基于消费大数据采集分析和数据挖掘分析手段，构建用户画像和需求预测模型，培育一批时尚元素强的专精特新品牌，促使传统消费转向新兴消费、商品消费转向服务消费。二是加快企业上云用数赋智进程，鼓励拓展数字化应用范围；要以消费需求为导向，从探索元宇宙模式、完善智慧医疗体系、建立数字办公平台等方面满足不同群体的消费需求。三是要顺应消费升级趋势，加快推动消费端的数字化、智能化转型。要打造沉浸式购物体验，延伸全景式消费模式，创新"直播带货""云健身"等新型消费模式，打破消费场景的时空边界。要通过视频、图片、文字甚至 VR 线上体验、买家的评价、促销打折、电子优惠券等多种数字营销方式吸引消费者，促进供需快速匹配。四是促进消费互联网和产业互联网相衔接，发展智慧超市、智慧商店、智慧餐厅、可穿戴设备等，丰富消费市场数字化和智能化应用场景。

三、环境面的政策体系

供给面的政策指向产业供给、需求面的政策指向市场和需求，而环境面的政策则指向影响制造业与互联网融合以及促进制造业高质量发展的营商环境。营商环境就是生产力。数据显示，2010～2019 年中国新兴产业政策工具分布中，环境型政策工具所占的比例达到了 52%，供给型政策工具占比32%，而需求型政策工具占比仅为 16%，说明中央政府在推进制造业与互联网融合的政策着力点主要还是放在产业发展环境的改善上①。党的十八大以

---

① 中国工程科技发展战略研究院．2020 中国战略性新兴产业发展报告［M］．北京，科学出版社，2019.

来，党中央、国务院高度重视营商环境建设，在促进制造业与互联网融合发展上无论是国家还是地方层面都出台了不少行之有效、能够优化营商环境的举措，如《优化营商环境条例》《关于进一步优化营商环境更好服务市场主体的实施意见》《关于开展营商环境创新试点工作的意见》以及国家发展和改革委的"营商环境68条"、上海市的企业全生命周期的服务体系、重庆市的120多个营商环境优化的政策文件、广州市的以企业满意度为导向的服务机制、江西省优化升级营商环境的"一号改革工程"，等等。尽管如此，还需在营商环境，特别是数字营商环境的持续改善以及质量提升上精准施策。

（一）深化"放管服"改革，要在"加减乘除"上下功夫，激活市场主体发展活力

随着制造业与互联网融合发展步伐的加快，新技术、新模式、新业态不断涌现，产业边界模糊，但现有机制体制在一定程度上影响了新产品进入市场的最佳时间，增加了产品研发和市场开发成本。亟须深化"放管服"改革，营造良好的营商环境。

（1）做"加法"。一是充分发挥产业联盟、行业协会等中介组织的桥梁作用。产业联盟、行业协会等中介组织是联系政府、企业、用户、市场的纽带，是推动市场主体形成合力、提高企业创新能力、助推制造业与互联网融合发展的有效手段。要完善协同创新机制，支持构建政产学研用合作创新体系，探索建立以资本和技术为连接的战略联盟。要建立激励机制、风险与利益共担机制，促使短期、松散、单项合作向长期、紧密、系统合作转变，引导更多制造业企业在共性基础技术平台开展应用创新，支持更多企业适用和兼容共性技术标准，开展产业化应用和市场化运作。二是健全政府公共服务平台，增强服务能力。要建立大数据中心、智慧数字大脑等公共服务平台，为企业提供方案设计、前沿智能制造技术和发展趋势的研判、虚拟仿真、质量控制、人才培养等方面的服务。要设立智能制造专项扶持基金，以产业项目竞标的方式，扶持企业尤其是中小微企业的数字化智能化升级。要完善智能制造科技创新税收优惠政策，做好企业研发费用和技术开发费用扣除的认定工作，引导企业增加产业融合方面的研发投入。三是建设跨界协同创新中心。当前，科研与产业脱节现象突出，成果转化率低，在创新与商业化之间

存在"死亡之谷"。对此，可借鉴国际经验，建设创新中心或"中试"系统，加速实验室技术的转化。可让重点企业牵头，整合产业链上下游骨干企业，吸纳不同创新资源，建成一批集共性关键技术研发、成果转化、人才培养等职能为一体的综合性创新平台，打通技术发明到转移扩散再到首次商业化应用的创新链条。四是加强产业顶层设计，提前布局新一代人工智能产业。要建立智能机器人研发风险基金，培育具有较大国际影响力的机器人骨干企业。要与国内智能制造示范点企业展开合作，或通过并购、参股等形式参与国际合作，加快培育一批以自主研发为主体的整体方案提供商。

（2）做"减法"。一是转变政府服务模式，简政放权，发挥市场在资源配置中的决定性作用，更好发挥政府作用。按照企业是市场主体的原则，转变政府职能，全面实施市场准入负面清单制度，支持企业参与市场竞争与合作，依法保护外商投资权益，营造市场化、法治化、国际化的一流营商环境。要加快国有经济布局优化和结构调整，优化非国有企业特别是民营企业的发展环境，弘扬企业家精神，依法保护企业产权和企业家权益。要持续深化简政放权、优化服务等"服务下沉""放水养鱼"式改革，加大行政审批事项取消和下放力度，全面清理非行政许可审批，对确需设置的可根据审批权限，精简审批流程。要构建全国统一大市场，深化要素市场化改革，完善公平竞争、社会信用、现代企业等市场经济基础制度，激发市场主体的活力。要破除地方保护和行政性垄断，健全资本市场功能，依法规范和引导产业和资本市场健康有序发展。二是转换减负模式，降低生产成本。要跟踪落实企业享受固定资产加速折旧、绿色税收优惠等税费减免政策情况。要在改革完善增值税、实施制度性减税的同时，构建"免税政策和减征政策同向发力"的组合税费政策，帮助市场主体减负，激发企业尤其是中小微企业、民营企业开展智能化改造升级的内生动力。要建立财政资金直达机制，支持地方落实减税降费政策。要加大"机器换人"政策支持力度，降低企业人工、用电用能用地、房屋租金等方面的刚性支出；提高企业资金周转效率。要压减涉企审批手续和办理时限，坚决查处乱收费、乱罚款、乱摊派行为。要激励企业通过内部挖潜方式降本增效。

（3）做"乘法"。一是加强数字政府建设。要借助互联网信息技术，按照标准统一、服务同质的要求，搭建全时在线、渠道多元、全国通办的政务服务体系；要构建全流程一体化、透明化的在线政务服务，"让群众少跑腿，让数据多跑路"，解决业务不通、资源分散，以及企业和群众反映强烈的办事难、办事慢和办事繁等问题，实现"一网通办""指尖办理""一次登录、一口办理"的"零跑动"一站式服务。要深化"证照分离""多卡合一""多码合一"等改革，推进公共服务数字化应用，提供优质、便利、智慧、泛在的涉企服务。二是营造良好的数字生态。要普及数字基础设施，优化数字资源供给，打造主动式、多层次数字服务场景，提升社会服务数字化普惠水平，更好满足制造业高质量发展的需要。要推进智慧城市和数字乡村的建设。要建立健全数据要素市场规则，完善数据要素治理体系，加快建立数据资源产权制度，强化数据资源安全保护，推动数据跨境安全有序流动。要推动数字技术在数据汇聚、流通、交易中的应用，释放数据红利。

（4）做"除法"。一是加大互联网平台领域的反垄断执法。近年来，世界各国为了促进平台经济有序竞争和规范发展，持续加码互联网平台经济反垄断执法。例如，2018年7月，欧盟以谷歌滥用安卓操作系统市场的平台支配地位为由，对其平台垄断行为处于43.4亿欧元罚款，并创下全球平台反垄断罚款数额的最高纪录。英国、德国、加拿大、日本等反垄断执法机构也在不断加大平台反垄断执法力度，并对谷歌、亚马逊、eBay、PayPal等平台企业进行了反垄断调查和执法。中国也先后对阿里巴巴、腾讯等大型平台企业的相关垄断行为给予了高额罚款，并发布《关于强化反垄断深入推进公平竞争政策实施的意见》。应在借鉴国内外互联网平台反垄断执法经验的基础上，修订《中华人民共和国反垄断法》，明确反垄断相关制度在平台经济领域的具体适用规则，禁止经营者利用操作系统、数据和算法、技术以及平台规则等滥用市场支配地位，泄露企业和个人隐私。要构建一支专业化的反垄断队伍，利用大数据、区块链等数字化、智能化技术辅助反垄断执法，强化反垄断监管力度，加强对平台垄断行为的惩治力度，保护市场公平竞争。二是支持民营经济高质量发展。改革开放以来，民营经济一直是国民经济的重要组成部分，贡献了50%以上的税收、60%以上的GDP、70%以上的技术创新成果、80%以上的城镇劳动就业、90%以上的企业数量。2020年中国发明专利授权量前 10 名的企业中，民营企业占据 7 席；2012～2021 年中国民营企业数从 1000 多万户增长到 4500 万户，10 年间翻了两番。要健全政企沟通协商制度，完善民营企业权益维护和支持政策直达快享机制；支持民营企业数字化转型，加大生产工艺、设备、技术的绿色低碳改造力度，推动低成本、模块化智能制造设备和系统的推广应用，加快发展柔性制造，提升应急扩产转产能力，提升产业链韧性。

（二）推进金融创新，跨越"中等技术陷阱"，增强制造业与互联网融合发展的内生动力

中等技术陷阱是指发展中国家凭借低成本优势承接发达国家产业的产能转移，但长期看，由于跨国公司始终将核心技术保留在母国，仅将成熟技术向发展中国家转移，这也意味着一旦成熟技术转移的红利被"收割完毕"，而发展中国家本土的企业又不能成功打开技术赶超的空间，其经济增长就会进入长期相对停滞的状态。金融具有产业催化、技术创新的功能。希克斯（Hicks）曾提出了"产业革命之前有必要发生金融革命"的重要论断，认为产业革命发生最重要的条件或前提并不是新技术的产生，而是新技术能在较大范围内广泛应用的投资，但这种投资需要恰当的金融安排才可以实现，因为技术的创新发展大多需要长期的大规模资金投入。按照内生增长理论，资本是企业创新的内生变量，能够向技术创新体系及技术创新者提供内在激励，有助于推进制造业技术创新行为的稳定化和长期化。

（1）发展政府诱导性金融。一是提高政府诱导性资金的"精准滴灌"和使用效率。要利用好现有财政专项资金渠道，鼓励企业申请工业转型升级资金、国家集成电路产业投资基金、中小企业发展资金等专项，积极参与工业强基重大工程、智能制造重大工程、绿色制造示范工程、中小企业公共服务平台体系建设工程等，开展重点领域科技研发和示范应用，促进制造业与互联网融合。要利用科技计划专项基金，发挥"四两拨千斤"的作用，撬动共性技术研发及其产业化发展。要加大关键环节和重点领域的财政投入力度，构建基于以大型制造业企业为主导的"双创"平台和以服务中小微企业为主导的第三方"双创"服务平台，营造大中小微企业协同共进的"双创"新生态；支持制造业企业各类设备的智能化升级，以及基于互联网、大数据、人

工智能等数字化技术的"双创"平台建设和运营，深化工业云、大数据等技术的集成应用；围绕制造业与互联网融合的关键环节，在工业大数据服务、工业电子商务平台、行业系统解决方案、信息物理系统等领域，选择若干应用基础好、前景广阔、示范带动作用强的项目开展试点示范，探索制造业与互联网融合创新的新路子，增强制造业转型升级的新动能。要创新风险补偿机制，发展开发性金融，引导社会资本参与企业数字化、智能化改造。二是完善激励约束机制，对"专精特新"企业以及"卡脖子"的新技术、新材料、新装备、新产品给予金融支持，实施"定苗助长"计划。

（2）构建包容性金融结构。一是构建满足制造业高质量发展需求的包容性金融结构。当前，金融供给未能完全满足制造业转型的金融需求，造成金融与实体经济脱节、金融供求失衡。一方面，这些问题产生了特殊而复杂的金融需求特征，存在金融服务排斥现象。比如，中小企业、非公经济、科技创新型企业等难以获得有效的金融支持。另一方面，也明显存在金融结构扭曲、金融市场机制不健全、金融创新缓慢、科技金融发展滞后等问题，进而导致金融供给存在一定的缺陷。为此，要加大金融创新力度，建立包容性金融结构体系，优化金融产品和服务供给，优先满足产业融合创新发展的需求。要开展产融合作试点，发挥信用贷款、融资租赁、质押担保等金融服务产品在促进制造业与互联网融合发展中的作用。要发挥政策性金融、开发性金融、商业金融的互补优势，对制造业重点领域进行重点支持。要推广大型智能装备、施工设备、运输工具、生产线等融资租赁服务，引导企业利用融资租赁方式进行改造升级。要鼓励融资性担保机构扩大对制造业企业的担保业务规模，建立政府主导、市场化运作的信贷保证基金，构建政策性和商业性有机结合的信用担保体系。二是加大对创新成长型企业的金融支持力度。创新成长型企业大多属中小企业，其"融资难和融资贵"的矛盾要更为突出。要利用大数据分析、人工智能、云计算等高科技数字化手段赋能增权金融机构尤其城市中小商业银行，搭建智能融资平台，为其开展产品研发、成果转化、人才培养等提供精准高效的金融服务。要鼓励金融机构创新，发展供应链融资、贸易融资、股权质押等融资服务；要利用"双创"平台为创新型成长企业或创新型中小微企业提供一站式金融服务。

（三）自下而上构建"互联网＋"的融合标准体系，多措并举形成知识产权保护合力，加速科技创新成果转化为现实生产力，培育壮大制造业与互联网融合的新动能

制造业与互联网融合发展对制造业领域的产业标准和知识产权保护构成了挑战。其中，知识产权保护最大的困境在于难以界定侵权行为的边界及其责任主体。比如，过去一个产品可能只有一家企业，但现在可能有成百上千家企业生产。一旦发生侵权，很难判断产品到底由谁在哪里生产，很难追究侵权行为的责任主体。此外，加强知识产权保护，仅维护产品和技术不被侵权是不够的，还需通过知识产权保护来实现科技成果的产权化、商品化和产业化。虽然中国专利发明申请量多年来位居世界第一，但"大而不强、多而不优、转化率低"的特点极为突出，需要构建完善的知识产权运营服务网络，加快推动创新成果转化。就目前而言，国内这方面无论是行业规模、服务能力，还是管理水平上都有不足之处，需发挥知识产权运营组织力量，加强知识产权运营机构间的协同创新，促进科技成果转化为现实生产力。

（1）加强产业融合创新标准建设。工业标准是推进跨系统、跨平台、跨企业集成创新的基础型支撑，但标准体系不健全、技术不兼容时有发生。一是加强标准体系的顶层设计。要制定"互联网＋"融合标准体系，研制智能制造的通用标准，包括智能制造装备标准、接口标准、系统集成标准、系统安全标准；运营标准，即产品全生命周期的管理标准；新一代信息技术标准，包括工业软件和大数据、工业互联网、信息安全标准；应用标准，包括流程型制造企业智能工厂标准、离散型制造数字化车间标准以及各个具体制造行业的应用标准。要分类别分模块制定标准化战略和推进路线图。要鼓励和支持上下游产业交流与合作，实现标准对接，增强标准兼容性。二是梳理制造业与互联网融合的商业、技术、功能等需求，自下而上构建和完善标准体系，营造标准需求、标准研制、平台建设互促共进的良好局面。三是加强国际标准化建设，推动中国标准"走出去"。要构建由政府负责政策主导、标准化组织负责技术支撑、产业联盟负责应用推广的多层次沟通对话机制，针对核心标准研制等重大问题定期交流，全面对接国际标准新趋势。

（2）加强自主知识产权保护工作。保护知识产权就是保护创新。根据世

界知识产权组织发布的《2021 年全球创新指数报告》，中国近年来的知识产权保护工作得到了认可，世界排名从 2013 年的第 35 位跃升到第 12 位。"互联网＋"背景下，要进一步加强自主知识产权保护工作，应从以下两个方面入手：一是围绕制造业发展的客观需要以及产业链条的实际情况，细化和创新自主知识产权保护举措，形成知识产权保护的合力。要加强制造业与互联网融合领域关键环节的专利导航，引导企业加强知识产权战略储备与布局。要加快推进专利基础信息资源的开放共享，支持在线知识产权服务平台建设，提升知识产权服务附加值，支持中小微企业知识产权的创造和运用。要加强网络知识产权和专利执法维权工作，增强保护意识，建立"互联网＋"知识产权保护联盟，严厉打击各种网络侵权假冒行为。要制定新模式、新业态、新技术、新产品的自主知识产权保护政策，鼓励和支持企业运用自主知识产权参与市场竞争。要运用数字技术手段，加大自主知识产权法律法规、典型案例的宣传，增强知识产权意识和管理能力。要围绕知识产权创造、流转、交易等服务，按照"需求导向、盘活存量、多方参与、协同发展"等原则，构建面向制造业与互联网融合的知识产权运营服务网络体系，打通知识产权、资本和产业的通道，促进知识产权灵活运用和创新成果转化。要加大高新技术产业园、大学科技园、科技企业孵化器基地等平台的建设，增强平台服务制造业高质量发展的能力。二是加速专利转化运用，培育壮大自主知识产权提升制造业与互联网融合的新动能。截至 2022 年 6 月，中国发明专利授权 39.3 万件，国内拥有有效发明专利的企业达到 32.5 万家，同比增长 20.3%。要拓宽专利技术供给渠道，推进专利技术供需对接，激活专利知识产权的经济价值；要完善知识产权转化激励机制，推进知识产权的资产化及证券化；要完善知识产权市场运行机制，发展专利密集型产业，实施专利质量提升工程，促进制造业与互联网融合的关键技术有所突破。

第四节 本章小结

当前，中国的制造业正"爬坡过坎"，制造业与互联网融合处于"成长"时期，为此，需要产业政策给予大力扶持，营造良好的营商环境。可以说，有针对性的产业政策体系是强化"互联网＋"赋能增权，推进制造业高质量发展的重要条件。基于此，本章首先对产业政策影响制造业发展的文献进行梳理；其次，运用政策分析工具，搭建"互联网＋"驱动制造业高质量发展的政策分析框架；最后，从"供给、需求、环境"三维分析框架出发，提出"互联网＋"与制造业高质量发展的政策体系。其中，供给侧政策是发力"新基建"，加强互联网基础设施建设，增权赋能制造业与互联网融合；深耕"互联网＋"技术群，发展工业互联网，强化网络安全体系建设，为制造业数字化、网络化、智能化转型提供支撑；创新人才培养模式，健全制造业与互联网融合发展的各类人才培养机制；打造"制造业＋互联网"的新产业生态系统，推进制造业全产业链协同升级；等等。需求侧层面包括大力发展数字贸易，升级国内市场，构建国内国际"双循环双促进"的新消费市场；发展第三方服务外包，专注比较优势的核心环节或业务；加大政府采购力度，支持制造业与互联网深度融合创新，牵引制造业数字化转型；等等。环境侧层面的政策主要是要深化"放管服"改革，要在"加减乘除"上下功夫，彻底激活市场主体活力；要加大金融创新力度，增强制造业与互联网融合创新的内生动力；建立产业标准和自主知识产权体系，加速推进融合创新成果转化为现实生产力；等等。

参考文献

［1］ 工业和信息化部信息化和软件服务业司，中国电子信息产业发展研究院.
制造业＋互联网——《国务院关于深化制造业与互联网融合发展的指导
意见》解读［M］.北京：电子工业出版社，2016.

［2］ 国务院发展研究中心创新发展研究部.数字化转型：发展与政策［M］.
北京：中国发展出版社，2019.

［3］ 刘淑萍."互联网＋"促进制造业升级机理与路径研究［M］.北京：经
济科学出版社，2021.

［4］ 李伟庆."互联网＋"驱动我国制造业升级效率测度与路径优化研究
［M］.北京：人民出版社，2020.

［5］ 豆大帷.新制造："智能＋"赋能制造业转型升级［M］.北京：中国经济
出版社，2019.

［6］ 李永红.互联网取驱动智能制造的路径与模式研究［M］.北京：科学出
版社，2018.

［7］ 马化腾."互联网＋"国家战略行动路线图［M］.北京：中信出版集团，
2015.

［8］ 阿里研究院.互联网＋：从 IT 到 DT［M］.北京：机械工业出版社，
2016.

［9］ 孔剑平，黄卫挺.互联网＋：政府与企业行动指南［M］.北京：中信出
版社，2015.

［10］ 林毅夫，蔡昉，李周.中国的奇迹：发展战略与经济改革（增订版）
［M］.上海：格致出版社，2014.

［11］ 刘大椿，何立松，刘永谋.现代科技导论（第 2 版）［M］.北京：中国

人民大学出版社，2013.

[12] 约瑟夫·熊彼特. 经济发展理论 [M]. 何畏，易家祥，译. 北京：商务印书馆，1990.

[13] 芮明杰. 产业创新理论与实践 [M]. 上海：上海财经大学出版社，2019.

[14] 韩亮忠. 中国经济增长：一个"破坏性创造"的内生增长模型 [M]. 北京：经济管理出版社，2013.

[15] 卡尔·马克思. 机器、自然力和科学的应用 [M]. 北京：人民出版社，1978.

[16] 卡尔·马克思，弗里德里希·恩格斯. 马克思恩格斯全集（第 2 卷）[M]. 北京：人民出版社，1995.

[17] 威廉·配第. 政治算术 [M]. 陈冬野，译. 北京：商务印书馆，2014.

[18] 孙德升. 中国制造业转型升级的实施路径研究 [M]. 天津：天津社会科学院出版社，2020.

[19] 何传启. 第六次科技革命的战略机遇 [M]. 北京：科学出版社，2011.

[20] 沈平. 机器人产业与传统制造业互动发展研究 [M]. 北京：人民邮电出版社，2018.

[21] 萨伊. 政治经济学概论 [M]. 陈福生，陈振骅，译. 北京：商务印书馆，1982.

[22] 阿瑟·刘易斯. 经济增长理论 [M]. 郭金兴等，译. 北京：机械工业出版社，2015.

[23] 杨德明. "互联网＋"、大数据与实体经济的深度融合 [M]. 上海：上海人民出版社，2022.

[24] 臧旭恒. 转型时期消费需求升级与产业发展研究 [M]. 北京：经济科学出版社，2012.

[25] 尹丽波. 人工智能发展报告（2016－2017）[M]. 北京：社会科学文献出版社，2017.

[26] 迈克尔·豪里特，M·拉米什. 公共政策研究：政策循环与政策子系统 [M]. 庞诗，译. 上海：三联书店，2006.

［27］赵玉林，周珊珊，张倩男．基于科技创新的产业竞争优势理论与实证
［M］.北京：科学出版社，2011.

［28］中国工程科技发展战略研究院．2020 中国战略性新兴产业发展报告
［M］.北京，科学出版社，2019.

［29］温军，张森．数字经济创新：知识产权与技术标准协同推进的视角
［J］.现代经济探讨，2021（4）：1－7.

［30］郑英隆，李新家．新型消费的经济理论问题研究——基于消费互联网与
产业互联网对接视角［J］.广东财经大学学报，2022（2）：4－14.

［31］罗序斌．"互联网＋"背景下中国传统制造业转型升级研究［J］.金融
教育研究，2019（1）：18－29.

［32］黄烨菁．何为"先进制造业"——一个模糊概念的学术梳理［J］.学术
月刊，2010（7）：87－93.

［33］李廉水，程中华，刘军．中国制造业"新型化"及其评价研究［J］.中
国工业经济，2015（2）：63－75.

［34］黄鲁成，张二涛，杨早立．基于 MDM－SIM 模型的高端制造业创新指
数构建与测度［J］.中国软科学，2016（12）：144－153.

［35］张富禄．先进制造业基本特征与发展路径探析［J］.中州学刊，2018
（5）：33－39.

［36］于波，李平华．先进制造业的内涵分析［J］.南京财经大学学报，2010
（11）：23－27.

［37］王茜．中国制造业是否应向"微笑曲线"两端攀爬——基于与制造业传
统强国的比较分析［J］.财贸经济，2013（8）：98－104.

［38］郑健壮，朱婷婷，郑雯妤．价值链曲线真的是"微笑曲线"吗？——基
于 7 个制造业细分行业的实证研究［J］.经济与管理研究，2018（5）：
61－68.

［39］潘文卿，李跟强．中国制造业国家价值链存在"微笑曲线"吗？——基
于供给与需求双重视角［J］.管理评论，2018（5）：19－28.

［40］孙德升，刘峰，陈志．中国制造业转型升级与新微笑曲线理论［J］.科
技进步与对策，2017（15）：49－54.

[41] 田学斌，柳天恩，周彬．新形势下我国产业转型升级认识纠偏和政策调适 [J]．当代经济管理，2019（7）：1－7.

[42] 刘建江，易香园，王莹．新时代的产业转型升级：内涵、困难及推进思路 [J]．湖南社会科学，2021（5）：67－76.

[43] 宋洋，李先军．新发展格局下经济高质量发展的理论内涵与评价体系 [J]．贵州社会科学，2021（11）：120－129.

[44] 袁艺，张文彬．共同富裕视角下中国经济高质量发展：指标测度、跨区比较与结构分解 [J]．宏观质量研究，2022（4）：95－106.

[45] 任保平，李培伟．数字经济培育我国经济高质量发展新动能的机制与路径 [J]．陕西师范大学学报（哲学社会科学版），2022（1）：121－132.

[46] 王文，孙早．产业结构转型升级意味着去工业化吗 [J]．经济学家，2017（3）：55－62.

[47] 黄群慧．"新常态"、工业化后期与工业增长新动力 [J]．中国工业经济，2014（10）：5－19.

[48] 史丹，白骏骄．产业结构早熟对经济增长的影响及其内生性解释——基于互联网式创新力视角 [J]．中央财经大学学报，2019（6）：105－118.

[49] 王展祥，李擎．美国"再工业化"对中国经济结构转型升级的影响及对策研究 [J]．江西师范大学学报（哲学社会科学版），2018（2）：84－91.

[50] 丁雪，张骁．"互联网＋"背景下我国传统制造业转型的微观策略及路径：价值链视角 [J]．学海，2017（3）：86－90.

[51] 童有好．论"互联网＋"对制造业的影响 [J]．现代经济探讨，2015（9）：25－29.

[52] 刘春芝，毕翼．"互联网＋"时代辽宁装备制造业转型升级对策研究 [J]．沈阳师范大学学报（社会科学版），2016（3）：114－117.

[53] 陈武，李燕萍．嵌入性视角下的平台组织竞争力培育——基于众创空间的多案例研究 [J]．经济管理，2018（3）：74－92.

[54] 杜传忠，杨志坤，宁朝山．互联网推动我国制造业转型升级的路径分析 [J]．地方财政研究，2016（6）：19－24＋31.

[55] 陶永，王田苗，李秋实，等．基于"互联网＋"的制造业全生命周期设

计、制造、服务一体化［J］.科技导报，2016（4）：45－49.

［56］王可，李海燕."互联网＋"对中国制造业发展影响的实证研究［J］.
数量经济技术经济研究，2018（6）：3－20.

［57］邢纪红，王翔.传统制造企业"互联网＋"商业模式创新的结构特征及
其实现路径研究［J］.世界经济与政治论坛，2017（2）：70－90.

［58］石喜爱，李廉水，刘军."互联网＋"对制造业就业的转移效应［J］.
统计与信息论坛，2018（9）：66－73.

［59］徐伟呈，范爱军.互联网技术驱动下制造业结构优化升级的路径——来
自中国省际面板数据的经验证据［J］.山西财经大学学报，2018（7）：
45－57.

［60］胡俊.地区互联网发展水平对制造业升级的影响研究［J］.软科学，
2019（5）：6－10＋40.

［61］肖利平."互联网＋"提升了我国装备制造业的全要素生产率吗［J］.
经济学家，2018（12）：38－46.

［62］王娟."互联网＋"与劳动生产率：基于中国制造业的实证研究［J］.
财经科学，2016（11）：91－98.

［63］卢福财，金环.互联网对制造业价值链升级的影响研究——基于出口复
杂度的分析［J］.现代经济探讨，2019（2）：89－97.

［64］郭朝晖，靳小越."互联网＋"行动驱动产业结构变迁的实证研究——
基于2005—2014年长江经济带面板数据［J］.产经评论，2017（4）：
14－22.

［65］吴沁沁.互联网应用、信息连通与制造业企业创新［J］.系统管理学报，
2022（3）：486－499.

［66］周文辉，王鹏程，陈晓红.价值共创视角下的互联网＋大规模定制演
化——基于尚品宅配的纵向案例研究［J］.管理案例研究与评论，2016
（8）：313－329.

［67］张伯旭，李辉.推动互联网与制造业深度融合——基于"互联网＋"创
新的机制和路径［J］.经济与管理研究，2017（2）：87－96.

［68］简兆权，刘晓彦，李雷.基于海尔的服务型制造企业"平台＋小微企

业"型组织结构案例研究［J］.管理学报，2017（11）：1594－1602.

［69］李君，成雨，窦克勤，等.互联网时代制造业转型升级的新模式现状与制约因素［J］.中国科技论坛，2019（4）：68－77.

［70］吕文晶，陈劲，刘进.工业互联网的智能制造模式与企业平台建设——基于海尔集团的案例研究［J］.中国软科学，2019（7）：1－13.

［71］孟凡生，赵刚.传统制造向智能制造发展影响因素研究［J］.科技进步与对策，2018（1）：66－72.

［72］罗序斌."互联网＋"驱动传统制造业创新发展的影响机理及提升路径［J］.现代经济探讨，2019（9）：78－83.

［73］方燕，刘柱，隆云滔.互联网经济的性质：本质特征和竞争寓意［J］.财经问题研究，2018（10）：31－39.

［74］魏艳秋，和淑萍，高寿华."互联网＋"信息技术服务业促进制造业升级效率研究［J］.科技管理研究，2018（17）：195－202.

［75］荆文君，何毅，刘航.中国互联网经济与互联网经济学20年：1998—2018［J］.山西财经大学学报，2020（5）：46－60.

［76］余东华.新工业革命时代全球制造业发展新趋势及对中国的影响［J］.天津社会科学，2019（2）：88－100.

［77］苗圩.全面实施"中国制造2025"着力振兴实体经济［N］.学习时报，2017－3－1.

［78］林珊，林发彬.中国制造业分行业单位劳动力成本的国际比较［J］.东南学术，2018（6）：92－99.

［79］彭树涛，李鹏飞.中国制造业发展质量评价及提升路径［J］.中国特色社会主义研究，2018（5）：34－41.

［80］张磊，韩雷，叶金珍.外商直接投资与雾霾污染：一个跨国经验研究［J］.经济评论，2018（6）：69－85.

［81］陈诗一，陈登科.雾霾污染、政府治理与经济高质量发展［J］.经济研究，2018（2）：20－34.

［82］李廉水，周勇.中国制造业"新型化"状况的实证分析——基于我国30个地区制造业评价研究［J］.管理世界，2005（6）：76－81.

［83］唐德才，李廉水，杜凯．基于资源约束的中国制造业 ASD 评价［J］．管理工程学报，2007（4）：125 – 131.

［84］李晓华，李雯轩．改革开放 40 年 中国制造业竞争优势的转变［J］．东南学术，2018（5）：92 – 103.

［85］童有好．信息化与工业化融合的内涵、层次和方向［J］．信息技术与标准化，2008（7）：4 – 6.

［86］谢康，肖静华，周先波，等．中国工业化与信息化融合质量：理论与实证［J］．经济研究，2012（1）：4 – 16.

［87］龚炳铮．信息化与工业化融合程度（融合指数）评价指标和方法［J］．中国信息界，2010（11）：21 – 24.

［88］王晰巍，靖继鹏，刘铎，等．信息化与工业化融合的关键要素及实证研究［J］．图书情报工作，2010（8）：68 – 80.

［89］张玉柯，张春玲．信息化与工业化融合的综合评价研究［J］．河北大学学报（哲学社会科学版），2013（4）：40 – 43.

［90］李海舰，田跃新，李文杰．互联网思维与传统企业再造［J］．中国工业经济，2014（10）：135 – 146.

［91］赵振．"互联网＋"跨界经营：创造性破坏视角［J］．中国工业经济，2015（10）：146 – 160.

［92］石喜爱，李廉水，程中华，等．"互联网＋"对中国制造业价值链攀升的影响分析［J］．科学学研究，2018（8）：1384 – 1394.

［93］黄群慧，余泳泽，张松林．互联网发展与制造业生产率提升：内在机制与中国经验［J］．中国工业经济，2019（8）：5 – 23.

［94］张劲松，阮丹阳．"互联网＋"背景下湖北制造业创新驱动及实施路径［J］．中南民族大学学报（人文社会科学版），2021（7）：141 – 149.

［95］杜丹清．互联网助推消费升级的动力机制研究［J］．经济学家，2017（3）：48 – 54.

［96］刘湖，张家平．互联网对农村居民消费结构的影响与区域差异［J］．财经科学，2016（4）：80 – 88.

［97］曾世宏，高亚林，邹凭佑．互联网普及促进公共服务消费升级的机理路

径及其多重效应［J］.产业经济评论，2019（7）：88－108.

［98］严北战，周懿."互联网+"对制造业升级的影响——基于供给侧、需求侧双向驱动的分析［J］.科技管理研究，2020（22）：124－130.

［99］张卫华，梁运文.全球价值链视角下"互联网+产业集群"升级的模式与路径［J］.学术论坛，2017（3）：117－124.

［100］蔡银寅."互联网+"背景下中国制造业的机遇与挑战［J］.现代经济探讨，2016（11）：64－68.

［101］平新乔."互联网+"与制造业创新驱动发展［J］.学术研究，2019（3）：76－80＋177.

［102］张恒梅，李南希.创新驱动下以物联网赋能制造业智能化转型［J］.经济纵横，2019（7）：93－100.

［103］王德显.德国工业4.0战略对中国工业发展的启示［J］.税务与经济，2016（1）：9－15.

［104］贾根良，楚珊珊.制造业对创新的重要性：美国再工业化的新解读［J］.江西社会科学，2019（6）：41－50＋254－255.

［105］方晓霞，杨丹辉，李晓华.日本应对工业4.0：竞争优势重构与产业政策的角色［J］.经济管理，2015（11）：20－31.

［106］戴亦舒，叶丽莎，董小英，等.CPS与未来制造业的发展：中德美政策与能力构建的比较研究［J］.中国软科学，2018（2）：11－20.

［107］王海杰，宋姗姗.互联网背景下制造业平台型企业商业模式创新研究——基于企业价值生态系统构建的视角［J］.管理学刊，2019（1）：43－54.

［108］吕铁，李载驰.数字技术赋能制造业高质量发展——基于价值创造和价值获取的视角［J］.学术月刊，2021（4）：56－65.

［109］陈瑾，李若辉.新时代我国制造业智能化转型机理与升级路径［J］.江西师范大学学报（哲学社会科学版），2019（6）：145－152.

［110］陈春明，张洪金.国外制造业转型升级比较与变革借鉴［J］.国外社会科学，2017（5）：55－66.

［111］杨桂菊，陈思睿，侯丽敏.不完全模仿创新视角的本土制造业转型升

级〔J〕.中国科技论坛, 2019 (5)：10 – 18.

〔112〕刘志迎，龚秀媛，张孟夏. Yin、Eisenhardt 和 Pan 的案例研究方法比较研究——基于方法论视角〔J〕.管理案例研究与评论, 2018 (2)：104 – 115.

〔113〕张富禄. 德国制造业转型发展的基本经验及启示〔J〕.中州学刊, 2019 (3)：29 – 34.

〔114〕史永乐，严良. 智能制造高质量发展的"技术能力"：框架及验证——基于 CPS 理论与实践的二维视野〔J〕.经济学家, 2019 (9)：83 – 92.

〔115〕贾根良，楚珊珊. 产业政策视角的美国先进制造业计划〔J〕.财经问题研究, 2019 (7)：38 – 48.

〔116〕胡晶. 工业互联网、工业 4.0 和"两化"深度融合的比较研究〔J〕.学术交流, 2015 (1)：151 – 158.

〔117〕刘明达，顾强. 从供给侧改革看先进制造业的创新发展——世界各主要经济体的比较及其对我国的启示〔J〕.经济社会体制比较, 2016 (1)：19 – 29.

〔118〕罗序斌，黄亮. 中国制造业高质量转型升级水平测度与省际比较——基于"四化"并进视角〔J〕.经济问题, 2020 (12)：43 – 52.

〔119〕李政，周希禛. 数据作为生产要素参与分配的政治经济学分析〔J〕.学习与探索, 2020 (1)：1 – 7.

〔120〕高柏，朱兰. 从"世界工厂"到工业互联网强国：打造智能制造时代的竞争优势〔J〕.改革, 2020 (5)：5 – 18.

〔121〕任保平. 新时代我国制造业高质量发展需要坚持的六大战略〔J〕.人文杂志, 2019 (7)：31 – 38。

〔122〕金碚. 关于"高质量发展"的经济学研究〔J〕.中国工业经济, 2018 (4)：5 – 18.

〔123〕张军扩，侯永志，刘培林，等. 高质量发展的目标要求和战略路径〔J〕.管理世界, 2019 (7)：1 – 7.

〔124〕简新华，聂长飞. 中国高质量发展的测度：1978 – 2018〔J〕.经济学家, 2020 (6)：49 – 58.

［125］李金昌，史龙梅，徐蔼婷．高质量发展评价指标体系探讨［J］．统计研究，2019（1）：4－14.

［126］马茹，罗晖，王宏伟，等．中国区域经济高质量发展评价指标体系及测度研究［J］．中国软科学，2019（7）：60－67.

［127］田鑫．长三角城市经济高质量发展程度的评估——基于因子K值均值方法的实证分析［J］．宏观经济研究，2020（3）：92－100＋119.

［128］江小国，何建波，方蕾．制造业高质量发展水平测度、区域差异与提升路径［J］．上海经济研究，2019（7）：70－78.

［129］尚会永，白怡珺．中国制造业高质量发展战略研究［J］．中州学刊，2019（1）：23－27.

［130］余东华．制造业高质量发展的内涵、路径与动力机制［J］．产业经济评论，2020（1）：13－32.

［131］孙早，侯玉琳．工业智能化如何重塑劳动力就业结构［J］．中国工业经济，2019（5）：61－79.

［132］詹江，鲁志国．自主创新能力、技术差距和外商直接投资溢出效应——基于中国制造业企业的实证研究［J］．云南社会科学，2019（1）：95－101.

［133］李健旋．中国制造业智能化程度评价及其影响因素研究［J］．中国软科学，2020（1）：154－163.

［134］戴小勇，成力为．产业政策如何更有效：中国制造业生产率与加成率的证据［J］．世界经济，2019（3）：69－93.

［135］罗序斌，余璨．"互联网＋"驱动传统制造业创新发展的研究进路与议题［J］．金融教育研究，2020（4）：30－37.

［136］沈国兵，袁征宇．企业互联网化对中国企业创新及出口的影响［J］．经济研究，2020（1）：33－48.

［137］陈维涛，韩峰，张国峰．互联网电子商务、企业研发与全要素生产率［J］．南开经济研究，2019（5）：41－59.

［138］王文娜，刘戒骄，张祝恺．研发互联网化、融资约束与制造业企业技术创新［J］．经济管理，2020（9）：127－143.

［139］施炳展，李建桐．互联网是否促进了分工：来自中国制造业企业的证据［J］．管理世界，2020（4）：130 – 148．

［140］李琳，周一成．"互联网＋"是否促进了中国制造业发展质量的提升？——来自中国省级层面的经验证据［J］．中南大学学报（社会科学版），2019（5）：71 – 79．

［141］卓乘风，邓峰．互联网发展如何助推中国制造业高水平"走出去"？——基于出口技术升级的视角［J］．产业经济研究，2019（6）：102 – 114．

［142］邓峰，任转转．互联网对制造业高质量发展的影响研究［J］．首都经济贸易大学学报，2020（3）：57 – 67．

［143］钞小静，刘璐，孙艺鸣．中国装备制造业高质量发展的测度及发展路径［J］．统计与信息论坛，2021（6）：94 – 103．

［144］曾繁华，刘淑萍．"互联网＋"对中国制造业升级影响的实证检验［J］．统计与决策，2019（9）：124 – 127．

［145］张鑫宇，张明志．要素错配、自主创新与制造业高质量发展［J］．科学学研究，2022（6）：1117 – 1127．

［146］孔令池，高波，黄妍妮．中国省区市场开放、地方政府投资与制造业结构差异［J］．财经研究，2017（7）：133 – 144．

［147］全文涛，顾晓光．市场分割对制造业升级的影响效应研究［J］．现代经济探讨，2019（11）106 – 112．

［148］韩峰，庄宗武，李丹．国内大市场优势推动了中国制造业出口价值攀升吗？［J］．财经研究，2020（10）：4 – 18．

［149］叶祥松，刘敬．政府支持与市场化程度对制造业科技进步的影响［J］．经济研究，2020（5）：83 – 98．

［150］潘毛毛，赵玉林．互联网融合、人力资本结构与制造业全要素生产率［J］．科学学研究，2020（12）：2171 – 2182．

［151］谢呈阳，刘梦．市场化进程能否促进中国制造业升级——来自106家上市公司的证据［J］．东南大学学报（哲学社会科学版），2020（6）：56 – 84．

［152］钱学锋，刘钊，陈清目．多层次市场需求对制造业企业创新的影响研

究 [J].经济学动态，2021（5）：97－114.

[153] 李兵，岳云嵩.互联网与出口产品质量——基于中国微观企业数据的研究 [J].东南大学学报（哲学社会科学版），2020（1）：60－70.

[154] 张奕芳.互联网贸易、产品质量改善及本地市场效应——一个新的理论模型及来自中国的经验证据 [J].当代财经，2019（5）：108－118.

[155] 余文涛，吴士炜.互联网平台经济与正在缓解的市场扭曲 [J].财贸经济，2020（5）：146－160.

[156] 周申，海鹏.资源错配与企业创新——来自中国制造业企业的微观证据 [J].现代经济探讨，2020（5）：99－107.

[157] 蔡跃洲，马文君.数据要素对高质量发展影响与数据流动制约 [J].数量经济技术经济研究，2021（3）：64－83.

[158] 王家庭，李艳旭，马洪福，等.中国制造业劳动生产率增长动能转换：资本驱动还是技术驱动 [J].中国工业经济，2019（5）：99－117.

[159] 冯华，韩小红.外商直接投资对中国工业创新绩效的影响研究——基于三个中介效应的分析 [J].经济与管理研究，2020（7）：18－30.

[160] 赵海峰，李世媛，巫昭伟.中央环保督察对制造业企业转型升级的影响——基于市场化进程的中介效应检验 [J].管理评论，2021（5）：79－89.

[161] 杨善林，周开乐，张强，等.互联网的资源观 [J].管理科学学报，2016（1）：4－7.

[162] 张磊，张鹏.中国互联网经济发展与经济增长动力重构 [J].南京社会科学，2016（12）：7－14.

[163] 陈赤平，孔莉霞.制造业企业金融化、技术创新与全要素生产率 [J].经济经纬，2020（4）：73－80.

[164] 吉峰，张婷，巫凡.大数据能力对传统企业互联网化转型的影响——基于供应链柔性视角 [J].学术界，2016（2）：68－78.

[165] 吉峰，牟宇鹏.基于扎根理论的传统企业互联网化转型影响因素研究 [J].湖南社会科学，2016（6）：141－146.

[166] 戴勇.传统制造业转型升级路径、策略及影响因素研究——以制造企

业为例［J］.暨南学报（哲学社会科学版），2013（11）：57-62.

［167］孔伟杰.制造企业转型升级影响因素研究——基于浙江省制造业企业
大样本问卷调查的实证研究［J］.管理世界，2012（9）：120-130.

［168］何大安.互联网应用扩展与微观经济学基础——基于未来"数据与数
据对华"的理论解说［J］.经济研究，2018（8）：177-192.

［169］任声策，范倩雯.产业环境不确定性对产品转型绩效的影响［J］.产业
经济评论，2015（1）：48-56.

［170］刘金山，李雨培."互联网＋"下制造业集聚：行业差异与类型细分
［J］.产经评论，2017（3）：17-19.

［171］吴炜峰，杨蕙馨.新产业生态系统竞争——兼对智能手机和智能汽车
新产业生态系统图的绘制［J］.经济社会经济体制比较，2015（6）：
157-166.

［172］李晓琳.市场经济体制背景的竞争政策基础体系解构［J］.改革，2017
（3）：99-109.

［173］陈江，刘志成，吴能全.企业家精神与经济变迁——一个分析框架
［J］.福建论坛·人文社会科学版，2015（5）：52-59.

［174］孙会岩.习近平网络安全思想论析［J］.党的文献，2018（1）：21-32.

［175］张明志，姚鹏.产业政策与制造业高质量发展［J］.科学学研究，2020
（8）：1381-1389.

［176］谭海波，郑清清，王海函.地方政府大数据产业政策：工具偏好及其
匹配——基于贵州省政策文本的分析［J］.中国行政管理，2021（1）：
52-58.

［177］黄剑锋，章晓懿.中国智慧养老产业政策研究——基于政策工具与技
术路线图模型［J］.中国科技论坛，2020（1）：69-79.

［178］周代数.创新产品政府采购政策：美国的经验与启示［J］.财政科学，
2021（8）：133-139.

［179］马玥.数字经济对消费市场的影响：机制、表现、问题及对策［J］.宏
观经济研究，2021（5）：81-91.

［180］袁其刚，王敏哲.数字贸易赋能制造业质量变革机制与效应——来自

跨境电子商务综合试验区的准自然实验［J］.工业技术经济，2022（1）：62－70.

［181］袁野，马彦超，陶于祥，等.基于内容分析法的中国人工智能产业政策分析——供给、需求、环境框架视角［J］.重庆大学学报（社会科学版），2021（2）：109－121.

［182］那丹丹，李英.我国制造业数字化转型的政策工具研究［J］.行政论坛，2021（1）：91－97.

［183］江飞涛，沈梓鑫.全球产业政策实践与研究的新进展 —— 一个基于演化经济学视角的评述［J］.财经问题研究，2019（10）：3－10.

［184］钞小静，廉园梅，罗鎏锴.新型数字基础设施对制造业高质量发展的影响［J］.财贸研究，2021（10）：1－13.

［185］Shapiro C.，Varian H. R. Information Rules：A Strategic Guide to the Network Economy［M］.Cambridge：Harvard Business School Press，1999.

［186］Shapiro，C.，Varian，H. R. Information Rules：A Strategic Guide to the Network Economy［M］.Cambridge：Harvard Business School Press，1999.

［187］Varian H. R.，Farrell J.，Shapiro C. The Economics of Information Technology：An Introduction［M］.Cambridge：Cambridge University Press，2013.

［188］Lall S. Competitiveness，Technology and Skills［M］.Chel-tenham，UK：Edward Elgar，2001.

［189］Ozawa T. Institutions，Industrial Upgrading and Economic Performance in Japan［M］.Cornwall，UK：MPG Books ltd，2005.

［190］Paunov C.，Rollo V. Has the Internet Forseted Inclusive Innovation in the Developmenting World？［J］.World Development，2016（78）：587－609.

［191］Clark G. R. G.，Qiang C. Z.，Xu L. C. The Internet as a General－purpose Technology：Firm-Level Evidence from Around the World［J］.Economics Letters，2015（135）：24－27.

［192］Romer M. Endogenous Technological Change［J］.Journal of Political Economy，1990（5）：71－102.

［193］ Brynjolfsson E. , Hitt L. M. Beyond Computation：Information Technology，Organizational Transformation and Business Performance ［J］. Journal of E-conomic Perspectives，2000（4）：23 - 48.

［194］ Hitt L. M. Information Technology and Firm Boundaries：Evidence from Panel Date ［J］. Information Systems Research，1999（2）：134 - 149.

［195］ YinR. K. Case Study Research：Design and Methods ［M］. Newbury Park，CA：Sage Publications，2013. Gehman J. , Glaser V. L. , Eisenhardt K. M. Finding Theory—Method Fit：A Comparison of Three Qualitative Approaches to Theory Building ［J］. Journal of Management Inquiry，2018（3）：284 - 300.

［196］ Hox J. J. , Boeije H. R. Data collection，Primary vs. Secondary ［J］. Ency-clopedia of Social Measurement，2005（1）：593 - 599.

［197］ Schneider A. , Ingram H. Behavioral Assumptions of Policy Tools ［J］. The Journal of Politics，1990（2）：510 - 529.

［198］ Wade H. The American Paradox：Ideology of Free Markets and the Hidden Practice of Directional Thrust ［J］. Cambridge Journal of Economics，2017（3）：859 - 880.

［199］ Mcdonnell L. M. , Elmore R. F. Getting the Job Done：Alternative Policy Instruments ［J］. Educational Evaluation and Policy Analysis，1987（2）：133 - 152.

［200］ Vandermerwe S. , Rada J. Servitization of Business：Adding Value by Adding Services ［J］. European Management Journal，1988（4）：314 - 324.

［201］ Amiti M. , Konings J. Trade Liberalization，Intermediate Inputs，and Pro-ductivity：Evidence from Indonesia ［J］. American Economic Review，2007（5）：1611 - 1638.

［202］ Afuah A. Redefining Firm Boundaries in the Face of the Internet：Are Firms Really Shrinking ［J］. Academy of Management Review，2003（1）：34 - 53.

[203] Ranganthan C. , Dhaliwal J. , Thompson S. H. T. Assimilation and Diffusion of Web Technologies in Supply-Chain Management: An Examination of Key Drivers and Performance Impact [J]. International Journal of Electronic Commerce, 2004 (1): 127 – 161.

[204] Brynjolfsson E. , Hitt L. M. Beyond Computation: Information Technology, Organizational Transformation and Business Performance [J]. Journal of Economic Perspectives, 2000 (4): 23 – 48.

[205] Jorgenson D. W. Information Technology and the US Economy [J]. American Economic Review, 2001 (1): 1 – 32.

[206] Jorgenson D. W. , Vu K. Information Technology and the World Economy [J]. Scandinavian Journal of Economics, 2005 (4): 631 – 50.

[207] Oliner S. D. , Sichel D. E. The Resurgence of Growth in the Late 1990s: Is Information Technology the Story? [J]. Journal of Economic Perspectives, 2000 (4): 3 – 22.

[208] Stiroh K. J. Information Technology and the US Productivity Revival: What Do the Industry Data Say? [J]. American Economic Review, 2002 (5): 1559 – 1576.

[209] Schrank A. , Whitford J. Industrial Policy in the US: A Neo-Polanyian Interpretation [J]. Politics & Society, 2009 (4): 521 – 553.